머리말

우리가 현재 사용하고 있는 국어의 약 70% 가량은 한자어에 그 기반을 두고 있다. 한글로 표기되어 있다고 해서 그것이 순수한 우리말에 어원을 두고 있는 것은 아니다. 그 어휘의 대부분이 한자로 표기할 수 있는 것들이기 때문이다. 따라서 우리말의 많은 부분을 구성하고 있는 한자에 대해 알고 있다면 처음 접하는 생소한 어휘도 쉽게 이해할 수 있을 것이다. 왜냐하면 우리말은 소리글자이고, 한자는 글자 하나하나가 뜻을 지니고 있는 뜻글자이기 때문이다.

우리가 일상적으로 사용하는 어휘를 살펴보면, 빈번하게 사용되는 한자는 대략 1800자 정도이다. 따라서 이들 한자를 익힌다면, 우리가 글을 읽고 이해하는 것뿐만 아니라 적확한 단어를 활용하여 글을 쓰는 데에도 커다란 도움을 받을 수 있다. 그만큼 한자를 학습하는 것은 우리말을 이해하고 사용하기 위해서 꼭 필요한 과정이라고 할 수 있을 것이다.

특히 대학생에게 한자는 꼭 필요한 수단이다. 한자어가 표기된 전공서적, 인문 사회 과목은 물론이거니와 예능이나 자연과학의 전공서적에는 한자어를 모르면 잘 이해되지 않는 용어나 내용이 많다. 한자의 음과 훈을 충분히 숙지하고 있으면 비록 그것이 한글로 표기되었다고 할지라도 쉽게 이해할 수 있을 것이다.

학생들에게 있어 한자 학습은 국어의 어휘력 향상이라는 기본적인 과제를 수행하기 위해서는 물론 사회생활을 위해서도 실로 절실하다. 최근 공무원, 군대, 대기업 등의 신입사원 채용이나 승진 과정에서 응시자의 한자능력을 반영하고 있으며, 이러한 추세는 앞으로 점점 확산될 것이다. 학생들에게 취업이 절대적인 과제가 되어버린 현실 속에서 한자 학습을 더 이상 미룰 수만은 없는 것이다.

이상에서 언급한 대로 글에 대한 이해라는 기본적인 측면은 물론, 취업에 도움이 된다는 실제적인 요구와 함께, 수준 높은 교양인, 지식인, 전문인으로서 폭넓은 삶을 영위하기 위해 한자 습득은 매우 유용하고 절실하다 할 것이다. 이러한 필요성을 인식하고, 한자를 보다 효율적으로 학습하고 이를 국어생활에 반영하는 데 도움을 주기 위해서 이 책을 준비하게 되었다. 이 책을 준비하면서 우리는 다음의 몇 가지 사항을 반영하기 위해 노력하였다.

첫째, 알아보기 편할 뿐만 아니라 정확한 자형을 드러낼 수 있는 서체를 선택하여 한자를 게재하였다. 서체에 따라서 그 글자의 형태가 분명하지 않거나, 자형과 획수가 일치하는 않는 경우가 종종 있는데, 이를 경계하여 이제 한자 공부를 시작하는 학생들에게 혼동을 주지 않으려 하였다.

둘째, 교육인적자원부에서 제시하고 있는 기초한자 1817자의 음, 뜻, 부수, 총획수, 한자의 어원에 대해 기술하였으며, 한자 쓰기 연습을 할 수 있는 공간을 마련하여 반복하여 익힐 수 있도록 구성하였다.

셋째, 한자어에 대한 이해를 돕기 위해 노력하였다. 물론 한자 학습은 개개의 한자를 외우는 것에서 시작한다. 그러나 우리가 일상생활에서 사용하는 한자어에 대한 이해도 빼놓을 수 없는, 보다 궁극적인 과제라고 할 수 있다. 이 책에서는 그러한 점을 감안하여, 자전에나 나와 있을 법한 고루한 단어들을 배제하고 가능하면 우리가 국어생활을 하면서 흔히 사용하는 익숙한 단어들을 그 용례로 제시하고자 하였다. 교재에 함께 실린 한자성어나 한자속담 역시 그러한 의도를 담고 있다.

넷째, 한자에 대한 기본적인 내용을 함께 게재하였다. 한자의 기원, 한자의 조어법, 부수의 의미, 자형이 유사해서 혼동하기 쉬운 유사자, 한 글자에 여러 가지 음이나 뜻이 포함된 일자다음어와 일자다의어에 대해 정리하였다. 이를 통해 한자에 대해 전반적으로 이해하고 한자를 학습하는데 도움을 줄 수 있도록 하였다.

요즘의 학생들에게 한자는 마냥 어렵기만한 과제일 것이다. 그러나 천리 길도 한 걸음부터라고 하지 않았는가. 매일 매일 일정 분량의 한자를 학습하고 그 쓰임새를 이해한다면 1800여 자를 외우는 것이 결코 어렵지만은 않을 것이다. 한자를 익혀야한다고 생각하고 실행에 옮긴 여러분에게 이 책이 좋은 길잡이가 되어 줄 수 있기를 바란다.

2006. 8
국어 생활과 한자 연구회

1. 한자의 기원

한자의 기원에 대해서는 여러 가지 설이 있다. 반판(半坂)이라는 유적지에서 발견된 도자기에 남아있는 흔적을 근거로 6800년 전에 이미 한자가 생성되었다고도 한다. 혹은 약 5000년 전에 창힐이라는 전설적인 인물이 한자를 만들었다고도 한다. 또는 은나라의 유물을 근거로 약 3500년 전에 한자가 쓰였다고도 하는데, 이중에서도 다음 두 가지 견해가 보다 설득력을 얻고 있다.

(1) 창힐 기원설

약 5000년 전 중국 황제(黃帝)의 사관(史官) 창힐이 새와 짐승들의 발자국을 보고 창안하였다는 설이다. 창힐은 고대의 전설적인 제왕인 황제(黃帝) 때의 사관(史官)으로 눈이 4개였고 매우 총명하였다고 한다. 그때까지는 대체로 결승문자(結繩文字)를 사용했던 것으로 알려져 있다. 결승문자란 새끼의 매듭을 엮어 기호를 만들어내는 방식이다. 이는 숫자를 표시하기에는 편리한 반면 추상적인 관념을 표현하는 데에는 한계가 있었는데, 창힐이 고안한 문자를 통해 그러한 단점을 보안할 수 있었던 것으로 보인다.

(2) 은나라 기원설

현재 일반적으로 인정받고 있는 가장 오래된 한자는 은허(殷墟)에서 출토된 귀갑(龜甲)이나 짐승의 뼈(獸骨)에 새겨진 갑골문자(甲骨文字)로 BC1500년 무렵의 것이다. 은허는 하남성(河南省) 부근에 있는 고대 왕조 은(殷, BC1600~BC 1046)의 유적이다. 이 유적지에서 출토된 귀갑(龜甲)과 소뼈가 용골(龍骨 ; 말라리아 열병에 쓰이는 약)이라는 약으로 북경(北京)에 있는 약방에서 팔리고 있었다. 그러던 중, 1899년 이 뼈에 고대문자가 새겨져 있는 것이 발견되었고, 그 문자가 한자의 기원이라고 인정받고 있다. 지금까지의 연구에 의하면, 갑골문자는 주술을 숭상하던 은왕조 시대에 점쟁이가 왕가를 위하여 점친 복점(卜占), 즉 점괘인 것으로 밝혀졌다.

2. 한국 한문의 사적 전개

우리나라에 한자가 언제 어떻게 전해졌는지를 설명해주는 확실한 고증자료는 없다. 그러나 몇 가지 간접적인 자료를 통해서 한자의 유입경로와 그 시기를 추정해볼 수는 있다. 위만조선의 성립(기원전2세기)이라는 역사적 사건, 현존하는 광개토대왕비(장수왕2년, 414) 등의 유물과 불교 문화의 유입(고구려는 소수림왕2년(372)에 불경이 전래되었으며, 백제는 384, 385년에 불교와 관련된 기록이 있음) 과정 등을 통해 살펴볼 수 있다. 또한 372년에 세워진 태학과 청소년 조직인 경당(扃堂)에서 한문 경전 등을 가르쳤다는 기록이 있다. 또한 중국과 외교문서가 오고간 기록이 있고, 한자로 기록된 명문(銘文)·탑기(塔記) 등이 현존하고, 을지문덕(?-?, 612년 수나라 대군을 물리침)이 수나라 장수에게 <여수장우중문시(興隋將于仲文詩)>라는 한시를 보냈던 역사적 사실로 미루어 볼 때, 삼국이 자리 잡은 6～7세기 무렵에는 한자가 본격적으로 유입·전파되었을 뿐만 아니라 지배층 사회에 한자가 일반화되었던 것으로 여겨진다.

삼국시대·고려시대·조선시대를 거쳐 세종대왕이 훈민정음으로 한국 고유 문자인 한글을 창제하기 이전에는 한자가 한국인의 유일한 문자였고, 그 뒤 오늘날까지도 한글과 함께 한국 언어 표기의 중요한 수단이 되고 있다. 특히 우리나라는 한자를 우리만의 방식으로 활용한 점이 눈에 띄는데, 예를 들면 차자표기법(借字表記法), 현토(懸吐), 구결(口訣), 이두(吏讀) 등 다양한 방법을 모색했던 것으로 보인다. 신라 왕호를 거서간(居西干)·차차웅(次次雄)·이사금(尼師今)·마립간(麻立干) 등으로 표기했던 것처럼, 한자의 음과 훈을 빌어 우리 고유의 단어를 표기하는 차자표기법(借字表記法)이 일찍부터 사용되었다. 이러한 노력이 더욱 확대되어 경서(經書) 등을 보다 쉽게 읽기 위해 현토(懸吐)·구결(口訣)이라는 방법이 활용되었으며, 일선 관리들이 사용했던 이두(吏讀) 등이 발달하게 되었다. 한편, 한자의 한국적 사용법은 독특한 글자를 만들어 내기도 했다. 예를 들어 太(콩 태)·畓(논 답) 등의 한자가 있으며, 고유명사를 표기하기 위해 만들어진 乭(돌)·釗(쇠)·乫(갈) 등의 한자도 있다.

3. 한자의 서체

한자의 생성과정을 보건대 그 초기의 모습은 사물의 모양을 본뜬 상형문자, 즉 그림에 가까운 글자였을 것이다. 한자의 초기모습을 잘 보여주고 있는 갑골문자 역시 그림의 성격이 강하고, 표기수단의 한계로 인해 획의 굵기가 가늘었던 것으로 보인다. 한자의 생성 정착과정에서 회화적 요소가 점차 사라지고, 표기수단이 다양해지면서 서체 또한 다양한 변천을 거치게 된다. 한자의 대표적인 서체는 다음과 같다.

(1) 과두문자

한자는 시대에 따라 그 서체를 달리하여 발전해 왔다. 그 중에서 고대로부터 주(周)나라 선왕(宣王) 때까지 사용하던 서체를 과두문자 혹은 과두조전(蝌蚪鳥篆)이라고 한다. 창힐이 처음으로 새발자국에서 암시를 얻어 만든 자체로, 붓과 먹이 없었을 때여서 죽간(竹簡)에 옻(漆)을 묻혀서 글자를 썼다고 하며, 그 글자 모양이 머리는 굵고 꼬리부분은 가늘게 되어서 과두(올챙이)를 닮았다고 하여 이 이름이 붙었다고 한다. 전한시대(前漢時代)의 고문경서(古文經書)나 서진시대(西晉時代)에 출토된 서적은 모두 이 자체(字體)로 쓰여 있다.

(2) 전서

전서라는 서체는 넓은 뜻으로는 예서(隷書) 이전에 있던 것으로, 중국 은(殷)·주(周) 시대의 귀갑(龜甲)과 짐승 뼈에 새긴 갑골 문자(甲骨文字)와 청동기시대의 금문(金文), 전국시대와 진(秦)나라 시황제(始皇帝, 259-210) 때의 석각문자(石刻文字)와 도량형기(度量衡器)의 각문(刻文), 한(漢)나라 때의 그릇과 인장(印章)에 새긴 문자 등 오랜 시대에 걸친 고대 서체의 총칭이다. 좁은 뜻으로는 대전(大篆)과 소전(小篆)이 주축을 이룬다. 주나라 선왕 때 갑골·금석문 등 고체(古體)를 정비하고 필획(筆劃)을 늘려 대전의 서체를 만들었다. 소전은 진시황이 천하를 통일한 뒤 이사(李斯)에게 명하여 만든 것으로 그때까지 여러 지방에서 쓰여 오던 각종 서체를 정리하여 통일한 서체이다.

(3) 예서

한나라(漢, 기원전 202 - 후 8) 때 쓰인 서체의 총칭이다. 진나라 옥리(獄吏) 정막(程邈)이 실무에 편리한 예서(隷書)를 만들었으며, 한(漢)나라 때에는 이것을 계승한 한예(漢隷)가 통용문자로 쓰였다. 이를 금문(今文)이라 하고, 선진(先秦)의 죽간(竹簡)에 쓰인 과두문자와 종(鍾)·정(鼎) 등에 쓰인 금석문자(金石文字)를 고문(古文)이라 총칭한다.

(4) 해서

후한(後漢, 25-220) 때 쓰인 서체이다. 후한(後漢)에 이르러 왕차중(王次仲)이 한예를 다시 개량하여 해서(楷書)를 만들었고, 그 뒤 이것을 정체(正體)라 하여 표준자체로 삼았다. 이로써 이사가 소전을 제정하여 문자의 혁신을 이룩한 뒤 300여 년이 지나서 한자는 해서로서 정립되게 되었다.

(5) 행서

행서(行書)는 해서(楷書)를 약간 흘려서 이따금 잇대어 쓴 것처럼 보이는 필체이다. 중국 후한(後漢) 초에 해당하는 1세기경 유덕승(劉德昇)이 창시하였다고 하나 확실하지 않다. 예서(隷書)를 빨리 쓰기 위하여 생겼다고 전해지듯, 후한 말기에 나타난 해서보다 앞서 형성된 것으로 보인다.

乾云之事文象予丞不乎世

(6) 초서

초서(草書)란 한자의 전서·예서 등의 자획을 생략하여 흘림글씨로 쓴 서체를 칭한다. 초(草)는 초고(草稿)의 뜻이며, 신속히 쓰는 필기체로서, 중국 한대(漢代)에 비롯되었다. 전한(前漢) 무렵, 전서의 필기체로서, 고초(古草)가 있고, 후한(後漢) 초기에 장초(章草)가 생겼으나 이것은 예서의 자획을 간략하게 한 것이다. 또한 초서를 해서의 흘림글씨로 해석하는 것은 잘못이며, 해서는 초서보다 후에 성립된 것이다.

乾云之手文东宁亚小小世

4. 한자의 짜임(六書)

한자가 만들어진 원리에 대해서는 여러 가지 설이 있다. 후한 때의 허신(許慎)은 그의 저서 『설문해자(設文解字)』에서 문자의 구조용법을 상형(象形)·지사(指事)·회의(會意)·형성(形聲)·가차(假借)·전주(轉注)의 6가지로 나누어 이를 육서(六書)라고 지칭하였다. 이 중에서 상형, 지사, 회의, 형성은 한자를 만든 원리를 설명하고, 전주와 가차는 이미 만들어진 한자를 활용하는 방법을 설명하고 있다. 즉 전자를 그 조자(造字) 원리로 보고, 후자를 운용의 원리로 보고 있는 것이다.

(1) 상형(象形)

'물형(物形)을 그린다'는 뜻으로, 이 세상의 물형을 그려내 그것으로 글자를 만들었으며 육서 중 가장 기본적인 방법이다. 그림으로 그려낸 물체의 모양이 차츰 간략해지는데, 본래 사물의 형상에서 멀어져 보다 단순한 형태로 변하고 그 결과 글자로 만들어진 것이라 할 수 있다. 상형이 육서의 기본이나 상형만으로 모든 글자를 만들 수는 없으며 사실상 상형만으로 만들어진 글자는 그리 많지 않다. 송(宋)나라 정초(鄭樵)의 통계에 의하면 그가 분류한 한자는 모두 이만 사천 여 자이고, 그 가운데 상형자는 육백 여 자에 지나지 않는다고 하였다.

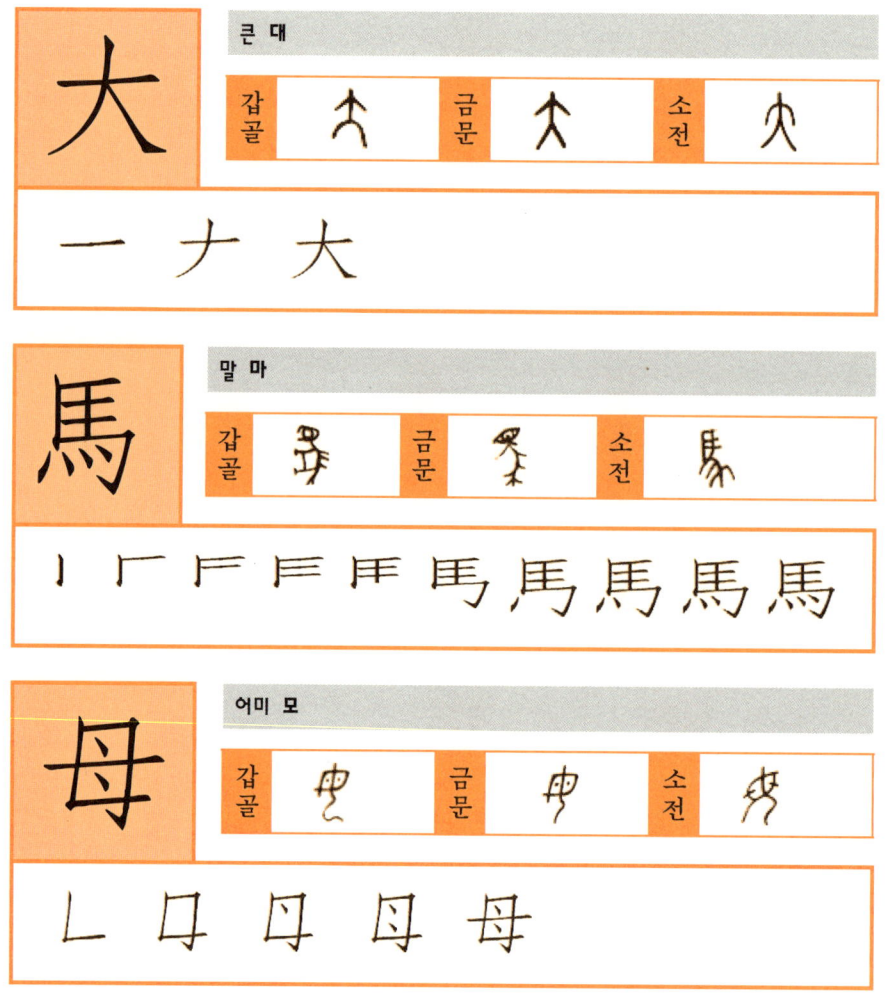

(2) 지사(指事)

'일을 가리킨다'라는 뜻으로, 추상적 개념을 기호 혹은 문자화하기 위한 방법이다. 一조(一條) 위에 점을 찍어 위를(上), 一조 아래에 점을 찍어 아래(下)를 표시한다. 즉 어떠한 것이 어떠한 것의 위 또는 아래에 있다는 것을 표현한다. 또는 一을 한 번 그어 일(一)을 만들고, 이(二)와 삼(三)은 一자를 거듭하여 만든 것이다.

예) 一(일), 二(이), 三(삼)
　　上(상), 下(하): 一 +丶
　　末(말), 本(본): 木 +一

(3) 회의(會意)

상형과 지사의 방법만으로는 수없이 많은 지시물을 표시할 수 없으므로 기존에 만들어진 둘 이상의 문자를 합성하여 새로운 글자를 만들어 내는 방법이다. 형성의 경우 대체로 글자의 일부분이 음을 표시하고 다른 일부분이 뜻을 표시하는 것과 달리, 회의는 대체로 뜻과 뜻의 결합이라 할 수 있다.

예) 林(림): 수풀, 사물이 많이 모이는 곳, 동아리모임
　　姦(간): 간사하다, 옳지 않다
　　炎(염): 불꽃, 타오르다, 덥다
　　竝(병): 아우르다, 나란히 하다, 견주다
　　好(호): 女(계집 녀) + 子(아들 자) ⇒ 좋아하다
　　武(무): 戈(창 과) + 止(그칠지) ⇒ 전쟁을 그치게 하는 일 즉, 굳세다,
　　　　　　　　　　　　　　　　　　　　　　군인 등의 뜻
　　信(신): 人(사람 인) + 言(말씀 언) ⇒ 인간의 말은 믿음을 바탕으로 삼는다는 뜻
　　鳴(명): 口(입 구) + 鳥(새 조) ⇒ 새가 울다
　　男(남): 田(밭 전) + 力(힘 력) ⇒ 사내, 장부, 젊은이
　　集(집): 隹(새 추) + 木(나무 목) ⇒ 모이다, 만나다, 도착하다

(4) 형성(形聲)

기존에 만들어진 둘 이상의 문자를 합성하여 새로운 글자를 만들어 낸다는 점에서 회의문자와
같다. 다만 회의는 대체로 뜻과 뜻의 결합이라 할 수 있고, 형성의 경우는 구성요소의 한쪽이
뜻을 지시하고, 나머지 한쪽은 음을 지시한다. 이 형성은 한자 구성법 중 가장 널리 쓰이는 것
으로 문자 총수의 80~90%가 이 방법으로 이루어졌다.

예) 松(송), 柏(백), 梅(매), 梨(이): 木과 관련된 뜻의 글자
　　江(강), 紅(홍), 貢(공), 空(공): 工과 유사한 음의 글자

(5) 전주(轉注)

이미 만들어진 글자의 본래의 의미를 파생, 혹은 재생산하는 방법이다. 어느 문자를 그것이
나타낸 말과 뜻이 같거나 또는 의미상 관계가 있는 다른 말을 나타내는 데 사용된 경우를 말한
다. 그 결과　글자의 의미와 음이 함께 바뀌는 경우가 많다. 글자 본래의 뜻을 확대시켜 사용
하기 때문에 글자의 의미는 원뜻과 밀접한 반면 그 음은 대체로 원음과 다르다.

예)　樂(악)　풍류, 연주하다, 즐거워하다 : 音樂(음악), 打樂器(타악기)

　　　(락)　즐기다 : 娛樂(오락)

　　　(요)　좋아하다 : 樂山樂水(요산요수)

　　惡(악)　악하다, 추하다, 불길하다 : 惡法(악법), 善惡(선악)

　　　(오)　미워하다, 모질다, 추하다, 흉악하다 : 憎惡(증오)

　　更(경)　고치다, 개선하다, 좋아지다 : 更新(경신 : 세계 기록을 경신하다)

　　　(갱)　다시, 재차, 고치다 : 更新(갱신 : 운전면허증을 갱신하다)

　　度(도)　법도, 제도, 기량 : 法度(법도), 度量(도량), 度量衡(도량형)

　　　(탁)　헤아리다, 재다 : 忖度(촌탁)

(6) 가차(假借)

하나의 글자가 글자의 본래 의미와는 관련이 적은 다른 뜻으로 쓰이는 경우이다. 앞서 설명한 전주가 동일한 뜻에 여러 음의 글자로 활용되는 것과 대조적이다. 이미 만들어진 글자 중에서 그 말과 음이 같거나 비슷한 글자를 빌어쓰는 것이 바로 가차이다. 즉 음이나 형태가 같다는 이유로 다른 글자를 차용한 결과 글자의 본래의 의미와 그 뜻은 달라지지만 그 음은 그대로 사용한다는 특징이 있다. 가차의 이러한 특징으로 인해 대명사나 외국어 표기에 많이 사용된다.

예)　萬(만) : 전갈을 뜻하는 상형문자 ⇒ 동음이었던 숫자 만(萬)

　　　烏(오) : 까마귀 ⇒ 동일한 음의 감탄사

　　　亞細亞(아세아) ⇒ Asia

　　　弗(불) ⇒ 달러 표시와 비슷한 모양

　　　可口可樂(가구가락) ⇒ 코카콜라

5. 한자의 부수(部首)

(1) 부수의 정의

부수는 한자를 분류하는 가장 기본적인 잣대이며, 한자의 외형상의 한 부분이자, 그 글자의 의미와 깊이 관련되어 있다. 즉, 한자의 각 글자마다 내포된 의미 부분을 추출하여 한 부(部)를 만들고, 다시 그 부를 공통된 것끼리 분류하여 부수로 삼은 것이다. 결국 부수는 한자의 궁극적인 의미이자 한자 분류의 기본 원칙이 되는 것이다. 특히 형성자의 경우, 바로 그 글자의 뜻 부분이 그 글자의 부수이다. 즉 부수를 이해한다면 그 글자의 대체적인 의미를 짐작할 수 있다는 것이다. 예를 들면 부수로 木(목)이 들어간 글자는 나무와, 水(수)가 들어간 글자는 물과 관계된 글자라는 것이다. 한자의 80%이상이 형성자에 속한다는 점을 감안할 때, 부수에 대한 이해가 한자공부에 필수적이라고 할 수 있다.

(2) 부수의 유래

한자가 뜻글자라는 특성으로 인해 그 글자의 수가 기하급수적으로 늘어나게 되었다. 그리하여 한자를 체계적으로 분류하고 정리할 필요성이 대두되었고 그 방안으로 제시된 것이 부수이다. 최초로 부수의 개념을 창안한 사람은 허신(許愼)이라는 한나라 때의 학자이며, 그는 『설문해자 (說文解字)』라는 책에서 당시 한자 9천 여 글자를 분류하여 부수를 정하였다.

(3) 부수의 구성과 배열

부수는 현재 1획부터 17획까지 총 214개로 이루어져 있다. 하지만 오랜 세월 동안 변천되어 왔기 때문에 의미가 중복이 되는 경우, 의미 전달이 불분명한 경우, 분류가 적확하지 않은 경우도 종종 있으나, 현재 대략 2만4천자가 넘는 뜻글자를 분류, 배열하기에 가장 효과적인 방법임에는 틀림이 없다. 한자를 배열하는 방법은 먼저 부수를 기준으로 한자를 분류한 다음, 그 글자의 획수에 따라 배열하는 것이다. 따라서 자전에서 어떤 글자를 찾고자 할 때는 먼저 부수를 확인해야 하는 것도 이 때문이다.

(4) 부수의 위치에 따른 분류

부수는 위치에 따라 다르게 지칭한다. 아래에 든 예가 대표적인 경우이다.

① 변 : 글자의 왼쪽에 있는 경우, 예) 仁(인)의 亻(人), 降(강)의 阝(阜)

② 방 : 글자의 오른쪽에 있는 경우, 예) 順(순)의 頁, 部(부)의 阝(邑)

③ 머리 : 글자의 위쪽에 있는 경우, 예) 安의 宀, 茶(다)의 ++

④ 발 : 글자의 아래쪽에 있는 경우, 예) 嚥(연)의 灬, 慾(욕)의 心

⑤ 엄 : 글자의 왼쪽과 위쪽을 덮고 있는 경우, 예) 居(거)의 尸, 病(병)의 疒

⑥ 받침 : 글자의 왼쪽과 밑을 싸는 경우, 예) 道(도)의 辶(辵)

⑦ 몸 : 글자의 둘레를 감싸는 경우, 예) 因(인)의 囗, 開(개)의 門

(5) 부수의 종류

1획	一(일) 하나, 처음	丿(별) 삐침
	丨(곤) 뚫다	乙(을) 새, 굽다, 十干의 두 번째
	丶(주) 점	*십간 ; 甲乙丙丁戊己庚辛壬癸
		亅(궐) 갈고리
2획	冂(경) 먼데, 빌다, 밀다	匚(방) 상자, 모진 그릇
	冖(멱) 덮다, 민갓머리	匸(혜) 감추다, 덮다
	冫(빙) 얼음	十(십) 열, 열 배, 열 번
	几(궤) 안석, 제향에 쓰는 기구	卜(복) 점, 점치다, 길흉을 알다
	凵(감) 입을 벌리다, 위가 터진 그릇	卩(절, 㔾) 병부, 신표
	刀(도, 刂) 칼	厂(엄) 기슭, 언덕, 민엄호
	力(력) 힘, 힘쓰다	厶(사) 사사(私의 옛글자)
	勹(포) 싸다	(모) 마늘, 아무(某와 같은 글자)
	匕(비) 비수, 숟가락	又(우) 또, 다시, 용서하다
3획	口(구) 입, 구멍	巛(천, 川) 川(천)의 本字
	囗(국) 圍(위)와 國의 옛자	工(공) 장인
	土(토) 흙	己(기) 몸
	士(사) 선비	巾(건) 수건, 두건
	夂(치) 뒤처져 오다	干(간) 방패

夊(쇠)	천천히 걷다, 편히 걷다	幺(요)	작다, 어리다
夕(석)	저녁	广(엄)	집
大(대)	크다	廴(인)	길게 걷다
女(녀)	계집	廾(입)	스물
子(자)	아들	弋(익)	주살, 화살, 사냥하다
宀(면)	집, 갓머리	弓(궁)	활, 활을 쏘는 방법
寸(촌)	마디	忄(심, 心)	마음
小(소)	작다	彐(계, 彑)	돼지머리
尢(왕, 尣, 尩)	절름발이	彡(삼)	터럭, 길게 자란 머리털
尸(시)	주검, 시체	彳(척)	조금 걷다
屮(철)	싹나다, 풀, 새싹	犭(견, 犬)	큰 개
山(산)	메, 산신의 무덤	阝(읍, 邑)	고을, 오른쪽(방)에 위치
		阝(부, 阜)	언덕, 왼쪽(변)에 위치

4획

心(심)	마음	毋(무)	말라, 금지사
戈(과)	창, 싸움, 전쟁	比(비)	견주다, 본뜨다
戶(호)	지게, 지게문, 출입문	毛(모)	터럭
手(수, 扌)	손	氏(씨)	姓氏(성씨), 각시
支(지)	가르다, 가지, 지탱하다	气(기)	기운(氣), 빌다(乞)
攵(복)	채찍질하다	火(화)	불, 오행의 하나
文(문)	무늬, 얼룩	爪(조)	손톱, 깍지, 메뚜기
斗(두)	말, 용량의 단위	父(부)	아비
斤(근)	도끼, 나무를 베다	爻(효)	육효
方(방)	모, 角(각), 사방	爿(장)	나무조각, 창
无(무)	없다	片(편)	조각
日(일)	날, 태양	牙(아)	어금니, 송곳니, 무기
曰(왈)	가로되, 말하다	牛(우, 牜)	소
月(월)	달	犬(견)	개
木(목)	나무	王(왕)	임금, 제후
欠(흠)	하품, 모자라다	耂(로)	늙다, 생각하다
止(지)	그치다	月(육)	肉(육)과 동일
歹(알)	부서진 뼈, 나쁘다	艹(초, 艸)	풀, 파릇파릇나다
殳(수)	창, 몽둥이, 나무지팡이	辶(착, 辵)	쉬엄쉬엄가다, 뛰다

5획	玄(현) 검다, 하늘빛, 그윽하다	皮(피) 가죽, 껍질
	玉(옥) 옥	皿(명) 그릇, 그릇의 덮개
	瓜(과) 오이	目(목) 눈, 눈알, 눈여겨 보다
	瓦(와) 기와, 질그릇, 실패	矛(모) 창, 창자루가 긴 창
	甘(감) 달다, 맛이 있다	矢(시) 화살, 벌여놓다, 맹세하다
	生(생) 태어나다, 나다	石(석) 돌
	用(용) 쓰다, 베풀다, 등용하다	示(시, ⺬) 보이다, 가르치다
	田(전) 밭	内(유) 발자국, 짐승의 발자국
	疋(필) 필, 발, 낮은 벼슬	禾(화) 벼
	疒(녁) 병들어 기대다	穴(혈) 구멍, 움, 맞뚫린 구멍
	癶(발) 등지다, 사이가 벌어지다	立(립) 서다, 확고하다
	白(백) 희다, 날이 새다	罒(망, 网, 㓤) 그물

6획	衤(의, 衣) 옷	自(자) 스스로, 몸
	竹(죽) 대나무	至(지) 이르다, 새가 내려 앉다
	米(미) 쌀	臼(구) 절구, 절구질하다
	糸(사) 가는 실	舌(설) 혀
	缶(부) 장군, 액체를 담는 그릇	舛(천) 어그러지다, 어수선하다
	网(망) 그물	舟(주) 배
	羊(양) 양, 상서롭다	艮(간) 어긋나다, 그치다
	羽(우) 깃, 날개, 깃털	色(색) 빛깔, 모양
	老(로) 늙다	艸(초) 풀
	而(이) 말을 잇다	虍(호) 호피, 호랑이, 虎(호)
	耒(뢰) 쟁기	虫(충) 벌레
	耳(이) 귀	血(혈) 피, 물들이다
	聿(율) 붓, 드디어, 마침내	行(행) 가다, 걷다, 나아가다
	肉(육, 月) 고기, 몸	衣(의) 옷, 나들이옷
	臣(신) 신하, 섬기다	襾(아) 덮다, 가리어 덮다

7획	見(견) 보다, 생각해보다	豆(두) 콩
	角(각) 뿔, 짐승의 뿔	豕(시) 돼지
	言(언) 말씀, 가르치는 말	貝(패) 조개, 옛날 화폐
	谷(곡) 골짜기	赤(적) 붉다
		走(주) 달리다, 빨리 가다

8획	金(금) 쇠, 오행 중의 하나 長(장) 길다, 오래다, 늘이다 門(문) 문, 출입문, 집안 阜(부, 阝) 언덕, 큰 대륙 隶(이) 미치다, 이르다, 주다	隹(추) 새, 꽁지가 짧은 새 雨(우) 비, 많은 모양 靑(청) 푸르다 非(비) 아니다, 배반하다
9획	面(면) 얼굴, 겉, 표면 革(혁) 가죽, 피부 韋(위) 무두질한 가죽 韭(구) 부추 音(음) 소리, 음악 頁(혈) 머리, 首(수)의 옛글자	風(풍) 바람, 바람을 쐬다 飛(비) 날다, 떨어지다, 오르다 食(식) 밥, 먹다, 갉다, 깨물다 首(수) 머리, 시초 香(향) 향기, 향기롭다
10획	馬(마) 말 骨(골) 뼈 高(고) 높다, 뽐내다 髟(표) 머리털	鬥(투) 싸우다 鬯(창) 술 이름, 자라다: 鬱鬯酒 (울창주) 鬲(격) 막다, 솥, 땅이름 鬼(귀) 귀신, 지혜롭다, 교활하다
11획	魚(어) 고기, 물고기 鳥(조) 새, 봉황 鹵(로) 소금, 개펄, 황무지	鹿(록) 사슴, 권좌의 비유 麥(맥) 보리, 작은 매미, 매장하다 麻(마) 삼, 삼베
12획	黃(황) 누르다, 어린 아이 黍(서) 기장, 오곡 중의 하나	黑(흑) 검은색, 나쁜 마음 黹(치) 바느질하다, 수놓다, 수놓은 옷
13획	黽(민) 힘쓰다, 맹꽁이	鼎(정) 솥, 다리가 셋 달린 솥
14획	鼻(비) 코, 코꿰다	齊(제) 가지런하다, 갖추다
15획	齒(치) 이, 어금니, 나이	
16획	龍(룡) 용, 제왕의 비유	龜(귀) 거북, 거북 등 껍데기, 거북점
17획	龠(약) 피리	

6. 한자의 필순

(1) 한자의 필순

한자를 쓰는 순서를 말한다. 한자를 쓸 때에는 일정한 규칙에 따라 순서에 맞게 쓴다. 한자의 서체 중에 초서라는 흘림 글씨체가 있는데, 이 역시 알아보기 어렵게 쓴 듯하지만 필요한 획은 갖추고 있다. 과거 한자를 쓸 때는 대부분 붓을 이용했으므로, 붓을 한 번 움직여 쓸 수 있는 부분을 한 획이라고 하며, 획은 형태에 따라 점과 선으로, 선은 다시 직선과 곡선으로 구별한다. 필순 또는 획순이란 결국 이 점과 선을 쓰는 순서를 말하는 것이다.

(2) 필순의 중요성

필순은 한자를 그리는 것이 아니라 모양 있게 쓰면서 빠르고 정확하게 쓸 수 있는 방법이다. 뿐만 아니라 한자의 구조를 이해하는 데에도 매우 중요하므로, 상용한자의 필순은 익혀 두는 것이 좋다.

(3) 필순의 원칙

1. 위에서 아래로 쓴다.	6. 글자 전체를 꿰뚫는 획은 나중에 긋는다.
三(삼) ㅡ 二 三	中(중) 丨 口 口 中
亡(망) 丶 亠 亡	母(모) 乚 口 囝 囝 母
言(언) ㅡ 二 三 亖 言 言 言	
2. 왼쪽에서 오른쪽으로 쓴다.	**7. 삐침과 파임이 함께 있을 때는 삐침을 먼저한다.**
川(천) 丿 川 川	父(부) 丶 ハ グ 父
	丈(장) ㅡ ナ 丈
3. 가로획을 먼저 쓰고 세로획은 나중에 쓴다.	**8. 오른쪽 위의 점은 맨 나중에 찍는다.**
十(십) ㅡ 十	犬(견) ㅡ ナ 大 犬
古(고) ㅡ 十 十 古 古	成(성) 丿 厂 厂 厈 成 成 成

17

4. 좌우 대칭일 때는 가운데 획을 먼저 긋는다.	9. 받침은 맨 나중에 쓴다.
小(소) ㅣ 小 小	近(근) ᄀ ᄃ ᄃ ᄃ 厅 沂 沂 近 遠(원) 一 ᄒ ᄒ ᄒ ᄒ ᄒ ᄒ 遠
5. 몸(에운담)을 먼저 긋는다.	
囚(인) ㅣ 冂 冂 冈 囚 同(동) ㅣ 冂 冂 冂 同 同	

(1) 자전의 한자 배열 방식

한자를 일정한 순서로 모아 풀이해 놓은 책을 자전이라고 한다. 자전에 수록된 한자는 먼저 부수별로 분류하고 부수별로 나눈 한자를 다시 획수에 따라 차례로 배열하였다.

(2) 자전 활용 방법

① 부수색인: 부수를 먼저 확인하고 부수를 뺀 나머지 획수로 찾는다. 이 방법은 한자의 짜임을 어느 정도 알고 있는 사람에게는 좋은 방법이지만, 그 특성을 전혀 모르는 사람이 이용하기에는 어려움이 있다.

② 총획색인: 부수도 모르고 음도 모를 때 한자의 총획수를 헤아려 찾는다. 총획색인을 이용하면 한자의 총획수와 필순을 익히는 데 좋으나, 획수를 정확히 세지 못하면 하나의 한자를 찾는 데 많은 시간이 걸린다는 문제점이 있다.

③ 자음색인: 글자의 음을 알고 있을 때 가나다 순서에 맞춰 찾는다. 한자의 음을 알고 있는 경우 매우 편리한 방법이기는 하나, 한자 습득을 위한 체계적인 이해력을 길러주지는 못한다.

8. 한문의 기본 구조

(1) 주어 + 서술어

春來(춘래) 봄이 오다

烏飛梨落(오비이락) 까마귀 날자 배 떨어진다.

(2) 주어 + 서술어 + 목적어

矯角殺牛(교각살우) 소의 뿔을 바로 잡으려다가 소를 죽인다.

狐假虎威(호가호위) 여우가 호랑이의 위세를 빌다.

(3) 주어 + 서술어 + 보어

靑出於藍(청출어람) 청색은 남색에서 나온다.

父子有親(부자유친) 부자 사이에는 친애가 있다.

(4) 주어 + 서술어 + 목적어 + 보어

孔子問禮於老子(공자문례어노자) 공자가 노자에게 예를 묻다.

(5) 주어 + 서술어 + 보어 + 목적어

孔子敎弟子禮(공자교제자례) 공자가 제자들에게 학문을 가르치다.

9. 유사자

假	거짓, 빌릴 가	假面(가면)
暇	겨를 가	休暇(휴가)
佳	아름다울 가	佳人(가인)
		仲秋佳節(중추가절)
往	갈 왕	旣往之事(기왕지사)
注	물댈 주	脚注(각주)
住	살 주	住民(주민)
		衣食住(의식주)
柱	기둥 주	支柱(지주)
看	볼 간	看護(간호), 看過(간과)
羞	부끄러울 수	羞惡之心(수오지심)
差	어긋날 차	差異(차이)
着	붙을 착	着陸(착륙)
干	방패 간	干戈(간과)
午	낮 오	正午(정오)
牛	소 우	牛馬(우마)
		牛耳讀經(우이독경)
于	어조사 우	于先(우선)
平	평평할 평	平和(평화)
甲	첫째천간 갑	甲乙(갑을)
申	펼 신	申告(신고)
由	말미암을 유	理由(이유)
田	밭 전	田畓(전답)

減	줄 감	減少(감소), 加減(가감)
滅	없어질 멸	滅亡(멸망), 消滅(소멸)
綱	벼리 강	綱領(강령),
		三綱五倫(삼강오륜)
鋼	굳셀 강	鋼鐵(강철)
網	그물 망	魚網(어망)
		總網羅(총망라)
降	내릴 강	昇降機(승강기), 降雨(강우)
階	섬돌 계	階段(계단)
陸	뭍 륙	陸地(육지)
隆	융성할 륭	隆盛(융성)
陵	언덕 릉	丘陵(구릉), 陵線(능선)
睦	화목할 목	親睦(친목), 和睦(화목)
建	세울 건	建築(건축)
健	건강할 건	健康(건강)
件	물건 건	要件(요건)
伴	짝 반	同伴(동반)
儉	검소할 검	儉素(검소)
檢	검사할 검	檢査(검사)
險	험할 험	險難(험난)

遣	보낼 견	派遣 (파견)	
遺	남을 유	遺言 (유언)	
犬	개 견	猛犬 (맹견)	
大	큰 대	大將 (대장), 大小 (대소)	
丈	어른 장	方丈 (방장)	
太	클 태	太極 (태극)	
決	결단할 결	決定 (결정)	
快	쾌할 쾌	欣快 (흔쾌)	
更	고칠 경	變更 (변경), 更新 (경신)	
吏	벼슬 리	吏房 (이방)	
頃	잠깐 경	頃刻 (경각)	
頂	정수리 정	頂上 (정상)	
項	목덜미 항	項目 (항목)	
卿	벼슬 경	公卿大夫 (공경대부)	
鄕	고향 향	故鄕 (고향)	
計	셈할 계	計算 (계산)	
訃	부음 부	訃音 (부음), 訃告 (부고)	
戒	경계할 계	警戒 (경계)	
戎	병기 융	戎車 (융거), 戎狄 (융적)	
季	계절 계	季節 (계절)	
李	오얏 리	桃李 (도리)	
秀	빼어날 수	優秀 (우수)	

告	고할 고	告發 (고발)	
古	예 고	古宮 (고궁)	
苦	괴로울 고	苦難 (고난)	
		鶴首苦待 (학수고대)	
若	만약 약	萬若 (만약)	
孤	외로울 고	孤獨 (고독)	
狐	여우 호	白狐 (백호)	
困	곤할 곤	疲困 (피곤), 困難 (곤란)	
囚	가둘 수	囚人 (수인)	
因	인할 인	因緣 (인연)	
攻	칠 공	攻擊 (공격)	
巧	공교로울 교	技巧 (기교)	
切	끊을 절	切斷 (절단)	
科	과정 과	科目 (과목)	
料	헤아릴 료	料量 (요량)	
壞	무너질 괴	破壞 (파괴)	
壤	흙 양	土壤 (토양)	
拘	잡을 구	拘束 (구속)	
抱	안을 포	抱擁 (포옹)	
求	구할 구	求乞 (구걸)	
救	구원할 구	救助 (구조)	
郡	고을 군	郡守 (군수)	
群	무리 군	群衆 (군중)	

勸	권할 권	勸善(권선)
權	권세 권	權利(권리), 主權(주권)
貴	귀할 귀	富貴(부귀)
責	꾸짖을 책	責望(책망)
斤	근 근	斤量(근량)
斥	물리칠 척	排斥(배척)
今	이제 금	今年(금년), 昨今(작금)
令	하여금 령	命令(명령)
汲	물길을 급	汲水(급수)
吸	마실 흡	呼吸(호흡)
肯	즐길 긍	肯定(긍정)
背	등 배	背信(배신)
棄	버릴 기	棄兒(기아)
葉	잎 엽	落葉(낙엽)
己	몸 기	克己(극기)
已	이미 이	已往(이왕)
巳	뱀 사	元巳(원사)
難	어려울 난	困難(곤란) 難易度(난이도)
離	떠날 리	離別(이별)

奴	종 노	奴隸(노예)
如	같을 여	如一(여일)
努	힘쓸 노	努力(노력)
怒	성낼 노	憤怒(분노)
尼	여승 니	比丘尼(비구니)
泥	진흙 니	泥田鬪狗(이전투구)
旦	아침 단	元旦(원단)
但	다만 단	但只(단지)
代	대신 대	代身(대신)
伐	칠 벌	討伐(토벌)
待	기다릴 대	期待(기대)
侍	모실 시	侍女(시녀)
持	가질 지	堅持(견지)
特	특별할 특	特別(특별)
徒	무리 도	徒黨(도당)
徙	옮길 사	移徙(이사)
從	쫓을 종	主從(주종)
島	섬 도	濟州島(제주도)
鳥	새 조	鳥類(조류)
烏	까마귀 오	烏飛梨落(오비이락)
桃	복숭아 도	桃花(도화)
挑	돋을 도	挑戰(도전)

童	아이 동	兒童(아동)
裏	속 리	裏面(이면), 表裏(표리)
重	무거울 중	輕重(경중)
藍	쪽 람	藍色(남색)
		靑出於藍(청출어람)
濫	넘칠 람	氾濫(범람)
綠	초록 록	草綠同色(초록동색)
緣	인연 연	因緣(인연)
		緣木求魚(연목구어)
了	마칠 료	了解(요해)
矛	창 모	矛盾(모순)
予	나 여	我予(아여)
子	아들 자	子女(자녀)
栗	밤나무 률	栗木(율목)
粟	조 속	米粟(미속)
理	다스릴 리	理念(이념), 理致(이치)
埋	묻을 매	埋葬(매장)
亡	망할 망	逃亡(도망)
忙	바쁠 망	奔忙(분망)
忘	잊을 망	忘却(망각)
妄	망령될 망	老妄(노망), 妄靈(망령)
買	살 매	買入(매입)
賣	팔 매	賣却(매각), 賣買(매매)

免	면할 면	免許(면허), 免職(면직)
勉	힘쓸 면	勤勉(근면)
兎	토끼 토	兎死狗烹(토사구팽)
侮	업신여길 모	侮辱(모욕)
悔	뉘우칠 회	後悔(후회)
戊	다섯째천간 무	戊辰(무진)
戍	수자리 수	戍樓(수루)
戌	개 술	甲戌(갑술)
未	아닐 미	未完(미완)
末	끝 말	本末(본말)
微	약할 미	微弱(미약)
徵	부를 징	徵集(징집)
博	넓을 박	博士(박사)
傳	전할 전	傳記(전기)
般	일반 반	全般(전반)
船	배 선	漁船(어선)
白	흰 백	白眉(백미)
百	일백 백	百番(백번)
番	차례 번	順番(순번), 番號(번호)
香	향기 향	香氣(향기)
北	북녘 북	南北(남북)
比	견줄 비	比較(비교)
此	이 차	彼此(피차)

貧	가난할 빈	貧富(빈부)
賓	손님 빈	賓客(빈객), 來賓(내빈)
史	역사 사	歷史(역사)
吏	아전 리	官吏(관리), 吏房(이방)
使	하여금 사	使用(사용)
喪	상사 상	喪家(상가)
衰	쇠할 쇠	盛衰(성쇠)
哀	슬플 애	哀愁(애수)
暑	더위 서	寒暑(한서)
署	관청 서	官公署(관공서)
書	글 서	讀書(독서)
晝	낮 주	晝夜(주야)
畵	그림 화	畵筆(화필)
惜	아낄 석	哀惜(애석)
借	빌릴 차	借用(차용)
宣	베풀 선	宣戰布告(선전포고)
宜	마땅할 의	便宜(편의)
說	말씀 설	說明(설명)
	달랠 세	遊說(유세)
設	베풀 설	建設(건설)

矢	화살 시	嚆矢(효시)
失	잃을 실	失望(실망)
市	저자 시	市民(시민)
布	베, 펼 포	布教(포교)
識	알 식	識字憂患(식자우환) 知識人(지식인)
職	벼슬 직	職業(직업)
織	짤 직	組織(조직)
辛	매울 신	辛酸(신산)
幸	다행 행	幸福(행복)
與	더불 여	與民同樂(여민동락)
輿	수레 여	輿論(여론)
興	일 흥	興亡(흥망)
瓦	기와 와	靑瓦臺(청와대)
互	서로 호	相互(상호)
哉	어조사 재	通哉(통재)
栽	심을 재	栽培(재배)
裁	마를 재	裁縫(재봉)
齋	재개할 재	書齋(서재)
齊	가지런할 제	修身齊家(수신제가)
濟	건널 제	救濟(구제)
抵	막을 저	抵抗(저항)
底	밑 저	井底之蛙(정저지와)
低	낮을 저	高低(고저)

早	일찍 조	早起(조기)
旱	가물 한	旱災(한재)
爪	손톱 조	爪角(조각)
瓜	오이 과	瓜年(과년)
奏	연주할 주	演奏(연주)
秦	진나라 진	秦始皇(진시황)
泰	클 태	泰山(태산)

享	누릴 향	享樂(향락)
亨	형통할 형	亨通(형통)
形	모양 형	形相(형상), 形態(형태)
刑	형벌 형	刑罰(형벌), 刑法(형법)
侯	제후 후	諸侯(제후)
候	기다릴 후	氣候(기후)

10. 일자다의어, 일자다음어

假	거짓 가	眞假(진가)
	빌릴 가	假借(가차)
	가령 가	假令(가령)
更	다시 갱	更生(갱생)
	고칠 경	更張(경장), 更迭(경질)
	밤 시각 경	三更(삼경)
見	볼 견	見學(견학), 見聞(견문)
	뵈올 현	謁見(알현)
告	여쭐 고	告示(고시), 豫告(예고)
	뵙고 청할 곡	出告反面(출곡반면)
龜	땅이름, 인명 구	龜尾(구미)
		龜旨歌(구지가)
	거북, 점칠 귀	龜甲(귀갑)
	터질 균	龜裂(균열)

降	내릴 강	降雨(강우)
		昇降機(승강기)
	항복할 항	降伏(항복)
		投降(투항)
車	수레 거	車馬(거마), 車裂(거열)
	수레 차	車票(차표), 車窓(차창)
契	맺을 계	契約(계약)
	나라이름 글	契丹(글란 ⇒ 거란)
過	허물 과	罪過(죄과)
	지날 과	過去(과거)
	지나칠 과	過猶不及(과유불급)
金	쇠, 돈 금	金銀(금은), 賞金(상금)
	성 김	金氏(김씨)

奈	어찌 나 어찌 내	奈落(나락) 奈何(내하)	內	여관 나 안 내	內人(나인) 內外(내외), 內容(내용)
茶	차 다 일찍 딴 차	茶菓(다과), 茶房(다방) 茶禮(차례), 綠茶(녹차)	丹	붉을 단 꽃이름 란	丹楓(단풍), 丹靑(단청) 丹田呼吸(단전호흡) 牡丹(모란)
宅	집 댁 집 택	貴宅(귀댁), 宅內(댁내) 宅地(택지), 家宅(가택)	度	법도 도 헤아릴 탁	法度(법도) 制度(제도) 度支部(탁지부) 忖度(촌탁)
讀	읽을 독 구절 두	朗讀(낭독), 讀書(독서) 句讀(구두), 吏讀(이두)	洞	마을 동 꿰뚫을 통	洞事務所(동사무소) 洞察(통찰), 洞達(통달)
樂	즐거울 락 좋아할 요 풍류, 음악 악	娛樂(오락), 享樂(향락) 樂山樂水(요산요수) 音樂(음악)	莫	없을 막 저물 모	莫大(막대) 莫春(모춘)
木	모과 모 나무 목	木瓜(모과), 木果(모과) 樹木(수목), 木手(목수)	復	다시 부 돌이킬 복 회복할 복	復活(부활), 復興(부흥) 往復(왕복) 復古風(복고풍) 回復(회복)
否	아니 부 막힐 비	可否(가부), 否認(부인) 否塞(비색:운이 꽉 막힘)	北	북녘 북 달아날 배	北斗七星(북두칠성) 敗北(패배)
分	나눌 분 단위 푼	分別(분별), 分配(분배) 分錢(푼전) 割分里(할푼리)	不	아니 불 아닐 부	不可能(불가능) 不適格(부적격)
射	쏠 사 맞출 석	射擊(사격) 射中(석중)	殺	죽일 살 덜다, 감할 쇄 세찰 쇄	殺生(살생), 殺傷(살상) 相殺(상쇄), 減殺(감쇄) 殺到(쇄도), 惱殺(뇌쇄)
參	석 삼 참여할 참	參人(삼인) 參加(참가), 參與(참여)	狀	모양, 꼴 상 문서 장 편지, 서간 장	狀態(상태), 形狀(형상) 賞狀(상장) 狀啓(장계)

塞	변방 새 막을 색	塞翁之馬(새옹지마) 要塞(요새) 拔本塞源(발본색원)	索	찾을 색 새끼 삭 쓸쓸할 삭	探索(탐색), 搜索(수색) 思索(사색) 鐵索(철삭) 索莫(삭막)
說	말씀 설 달랠 세 기쁠 열	說話(설화), 說明(설명) 說客(세객), 遊說(유세) 說樂(열락), 說喜(열희)	省	살필 성 덜 생	省察(성찰), 省墓(성묘) 省略(생략)
屬	붙을 속 부탁할 촉	屬國(속국) 屬託(촉탁), 屬望(촉망)	率	거느릴 솔 비율 률	率先垂範(솔선수범) 統率(통솔) 比率(비율), 確率(확률)
衰	쇠할 쇠 상복 최	盛衰(성쇠), 衰退(쇠퇴) 衰服(최복), 斬衰(참최)	數	셈할 수 자주 삭	數學(수학) 頻數(빈삭)
帥	장수 수 거느릴 솔	元帥(원수) 帥先(率先, 솔선)	宿	잘 숙 별자리 수	宿直(숙직), 下宿生(하숙생) 二十八宿(이십팔수) 星宿(성수)
拾	주을 습 열 십	拾得(습득) 拾萬(십만), 拾錢(십전)	識	알 식 표지 지	認識(인식) 一般常識(일반상식) 標識(표지)
食	먹을 식 밥 사	食事(식사) 食中毒(식중독) 簞食瓢飮(단사표음)	什	열사람 십 세간 집	什長(십장) 什器(집기)
惡	악할 악 나쁠 악 미워할 오 감탄사 오	惡童(악동), 善惡果(선악과) 惡衣惡食(악의악식) 憎惡(증오), 嫌惡(혐오) 惡呼(오호)	若	같을 약 불경 야	若干(약간) 般若心經(반야심경)
於	어조사 어 감탄사 오	靑出於藍(청출어람) 於乎(오호)	與	더불어 여 줄 여 참여할 여	與民同樂(여민동락) 授與(수여) 生死與奪(생사여탈) 參與(참여)
易	쉬울 이 바꿀 역	容易(용이), 便易(편이) 貿易(무역), 易經(역경)	咽	목구멍 인 목맬 열	咽喉(인후) 嗚咽(오열)

刺	찌를 자	刺戟(자극), 諷刺(풍자)
	찌를 척	刺殺(척살), 刺船(척선)
	수라 라	水刺(수라)
將	장수 장	將軍(장군)
	장차 장	將次(장차)
	거느릴 장	將三軍(장삼군)
著	지을 저	著者(저자), 著述(저술)
	나타날 저	顯著(현저)
	붙을 착	著色(착색)
		附著(부착)
提	끌 제	提携(제휴), 前提(전제)
	보리수 리	菩提樹(보리수)
辰	별 진	辰時(진시), 日辰(일진)
	때, 날 신	日月星辰(일월성신)
		生辰(생신)
則	곧 즉	然則(연즉), 則效(즉효)
	법칙 칙	法則(법칙), 規則(규칙)
推	밀 추	推戴(추대)
	밀 퇴	推敲(퇴고)
便	편할 편	便利(편리)
		便宜店(편의점)
	소식 편	便紙(편지)
	똥오줌 변	便器(변기), 便所(변소)
暴	포악할 포	暴惡(포악), 橫暴(횡포)
	사나울 폭	暴徒(폭도), 暴動(폭동)
	갑자기 폭	暴騰(폭등), 暴雨(폭우)
	드러낼 폭	暴露(폭로)
畫	그림 화	畫室(화실)
		畫中之餠(화중지병)
	그을 획	畫順(획순), 畫數(획수)

炙	구울 자	膾炙(회자)
	구울, 구이 적	散炙(산적)
長	길다 장	長短(장단)
	자라다 장	成長(성장)
	어른 장	長幼有序(장유유서)
切	끊을 절	懇切(간절), 切迫(절박)
	모두 체	一切(일체)
卒	마칠 졸	卒業(졸업)
	병사 졸	軍卒(군졸)
	죽다 졸	卒去(졸거)
徵	부를 징	徵兵(징병), 徵用(징용)
	가락 치	宮尙角徵羽(궁상각치우)
拓	넓힐 척	開拓(개척), 拓植(척식)
	베낄, 박을 탁	拓本(탁본)
罷	파할 파	罷業(파업)
	고달플 피	罷勞(피로)
布	베 포	布木店(포목점)
	펼 포	宣布(선포), 公布(공포)
	보시 보	布施(보시)
行	갈 행	行人(행인), 行動(행동)
	항렬 항	行列(항렬), 行伍(항오)

11. 유의어

企圖 (기도)	企劃 (기획)	無事 (무사)	安全 (안전)	運命 (운명)	運勢 (운세)
架空 (가공)	虛構 (허구)	無視 (무시)	黙殺 (묵살)	運送 (운송)	運輸 (운수)
恪別 (각별)	特別 (특별)	未開 (미개)	原始 (원시)	運營 (운영)	運用 (운용)
覺悟 (각오)	決心 (결심)	未熟 (미숙)	幼稚 (유치)	怨望 (원망)	希望 (희망)
看病 (간병)	看護 (간호)	未然 (미연)	事前 (사전)	威信 (위신)	威嚴 (위엄)
感染 (감염)	傳染 (전염)	尾行 (미행)	追跡 (추적)	潤澤 (윤택)	豊富 (풍부)
改良 (개량)	改善 (개선)	發達 (발달)	進步 (진보)	應對 (응대)	應接 (응접)
計劃 (계획)	意圖 (의도)	方法 (방법)	手段 (수단)	依存 (의존)	依支 (의지)
高名 (고명)	有名 (유명)	變遷 (변천)	沿革 (연혁)	異論 (이론)	異議 (이의)
苦心 (고심)	苦衷 (고충)	不運 (불운)	悲運 (비운)	利用 (이용)	活用 (활용)
故鄕 (고향)	鄕里 (향리)	分別 (분별)	思慮 (사려)	移轉 (이전)	轉居 (전거)
功績 (공적)	業績 (업적)	奔走 (분주)	盡力 (진력)	認可 (인가)	許可 (허가)
貢獻 (공헌)	寄與 (기여)	使命 (사명)	任務 (임무)	一律 (일률)	劃一 (획일)
過激 (과격)	急進 (급진)	散步 (산보)	散策 (산책)	一門 (일문)	一族 (일족)
過失 (과실)	失敗 (실패)	狀況 (상황)	政勢 (정세)	一致 (일치)	合致 (합치)
拘束 (구속)	束縛 (속박)	說明 (설명)	解說 (해설)	自負 (자부)	自信 (자신)
歸省 (귀성)	歸鄕 (귀향)	素行 (소행)	品行 (품행)	資産 (자산)	財産 (재산)
根抵 (근저)	基礎 (기초)	衰盡 (쇠진)	衰退 (쇠퇴)	自然 (자연)	天然 (천연)
期待 (기대)	囑望 (촉망)	修理 (수리)	修繕 (수선)	知己 (지기)	知人 (지인)
器量 (기량)	才能 (재능)	熟讀 (숙독)	精讀 (정독)	知己 (지기)	親友 (친우)
氣質 (기질)	性格 (성격)	宿命 (숙명)	天命 (천명)	志望 (지망)	志願 (지원)
氣品 (기품)	風格 (풍격)	順序 (순서)	此際 (차제)	支配 (지배)	統治 (통치)
納得 (납득)	了解 (요해)	承諾 (승낙)	許諾 (허락)	至上 (지상)	最高 (최고)
達成 (달성)	成就 (성취)	示唆 (시사)	暗示 (암시)	進步 (진보)	向上 (향상)
道德 (도덕)	倫理 (윤리)	失望 (실망)	失意 (실의)	質問 (질문)	質疑 (질의)
獨占 (독점)	專有 (전유)	壓迫 (압박)	威壓 (위압)	贊助 (찬조)	協贊 (협찬)
同意 (동의)	贊成 (찬성)	廉價 (염가)	低價 (저가)	參考 (참고)	參照 (참조)
落膽 (낙담)	失望 (실망)	永眠 (영면)	他界 (타계)	推量 (추량)	推測 (추측)
冷淡 (냉담)	薄情 (박정)	營養 (영양)	滋養 (자양)	快活 (쾌활)	活潑 (활발)
冷靜 (냉정)	沈着 (침착)	永遠 (영원)	永久 (영구)	平常 (평상)	平素 (평소)
謀反 (모반)	反逆 (반역)	外觀 (외관)	外見 (외견)	效能 (효능)	效用 (효용)
沒頭 (몰두)	專心 (전심)	外國 (외국)	異國 (이국)	休憩 (휴게)	休息 (휴식)

12. 상대어

可決 (가결)	-	否決 (부결)	禁止 (금지)	-	許可 (허가)
却下 (각하)	-	受理 (수리)	急激 (급격)	-	緩慢 (완만)
幹線 (간선)	-	支線 (지선)	起立 (기립)	-	着席 (착석)
干涉 (간섭)	-	放任 (방임)	緊縮 (긴축)	-	緩和 (완화)
減少 (감소)	-	增加 (증가)	內容 (내용)	-	外觀 (외관)
減退 (감퇴)	-	增進 (증진)	內憂 (내우)	-	外患 (외환)
剛健 (강건)	-	柔弱 (유약)	內包 (내포)	-	外延 (외연)
强固 (강고)	-	薄弱 (박약)	濃厚 (농후)	-	稀薄 (희박)
强大 (강대)	-	弱小 (약소)	短縮 (단축)	-	延長 (연장)
强制 (강제)	-	任意 (임의)	動搖 (동요)	-	安定 (안정)
開國 (개국)	-	鎖國 (쇄국)	鈍感 (둔감)	-	敏感 (민감)
開放 (개방)	-	閉鎖 (폐쇄)	得意 (득의)	-	失意 (실의)
槪算 (개산)	-	精算 (정산)	等質 (등질)	-	異質 (이질)
拒否 (거부)	-	承諾 (승낙)	樂觀 (낙관)	-	悲觀 (비관)
儉約 (검약)	-	浪費 (낭비)	劣惡 (열악)	-	優良 (우량)
決裂 (결렬)	-	和解 (화해)	末尾 (말미)	-	冒頭 (모두)
決算 (결산)	-	豫算 (예산)	名目 (명목)	-	實質 (실질)
輕薄 (경박)	-	重厚 (중후)	明示 (명시)	-	暗示 (암시)
經常 (경상)	-	臨時 (임시)	模倣 (모방)	-	創造 (창조)
輕率 (경솔)	-	愼重 (신중)	密集 (밀집)	-	散在 (산재)
輕視 (경시)	-	重視 (중시)	發生 (발생)	-	消滅 (소멸)
高尙 (고상)	-	低劣 (저열)	發信 (발신)	-	受信 (수신)
高遠 (고원)	-	卑近 (비근)	白晝 (백주)	-	深夜 (심야)
故意 (고의)	-	過失 (과실)	保守 (보수)	-	革新 (혁신)
固定 (고정)	-	流動 (유동)	不備 (불비)	-	完備 (완비)
困難 (곤란)	-	容易 (용이)	分裂 (분열)	-	統一 (통일)
空腹 (공복)	-	滿腹 (만복)	分離 (분리)	-	合體 (합체)
共有 (공유)	-	專有 (전유)	分散 (분산)	-	集中 (집중)
過激 (과격)	-	穩健 (온건)	分析 (분석)	-	統合 (통합)
寬大 (관대)	-	嚴格 (엄격)	分解 (분해)	-	合成 (합성)
巧妙 (교묘)	-	拙劣 (졸렬)	不調 (부조)	-	快調 (쾌조)
口語 (구어)	-	文語 (문어)	非難 (비난)	-	稱讚 (칭찬)
具體 (구체)	-	抽象 (추상)	非凡 (비범)	-	平凡 (평범)
權利 (권리)	-	義務 (의무)	悲哀 (비애)	-	歡喜 (환희)
勤勉 (근면)	-	怠惰 (태타)	辭任 (사임)	-	就任 (취임)
近接 (근접)	-	遠隔 (원격)	死藏 (사장)	-	活用 (활용)
近海 (근해)	-	遠洋 (원양)	削除 (삭제)	-	添加 (첨가)
禁止 (금지)	-	解禁 (해금)	散文 (산문)	-	韻文 (운문)

相對 (상대)	-	絶對 (절대)
上昇 (상승)	-	下降 (하강)
喪失 (상실)	-	獲得 (획득)
相違 (상위)	-	類似 (유사)
生産 (생산)	-	消費 (소비)
生成 (생성)	-	消滅 (소멸)
性急 (성급)	-	悠長 (유장)
束縛 (속박)	-	自由 (자유)
續行 (속행)	-	中止 (중지)
送信 (송신)	-	受信 (수신)
拾得 (습득)	-	遺失 (유실)
實際 (실제)	-	異論 (이론)
愛好 (애호)	-	嫌惡 (혐오)
抑制 (억제)	-	促進 (촉진)
榮轉 (영전)	-	左遷 (좌천)
溫暖 (온난)	-	寒冷 (한냉)
往復 (왕복)	-	片道 (편도)
偶然 (우연)	-	必然 (필연)
友好 (우호)	-	敵對 (적대)
原理 (원리)	-	應用 (응용)
隆起 (융기)	-	陷沒 (함몰)
融解 (융해)	-	凝固 (응고)
依存 (의존)	-	自立 (자립)
異例 (이례)	-	通例 (통례)
離陸 (이륙)	-	着陸 (착륙)
異說 (이설)	-	精說 (정설)
異說 (이설)	-	通說 (통설)
人造 (인조)	-	天然 (천연)
一般 (일반)	-	特殊 (특수)
低下 (저하)	-	向上 (향상)
絶讚 (절찬)	-	酷評 (혹평)
存續 (존속)	-	廢止 (폐지)
縱斷 (종단)	-	橫斷 (횡단)
進化 (진화)	-	退化 (퇴화)
集合 (집합)	-	解散 (해산)
差別 (차별)	-	平等 (평등)
縮小 (축소)	-	擴大 (확대)

13. 한자성어

街談巷說 (가담항설)	거리나 항간에 떠도는 소문.
苛斂誅求 (가렴주구)	세금을 가혹하게 거두어들이거나 백성의 재물을 억지로 빼앗는다.
刻舟求劍 (각주구검)	칼이 떨어진 위치를 배에 새기고 칼을 찾는다. 세상일에 어리석고 미련하다는 뜻이다.
肝膽相照 (간담상조)	간과 쓸개가 가까이 서로 잘 보여 준다. 서로 마음을 터놓고 사귄다는 뜻이다.
看雲步月 (간운보월)	낮에는 구름을 바라보고 밤에는 달빛 아래 거닌다. 고향을 그리워하는 마음을 뜻한다.
甘呑苦吐 (감탄고토)	달면 삼키고 쓰면 내뱉는다. 일의 옳고 그름과 상관없이, 자기 비위에 맞으면 취하고 싫으면 버린다는 뜻이다.
甲男乙女 (갑남을녀)	갑이라는 남자와 을이라는 여자. 평범한 사람들을 지칭하는 말이다.
康衢煙月 (강구연월)	강구는 사통오달의 큰 길로 사람의 왕래가 많은 거리, 연월은 연기 속에 달빛이 비친다는 뜻. 태평한 시대의 평화로운 거리 풍경을 이르는 말이다.
乾坤一擲 (건곤일척)	하늘이냐 땅이냐를 주사위를 한 번 던져 결정한다. 한 판에 운명을 걸고 승부를 겨루는 것을 말한다.
見蚊拔劍 (견문발검)	모기를 보고 칼을 뽑다. 하찮은 일에 너무 거창하게 덤빈다는 말이다.
犬兎之爭 (견토지쟁)	개와 토끼의 싸움. 개와 토끼가 싸우다 숨겨 있는 것을 지나가던 농부가 주워갔다는 고사이다. 양자의 싸움에서 제 3자가 이익을 봄.
傾國之色 (경국지색)	나라를 위기에 빠뜨리게 할 만한 미인.
敬而遠之 (경이원지)	① 공경하나 가까이하지는 않는다. ② 겉으로는 존경하는 체하면서 속으로는 멀리한다.
鷄卵有骨 (계란유골)	달걀에도 뼈가 있다. 운수가 나쁜 사람은 좋은 기회를 만나도 일이 잘되지 않는다는 말이다.
鷄肋 (계륵)	닭의 갈비 부분. 먹자니 먹을 것이 없고, 버리자니 아깝다는 말이다.
鼓腹擊壤 (고복격양)	배를 두드리며 흙덩이를 친다. 배불리 먹고 흙덩이를 치는 놀이를 한다는 뜻으로 의식이 풍족해 살기 좋은 시절을 뜻한다.

曲學阿世 (곡학아세)	정도(正道)를 벗어난 학문으로 세상 사람에게 아첨함.
管鮑之交 (관포지교)	관중(管仲)과 포숙아(鮑叔牙)의 사귐. 매우 친한 친구 사이의 사귐을 뜻한다.
刮目相對 (괄목상대)	눈을 비비고 상대를 본다. 학식이나 재주가 생각보다 부쩍 진보한 것을 이르는 말이다.
矯角殺牛 (교각살우)	뿔을 바로잡으려다가 소를 죽인다. 조그마한 일을 하려다 큰 일을 그르친다는 뜻이다.
交友以信 (교우이신)	친구를 믿음으로써 사귄다. 世俗五戒(事君以忠, 事親以孝, 交友以信, 臨戰無退, 殺生有擇) 중의 하나.
教學相長 (교학상장)	가르치는 사람과 배우는 사람이 서로의 학업을 증진시킨다.
口蜜腹劍 (구밀복검)	입 속으로는 꿀을 담고 뱃속으로는 칼을 지녔다. 입으로 친절하나 속으로는 해칠 생각을 품었음을 비유하여 일컫는 말이다.
群鷄一鶴 (군계일학)	닭의 무리 가운데서 한 마리의 학. 여럿 가운데서 가장 뛰어난 사람을 지칭하는 말이다.
捲土重來 (권토중래)	흙먼지를 날리며 다시 온다. ① 한 번 실패에 굴하지 않고 몇 번이고 다시 일어난다. ② 패한 자가 세력(勢力)을 되찾아 다시 쳐들어온다는 말이다.
橘化爲枳 (귤화위지)	회남의 귤을 회북으로 옮겨 심으면 탱자가 된다. 환경에 따라 사물의 성질이 달라진다는 말이다.
近墨者黑 (근묵자흑)	먹을 가까이 하면 검게 된다. 나쁜 사람을 가까이 하면 물들기 쉽다는 말이다.
錦上添花 (금상첨화)	비단 위에 꽃을 더한다. 좋은 일이 겹치는 상황을 비유한 말이다.
金蘭之交 (금란지교)	쇠처럼 날카롭고 난초처럼 향기 나는 친구의 사귐.
金石之交 (금석지교)	쇠와 돌처럼 굳은 사귐.
南柯一夢 (남가일몽)	남쪽에 있는 나무 아래에서 꾼 꿈. 덧없는 꿈이나 한때의 헛된 부귀영화를 이르는 말이다.
男負女戴 (남부여대)	남자는 등에 짐을 지고, 여자는 머리에 짐을 인다. 가난한 사람이나 재난을 당한 사람들이 살 곳을 찾아 이리저리 떠돌아 다니는 것을 이르는 말이다.

囊中之錐 (낭중지추)	주머니 속의 송곳. 재능이 뛰어난 사람은 숨어 있어도 남의 눈에 띄게 됨을 이르는 말이다.
弄瓦之慶 (농와지경)	딸을 얻은 경사. '와(瓦)'는 계집아이의 장난감인 실패를 지칭한다.
弄璋之慶 (농장지경)	아들을 얻은 경사. '장(璋)'은 사내아이의 장난감인 구슬을 지칭한다.
累卵之勢 (누란지세)	새알을 쌓아놓은 형세. 위태로운 형세를 뜻한다.
多岐亡羊 (다기망양)	달아난 양을 찾다가 여러 갈래 길에서 길을 잃다. 학문의 길이 많아 진리를 찾기 어렵다는 것을 이르는 말이다.
多多益善 (다다익선)	많을수록 더욱 좋다.
斷金之交 (단금지교)	쇠라도 자를 수 있는 굳고 단단한 사귐.
丹脣皓齒 (단순호치)	붉은 입술과 하얀 이빨. 아름다운 여인을 지칭하는 말이다.
螳螂拒轍 (당랑거철)	사마귀가 수레에 대항한다. 자기 힘을 생각하지 않고 강적 앞에서 분수없이 날뛰는 것을 비유한 말이다.
道聽塗說 (도청도설)	길거리에 떠돌아다니는 뜬소문.
讀書三到 (독서삼도)	독서하는 데는 눈으로 보고, 입으로 읽고, 마음으로 깨우쳐야 한다.
讀書三餘 (독서삼여)	책 읽기에 알맞은 세 여가, 곧 겨울과 밤과 비가 내릴 때를 이른다.
棟梁之材 (동량지재)	대들보(동량)가 될 만한 재목. 한 집안이나 한 나라의 기둥이 될 만한 훌륭한 인재를 가리킨다.
冬溫夏淸 (동온하정)	겨울은 따뜻하게 여름은 시원하게 한다는 뜻. 자식의 효도를 일컬음.
得隴望蜀 (득롱망촉)	농땅을 얻고 또 촉나라를 탐낸다. 인간의 욕심이 무한하다는 말이다.
燈下不明 (등하불명)	등잔 아래가 어둡다.
燈火可親 (등화가친)	등불을 가까이 할 수 있다. 가을밤은 등불을 가까이 하여 글 읽기에 좋다는 말이다.
莫逆之友 (막역지우)	아주 허물없는 벗.
亡羊之歎 (망양지탄)	여러 갈래 길에서 양을 잃고 탄식한다. 학문의 길이 여러 갈래라 길을 잡기 어렵다는 多岐亡羊 (다기망양)과 같은 말이다.
望雲之情 (망운지정)	구름을 바라보는 마음. 객지에서 부모를 생각하는 마음을 일컫는다.

孟母斷機(맹모단기)	맹자의 어머니가 베틀의 실을 끊었다. 학문을 중도에서 그만두면 아무 쓸모가 없다는 뜻으로 斷機之敎(단기지교), 斷機之戒(단기지계)라고도 한다.
孟母三遷(맹모삼천)	'孟母三遷之敎(맹모삼천지교)'의 준말. 맹자의 어머니가 맹자를 가르치기 위하여 세 번 이사했다는 고사에서 유래한 말이다.
面從腹背(면종복배)	면전에서는 따르나 뱃속으로는 배반한다.
滅私奉公(멸사봉공)	사를 버리고 공을 받든다.
矛盾(모순)	창과 방패. 서로 대립하여 양립하지 못하는 것을 가리킨다.
目不識丁(목불식정)	낫 놓고 'ㄱ'자도 모른다.
巫山之夢(무산지몽)	무산의 꿈. 남녀간의 은밀한 만남을 가리킨다.
刎頸之交(문경지교)	목을 벨 수 있는 사귐. 생사를 함께 할만한 친한 벗을 일컫는다.
博而不精(박이부정)	여러 방면으로 널리 아나 정밀하지 않다.
拍掌大笑(박장대소)	손뼉을 치며 크게 웃는다.
反哺報恩(반포보은)	자식이 부모가 길러 준 은혜를 갚는다.
反哺之孝(반포지효)	자식이 자라서 어버이의 은혜에 보답하는 효성.
發憤忘食(발분망식)	발분(분발)하여 끼니를 잊는다. 일을 이루려고 끼니조차 잊고 분발하여 노력한다는 뜻이다.
傍若無人(방약무인)	곁에 사람이 없는 것 같다. 거리낌 없이 함부로 행동한다는 말이다.
背水之陣(배수지진)	적과 싸울 때 강이나 바다를 등지고 친 진. 한신이 초나라의 군대와 싸울 때 시용한 진법에서 유래하며, 목숨을 걸고 어떤 일에 대처하는 경우를 비유한 말이다.
背恩忘德(배은망덕)	은덕을 저버림.
百年偕老(백년해로)	부부가 화락하게 일생을 늙음.
白眉(백미)	흰 눈썹. 마씨의 아들 오형제 중에서 재주가 가장 출중했던 맏이의 눈썹이 희었다는 데서 나온 말로, 여러 사람 가운데 뛰어난 인물을 가리킨다.
白雲孤飛(백운고비)	멀리 떠나온 자식이 어버이를 그리워함을 뜻한다. 타향에서 고향의 부모를 생각함.
伯兪之孝(백유지효)	백유의 효도. 韓伯兪는 효성이 지극하여 어머니로부터 종아리를 맞아도 아프지 않다 하여 어머니의 노쇠함을 탄식했다고 한다.

百折不屈(백절불굴)	여러 번 꺾어져도 굽히지 않는다.
百尺竿頭(백척간두)	백 척 높이의 장대 위. 몹시 위태로운 지경에 처한 상황을 뜻한다.
法古創新(법고창신)	옛 것을 본받아 새로운 것을 창조한다.
本末顚倒(본말전도)	일의 처음과 끝이 뒤바뀌다. 일의 본질을 잊고 사소한 일에 사로잡힌 상태를 가리킨다.
不立文字(불립문자)	불교의 용어로 경론(經論)의 어구나 문자에 의존하지 않음.
父爲子綱(부위자강)	아버지는 자식의 벼리가 된다. 三綱(君爲臣綱, 父爲子綱, 夫爲婦綱) 의 하나.
父子有親(부자유친)	아버지와 아들 사이에는 친애가 있어야 한다. 五倫(君臣有義, 父子有親, 夫婦有別, 長幼有序, 朋友有信) 의 하나.
不恥下問(불치하문)	자기보다 아래 사람에게 배우는 것을 부끄러워하지 않는다.
朋友有信(붕우유신)	친구와 사귐에 신의가 있다.
悲憤慷慨(비분강개)	슬프고 분한 느낌이 마음속에 가득 차 있다. 의롭지 못한 일이나 잘못되어 가는 세태가 슬프고 분하여 마음이 북받침을 일컫는다.
氷炭之間(빙탄지간)	얼음과 숯불의 사이. 서로 어울릴 수 없는 관계를 지칭한다.
四面楚歌(사면초가)	사방에서 들려오는 초나라 노랫소리. 사면이 모두 적에게 포위되어 고립된 상태를 뜻한다.
社稷之臣(사직지신)	사직을 지탱할 만한 신하.
事親以孝(사친이효)	어버이를 섬김에 효도로써 한다. 세속오계의 하나.
三旬九食(삼순구식)	서른 날에 아홉 끼니밖에 못 먹는다.
三遷之敎(삼천지교)	맹자의 교육을 위하여 그 어머니가 세 번이나 집을 옮긴 일. 교육에는 환경이 중요하다는 것을 강조한 말이다.
相思不忘(상사불망)	서로 그리워하여 잊지 못한다.
桑田碧海(상전벽해)	뽕나무밭이 푸른 바다가 된다. 세상이 몰라볼 정도로 바뀐 것을 이른다.
塞翁之馬(새옹지마)	변방에 사는 늙은이가 기르던 말. ① 세상만사에 변화가 많아 그 길흉화복(吉凶禍福)을 예측하기 어렵다. ② 인생의 길, 흉, 화, 복은 늘 바뀌어 변화가 많음을 이르는 말이다.
先公後私(선공후사)	공적인 것을 앞세우고 사적인 것을 뒤로 한다.
雪上加霜(설상가상)	눈 위에 서리가 덮인다. 불행한 일이 거듭하여 생기는 상황을 비유한 말이다.

首丘初心(수구초심)	여우가 죽을 때에 머리를 살던 굴 쪽으로 향하여 두고 초심으로 돌아간다. ① 근본(根本)을 잊지 않는다. ② 죽어서라도 고향땅에 묻히고 싶어 하는 마음을 표현한 말이다.
手不釋卷(수불석권)	손에서 책을 놓지 않는다.
水魚之交(수어지교)	물과 고기의 관계처럼 뗄 수 없는 사이.
守株待兎(수주대토)	그루터기를 지키며 토끼가 잡히기를 기다린다. 어떤 착각에 빠져 되지도 않을 일을 공연히 고집하는 어리석음을 비유하는 말이다.
眼下無人(안하무인)	눈 아래 사람이 없다. 방자하고 교만하여 사람을 얕잡아보는 것을 이른다.
哀而不悲(애이불비)	속으로는 슬프지만 겉으로는 슬퍼하지 않는다.
哀而不傷(애이불상)	슬퍼하되 도를 넘지 않는다.
羊頭狗肉(양두구육)	양의 머리를 걸어 놓고 개고기를 판다. "懸羊頭賣狗肉(현양두매구육)"의 준말. 표면으로는 그럴 듯한 대의명분을 내걸고 이면으로는 좋지 않은 본심이 내포되어 있는 것을 일컫는다.
漁父之利(어부지리)	어부의 이익. 조개와 도요새가 서로 버티는 사이에 어부, 즉 엉뚱한 제 삼자가 둘을 다 잡아 이득을 본다는 말이다.
如履薄氷(여리박빙)	얇은 얼음을 밟는 것 같다. 몹시 위험하여 조심한다는 말이다.
戀慕之情(연모지정)	사랑하여 그리워하는 정.
緣木求魚(연목구어)	나무에 올라가서 물고기를 구한다. 방법이나 수단이 적당하지 않아 성공하기 어려운 상황을 일컫는다.
煙霞痼疾(연하고질)	자연을 깊이 사랑하여 생긴 고치기 어려운 병.
拈華微笑(염화미소)	염화의 미소. 말을 하지 않고도 마음과 마음이 통하여 깨달음을 얻게 된다는 뜻으로 염화시중(拈華示衆)이라고도 한다.
寤寐不忘(오매불망)	자나 깨나 잊지 못한다.
五十步百步 (오십보백보)	<孟子>에 나온 말로, 얼마간의 차이는 있으나 본질적으로는 같다는 말이다.
吳越同舟(오월동주)	서로 원수지간인 오나라 사람과 월나라 사람이 같은 배를 탄다. ① 원수는 외나무다리에서 만난다. ② 세상 일이 크게 변한다. ③ 아무리 원수지간이라도 위급한 상황에서는 서로 돕지 않을 수 없다.

溫故知新 (온고지신)	옛 것을 익혀서 그것으로 미루어 새 것을 깨닫는다.
臥薪嘗膽 (와신상담)	섶나무 위에서 잠을 자며 쓸개를 맛본다. 오나라 왕 구천이 월나라 왕 부차에게 원수를 갚으려고 괴롭고 어려운 일을 참았다는 일화에서 유래하였다.
雲雨之情 (운우지정)	구름과 비의 마음. 남녀간의 사랑을 가리키며, 무산지운(巫山之雲), 무산지우(巫山之雨), 운우지락(雲雨之樂), 운우지교(雲雨之交)와 같은 말로 巫山之夢(무산지몽)에서 비롯되었다.
遠禍召福 (원화소복)	재앙을 물리쳐 멀리하고 복을 불러들인다.
危機一髮 (위기일발)	매우 절박한 순간.
韋編三絶 (위편삼절)	옛날에 공자가 주역을 열심히 읽은 나머지 책을 맨 가죽 끈이 세 번이나 끊어졌다는 데서 유래한 말로 책을 정독(精讀)함을 일컫는다.
流言蜚語 (유언비어)	아무 근거 없이 널리 퍼진 소문.
以卵投石 (이란투석)	달걀로 바위 치기.
以心傳心 (이심전심)	마음에서 마음으로 전한다. ① 말로써 설명할 수 없는 심오한 뜻은 마음으로 깨닫는 수밖에 없다는 말 ② 말을 하지 않아도 마음과 마음이 통하는 것을 말한다.
二律背反 (이율배반)	두 가지의 규율이 서로 맞지 않는다. 같은 근거를 가지고 정당하다고 주장되는 서로 모순되는 두 명제 혹은 관계를 뜻한다.
一日如三秋 (일일여삼추)	하루가 삼년 같다. 몹시 애태우며 기다림.
一字無識 (일자무식)	글자 한자도 알지 못한다.
一場春夢 (일장춘몽)	한바탕의 봄꿈. 인생의 부귀영화가 덧없이 사라짐을 비유하는 말이다.
一觸卽發 (일촉즉발)	조금만 닿아도 곧 폭발할 것 같은 모양.
日就月將 (일취월장)	학문이 날로 달로 나아진다.
自家撞着 (자가당착)	같은 사람의 말이나 행동이 앞뒤가 맞지 않아 이치에 어긋난다.
自强不息 (자강불식)	스스로 힘을 쓰고 마음을 가다듬어 쉬지 아니함.
張三李四 (장삼이사)	장씨 세 사람과 이씨 네 사람. 성명이나 신분이 뚜렷하지 못한 평범한 사람들을 일컫는다.

前代未聞(전대미문)	이제까지 들어 본 적이 없는 일.
前途有望(전도유망)	앞으로 장래가 유망하다.
前無後無(전무후무)	전에도 없었고 앞으로도 없을 것이다.
前人未踏(전인미답)	이제까지 아무도 발을 들여놓거나 도달한 사람이 없다. 지금까지 아무도 손을 대거나 발을 디디지 않은 일을 가리킨다.
輾轉反側(전전반측)	누워서 이리저리 뒤척이며 잠을 이루지 못한다. 輾轉不寐(전전불매)와 동일한 의미이다.
前程萬里(전정만리)	앞길이 만 리. 나이가 젊어 장래가 유망하다는 뜻이다.
轉禍爲福(전화위복)	화가 바뀌어 복이 된다.
切磋琢磨(절차탁마)	옥돌을 쪼고 갈아서 빛을 낸다. 학문이나 인격을 연마한다는 말이다.
切齒腐心(절치부심)	이를 갈면서 속을 썩인다.
井底之蛙(정저지와)	우물 안의 개구리. 소견이 좁은 사람을 뜻한다.
朝令暮改(조령모개)	아침에 명령을 내리고 저녁에 다시 고친다. ① 법령의 개정이 너무 빈번하여 믿을 수가 없다. ② 아침에 조세를 부과하고 저녁에 거두는 것을 이르는 말이다.
朝變夕改(조변석개)	아침저녁으로 뜯어 고친다. 계획이나 결정 따위를 자주 바꾸는 것을 이른다.
坐井觀天(좌정관천)	우물에 앉아서 하늘을 본다. 견문이 좁음을 뜻한다.
主客顚倒(주객전도)	주인과 손님의 입장이 서로 뒤바뀐다.
晝耕夜讀(주경야독)	낮에는 밭을 갈고 밤에는 책을 읽음.
走馬加鞭(주마가편)	달리는 말에 채찍질을 한다. 자신의 위치에 만족하지 않고 계속 노력한다는 뜻이다.
走馬看山(주마간산)	말을 타고 달리면서 산을 본다. 바쁘게 대충 보며 지나간다는 뜻이다.
竹馬故友(죽마고우)	어릴 때부터의 친한 벗.
芝蘭之交(지란지교)	영지와 난초의 향기로운 향기 같은 벗 사이의 사귐.
咫尺之間(지척지간)	매우 가까운 거리.
指呼之間(지호지간)	손짓하여 부를만한 가까운 거리.

進退兩難 (진퇴양난)	앞으로 나아가기도 어렵고 뒤로 물러나기도 어렵다.
進退維谷 (진퇴유곡)	앞으로 나아가도 뒤로 물러나도 골짜기만 있다. 어쩔 수 없는 궁지에 빠진 상태를 표현한 말이다.
天方地軸 (천방지축)	① 너무 바빠서 두서를 잡지 못하고 허둥대는 모습 ② 어리석은 사람이 갈 바를 몰라 두리번거리는 모습을 가리킨다.
泉石膏肓 (천석고황)	샘과 돌이 고황에 들었다. '고(膏)'는 가슴 밑의 적은 지방 부분, '황(肓)'은 가슴 위의 얇은 막으로 병이 고황에 생기면 낫기 어렵다고 한다. 산수를 몹시 사랑하여 마치 치료하기 어려운 고질병이 든 것과 같다는 뜻이다.
靑出於藍 (청출어람)	청색은 남색에서 나온다. '靑出於藍靑於藍(청출어람청어람)'에서 나온 말로 청색은 남색으로부터 나오지만 남색보다 푸르다는 뜻으로 제자가 스승보다 나은 것을 말한다.
樵童汲婦 (초동급부)	나무하는 아이와 물 긷는 아낙네. 평범하게 살아가는 일반 백성을 지칭한다.
焦眉之急 (초미지급)	눈썹이 타들어갈 만큼 급박한 상태.
出告反面 (출고[곡]반면)	밖에 나갈 때 반드시 가는 곳을 아뢰고, 되돌아와서는 반드시 얼굴을 보여 드린다. '出必告 反必面(출필곡 반필면)'의 준말이다.
七顚八起 (칠전팔기)	일곱 번 넘어지면 여덟 번째는 꼭 일어난다.
七顚八倒 (칠전팔도)	일곱 번 넘어지고 여덟 번 거꾸러진다. 실패를 거듭하거나 몹시 고생함을 이르는 말이다.
兎死狗烹 (토사구팽)	사냥하러 가서 토끼를 잡고나면, 사냥개를 삶아 먹는다. 필요할 때는 요긴하게 써 먹고 쓸모가 없어지면 가혹하게 버린다는 뜻이다.
破廉恥漢 (파렴치한)	염치를 모르는 뻔뻔한 사람.
炮烙之刑 (포락지형)	잔혹하고 가혹한 형벌.
抱腹絶倒 (포복절도)	배를 끌어안고 넘어질 정도로 몹시 웃는다.
表裏不同 (표리부동)	겉과 속이 다르다.

風樹之嘆 (풍수지탄)	효도하고자 해도 이미 부모는 돌아가셔서, 효행을 다하지 못하는 슬픔. 이는 '樹欲靜而風不止 子欲養而親不待(수욕정이풍부지 자욕양이친부대)' 즉, 나무는 고요하고자 하나 바람은 멎지 않고, 자식은 봉양하고자 하나 부모는 기다려 주지 않는다는 말에서 유래된 것이다.
風前燈火 (풍전등화)	바람 앞에 놓인 등불. 사물이 매우 위태로운 처지에 놓여 있음을 비유한 말이다.
匹夫匹婦 (필부필부)	한 쌍의 지아비와 한 쌍의 지어미. 평범한 백성을 지칭하는 말이다.
鶴首苦待 (학수고대)	학의 목처럼 길게 늘여 기다린다.
邯鄲之夢 (한단지몽)	한단의 꿈. 당나라 현종(玄宗) 때 도사 여옹이 한단으로 가는 도중 꿈을 통해 세상의 부귀영화가 허황됨을 알았다는 일화에서 유래한 말이다.
邯鄲之步 (한단지보)	한단 사람들의 걸음걸이. 연나라 청년이 한단에서 그곳의 걸음걸이를 배우려다 자신의 걸음걸이도 잊었다는 일화에서 나온 말로, 제 분수를 잊고 무턱대고 남을 흉내 내려다가 도리어 이것저것 다 잃음을 비유한 것이다. 한단학보(邯鄲學步)와 같은 말이다.
汗牛充棟 (한우충동)	실으면 소가 땀을 흘리고, 쌓으면 들보에 가득 찬다. 매우 많은 장서를 이르는 말이다.
含憤蓄怨 (함분축원)	분한 마음을 품고 원통한 맘을 쌓아둔다.
偕老同穴 (해로동혈)	함께 늙어 함께 묻힌다.
虛禮虛飾 (허례허식)	헛된 예의와 차림. 예절, 법식 등을 겉으로만 번드레하게 하는 일.
虛張聲勢 (허장성세)	실속이 없으면서 허세만 부린다.
螢雪之功 (형설지공)	고생을 하면서도 꾸준히 학문을 닦은 보람.
螢窓雪案 (형창설안)	반딧불이 비치는 창과 눈(雪)이 비치는 책상. 어려운 가운데서도 학문에 힘씀을 비유한 말이다.
狐假虎威 (호가호위)	여우가 호랑이의 위세를 빌린다. 남의 세력을 빌어 위세를 부린다는 뜻이다.
昊天罔極 (호천망극)	하늘이 넓고 끝이 없다. 끝없는 하늘처럼 부모의 은혜가 한이 없다는 뜻이다.
昏定晨省 (혼정신성)	조석으로 부모의 안부를 물어 살핀다.
花容月態 (화용월태)	꽃 같은 용모에 달 같은 자태.

換骨奪胎 (환골탈태)	뼈를 바꾸고 태를 빼낸다.
	몸과 얼굴이 몰라볼 만큼 좋게 변한 것을 비유하는 말이다.
後生可畏 (후생가외)	뒤에 난 사람은 두려워할 만하다. 후배는 나이가 젊고 의기가 장하므로 학문을 계속 쌓고 덕을 닦으면 선배를 능가할 것이라는 말이다.
厚顔無恥 (후안무치)	얼굴이 두꺼워서 부끄러워할 줄 모른다.

· 나이와 관련된 성어

沖年 (충년)	10대의 나이
志學 (지학)	15세
破瓜 (파과)	여자의 나이 16세, 남자 나이 64세
弱冠 (약관)	20대의 나이
芳年 (방년), 妙齡 (묘령)	여자 나이 20세 안팎의 꽃다운 나이
而立 (이립)	30세
不惑 (불혹)	40세
知天命 (지천명)	50세
六旬 (육순), 耳順 (이순)	60세
七旬 (칠순), 古稀 (고희)	70세 (두보의 한시 '곡강 (曲江)'에 처음 보인 말)
從心 (종심)	70세 (<논어>의 從心所欲不踰矩 (종심소욕불유구)에서 유래)
喜壽 (희수)	77세
八旬 (팔순), 傘壽 (산수)	80세
米壽 (미수)	88세
九旬 (구순), 卒壽 (졸수)	90세
白壽 (백수)	99세
上壽 (상수)	100세

추가된 고사성어

不問曲(直) 불문곡직 : 옳고 그른 것을 묻지 아니함.

信(賞)必(罰) 신상필벌 : 공로자에게는 상을 주어 믿음이 있게 하고, 나쁜 자는 반드시 벌해서 용서하지 않음.

刻骨難(忘) 각골난망 : 남의 은혜를 마음 속 깊이 간직함.

內憂外(患) 내우외환 : 나라 안밖의 근심 걱정. 또는 일반적으로 안밖에 고민거리가 끊이질 않음.

(勞)心焦思 노심초사 : 마음을 태우며 괴롭게 염려함. 이를테면 성적이 나쁜 자식을 생각하는 부모의 고뇌.

夫(唱)婦隨 부창부수 : 남편주장에 아내가 따르는 것이 부부 화합의 도라는 뜻.

事(必)(歸)正 사필귀정 : 만사는 반드시 바른 이치로 돌아간다는 뜻.

因果應報 인과응보 : 선한 행동에는 선한 결과가, 악한 행동에는 악한 결과가 나타난다.

一石二(鳥) 일석이조 : 한 가지 일을 해서 두 가지 이익을 얻음.

(賊)反荷杖 적반하장 : 잘못을 한 사람이 도리어 잘 한 사람을 나무랄 경우에 쓰는 말.

我田(引)水 아전인수 : 자기 논에 물대기. 자기에게 유리하도록 행동하는 것.

(寸)鐵殺人 촌철살인 : 한 치의 쇠붙이로도 사람을 죽일 수 있다는 말로, 간단한 말로도 남을 감동시키거나
남의 약점을 찌를 수 있음을 이르는 말.

孤掌難(鳴) 고장난명 : 외손뼉만으로는 소리가 울리지 아니한다. 혼자의 힘만으로는 어떤 일을 이루기가 어렵다.

(勸)善懲惡 권선징악 : 선을 권하고 악을 징계함.

有備無(患) 유비무환 : 모든 일에 미리 준비가 되어 있으면 걱정할 것이 없음.

(他)山之石 타산지석 : 다른 산의 나쁜 돌이라도 자기의 옥돌을 가는데 도움이 된다.

同(病)相憐 동병상련 : 같은 병을 앓는 사람끼리 서로 가엾게 여긴다는 말로, 어려운 처지에 있는 사람끼리
서로 가엾게 여김을 뜻함.

會者定(離) 회자정리 : 만나면 반드시 헤어진다는 말.

錦衣還(鄕) 금의환향 : 비단옷을 입고 고향에 돌아온다. 출세를 하여 고향에 돌아옴.

錦衣(夜)行 금의야행 : 비단옷을 입고 밤길을 다닌다. 성공은 했지만 아무 효과를 자아내지 못함.

苦(盡)甘來 고진감래 : 쓴 것이 다하면 단 것이 온다는 뜻으로, 고생 끝에 즐거움이 옴을 이루는 말.

改過遷(善) 개과천선 : 허물을 고쳐 착하게 됨.

身言書(判) 신언서판 : 사람됨을 판단하는 네 가지 기준. 몸, 말씨, 문필, 판단력.

(易)地思之 역지사지 : 처지를 바꾸어 생각함.

結者(解)之 결자해지 : 맺은 사람이 풀어야 한다.

東奔西(走) 동분서주 : 동으로 달려갔다가 서로 달려갔다가, 이리저리 뛰어다니는 것.

晩時之(歎) 만시지탄 : 시기에 늦어 기회를 놓쳤음을 안타까워하는 탄식.

白骨(難)忘 백골난망 : 죽어서 백골이 되어도 잊을 수 없다는 뜻으로, 남에게 큰 은덕을 입었을 때 고마움의
　　　　　　　　　　뜻으로 이르는 말.

實事求(是) 실사구시 : 실제에 입각하여 진리를 탐구함.

烏合之(卒) 오합지졸 : 까마귀가 모인 것처럼 질서없이 모인 무리.

龍(頭)蛇尾 용두사미 : 뱀의 머리와 용의 꼬리라는 뜻으로, 처음 출발은 야단스러우나 끝은 보잘 것 없이 흐지
　　　　　　　　　　부지한 것을 말함.

天壤之差 천양지차 : 하늘과 땅처럼 큰 차이.

口尙(乳)臭 구상유취 : 입에서 아직 젖내가 난다는 뜻으로, 언행이 유치함을 이르는 말.

明若(觀)火 명약관화 : 불을 보듯 분명함.

識字憂(患) 식자우환 : 학식이 있는 것이 오히려 근심을 사게 됨.

佳人薄(命) 가인박명 : 아름다운 여자는 수명이 짧고 운명이 기구함.

見(利)思義 견리사의 : 눈앞의 이익을 보면 의로운 일인가를 먼저 생각함.

不可思議 불가사의 : 사람의 생각으로는 미루어 헤아릴 수 없이 이상하고 야릇함.

一筆(揮)之 일필휘지 : 글씨를 단숨에 힘차고 시원하게 쭉 써내려 감.

明鏡(止)水 명경지수 : 맑은 거울과 고요한 물. 잡념과 가식과 헛된 욕심 없이 맑고 깨끗한 마음.

日(就)月將 일취월장 : 나날이 발전하고 다달이 진보함.

不(遠)千里 불원천리 : 아무리 먼 길이라도 기쁘게 여겨 달려간다.

一笑一少 일소일소 : 한번 웃으면 한번 젊어진다.

(笑)門萬福來 소문만복래 : 웃는 집안에 많은 복이 깃든다.

少年易(老)學難成 소년이로학난성 : 소년은 늙기 쉬우나 학문은 이루기 어렵다.

一寸光陰不可(輕) 일촌광음불가경 : 극히 짧은 시간도 아깝기가 천금의 값어치가 있다.

14. 속담, 격언과 관련된 한자성어

衣以新爲好 人以舊爲好 (의이신위호 인이구위호)	옷은 새 옷이 좋고 사람은 옛사람이 좋다.
谷無虎先生兎 (곡무호선생토)	범 없는 골에는 토끼가 스승이다.
空手來空手去 (공수래공수거)	빈손으로 왔다가 빈손으로 간다.
瓜田不納履 (과전불납리)	오이밭에는 발을 들여 놓지 않는다.
舊官名官 (구관명관)	구관이 명관이다.
苟日新 日日新 又日新 (구일신 일일신 우일신)	진실로 하루가 새로워지려면, 나날이 새롭게 하고, 또 날로 새롭게 하라.
窮人之事 飜亦破鼻 (궁인지사 번역파비)	재수없는 사람은 뒤로 자빠져도 코가 깨진다.
權不十年 (권불십년)	권세(權勢)는 10년을 넘지 못한다.
其覺始矣 老妄旋至 (기각시의 노망선지)	철들자 망령난다.
騎馬欲率奴 (기마욕솔노)	말을 타면 경마 잡히고 싶어 한다. 旣乘其馬 又思牽者(기승기마 우사견자)라고도 한다.
難上之木 勿仰 (난상지목 물앙)	오르지 못할 나무는 쳐다보지도 말아라.
男兒一言 重千金 (남아일언 중천금)	남자의 한 마디 말은 천금보다 무겁다.
農夫餓死 枕厥種子 (농부아사 침궐종자)	농부는 굶어 죽어도 그 종자를 베고 죽는다.
談虎虎至 談人人至 (담호호지 담인인지)	호랑이도 제 말 하면 온다.

堂狗三年吠風月 **(당구삼년폐풍월)**	서당개 삼년이면 풍월을 읊는다.
對笑顔唾亦難 **(대소안타역난)**	웃는 얼굴에 침뱉기 어렵다. 웃는 낯에 침 뱉으랴.
突不燃 不生烟 **(돌불연 불생연)**	아니 땐 굴뚝에 연기 나랴. 不燃之突 烟不生 (불연지돌 연불생)라고도 한다.
同價紅裳 **(동가홍상)**	같은 값이면 다홍치마.
登高自卑 **(등고자비)**	천리 길도 한 걸음부터. 일을 하는 데는 반드시 순서가 있다. 높은 곳에 오르려면 낮은 곳에서부터 오른다는 뜻.
燈下不明 **(등하불명)**	등잔 아래가 어둡다. 가까이 있는 것을 오히려 잘 모른다는 뜻.
盲入直門 **(맹입직문)**	소경 문고리 잡기. 매우 운이 좋은 경우를 빗댄 말.
無子息上八字 **(무자식상팔자)**	무자식이 상팔자.
無足之言 飛于千里 **(무족지언 비우천리)**	발 없는 말이 천리 간다.
無虎洞中狸作虎 **(무호동중리작호)**	호랑이 없는 골에 이리가 호랑이 행세를 한다.
聞則是病 不聞是藥 **(문즉시병 불문시약)**	들으면 병이요 안 들으면 약이다. 모르면 약이요 아는 게 병이다.
夫婦戰 刀割水 **(부부전 도할수)**	부부싸움은 칼로 물 베기.
臂不外曲 **(비불외곡)**	팔은 안으로 굽는다.
飛者上有跨者 **(비자상유과자)**	나는 놈 위에 타는 놈 있다.
貧賤之交不可忘 糟糠之 妻不下堂 **(빈천지교불가망 조강지처불하당)**	빈궁할 때의 벗은 절대로 잊어서는 안 되고, 가난할 때 함께 고생했던 아내는 버리지 않는다.

死後藥方文 (사후약방문)	죽은 뒤에야 약 처방을 준다.
三歲之習 至于八十 (삼세지습 지우팔십)	세 살 버릇 여든까지 간다.
生巫殺人 (생무살인)	선무당이 사람 잡는다.
雖臥馬糞 此生可願 (수와마분 차생가원)	말똥 밭에 굴러도 이승이 좋다.
勝人者有力 自勝者强 (승인자유력 자승자강)	남을 이기는 사람은 힘이 있는 사람이지만, 자신을 이기는 사람은 더욱 강한 사람이다.
於異阿異 (어이아이)	'아' 다르고 '어' 다르다.
言甘家醬不甘 (언감가장불감)	말 많은 집은 장맛도 쓰다.
言不中理 不如不言 (언부중리 불여불언)	말이 도리에 맞지 않으면 말하지 않는 것이 낫다.
烏飛梨落 (오비이락)	까마귀 날자 배 떨어진다.
吾鼻三尺 (오비삼척)	내 코가 석 자. 吾鼻涕垂三尺(오비체수삼척)라고도 한다.
牛耳誦經 何能諦聽 (우이송경 하능체청)	소귀에 경을 읽은들 알아듣겠는가. 쇠귀에 경 읽기
遠族近隣 (원족근린)	먼 사촌보다 가까운 이웃이 낫다. 遠親不如近隣(원친불여근린)라고도 한다.
李下不整冠 (이하부정관)	오얏나무 아래에선 갓을 고쳐 쓰지 않는다.
一夜之宿 長城或築 (일야지숙 장성혹축)	하룻밤에 만리장성을 쌓는다.
臨渴掘井 (임갈굴정)	목마른 사람이 우물을 판다.

精神一到 何事不成 **(정신일도 하사불성)**	정신을 한 곳에 모으면 이루지 못할 일이 없다.
鳥足之血 **(조족지혈)**	새발의 피.
鐘樓批頰 沙平反目 **(종루비협 사평반목)**	종로에서 뺨 맞고 한강에 가 눈 흘긴다.
晝語雀聽 夜語鼠聽 **(주어작청 야어서청)**	낮말은 새가 듣고 밤 말은 쥐가 듣는다. 晝言雀聽 夜言鼠聆 (주언작청 야언서령) 이라고도 한다.
盡人事待天命 **(진인사대천명)**	사람으로서 할 수 있는 최선을 다하고 천명을 기다린다.
妻妾之戰 石佛反面 **(처첩지전 석불반면)**	시앗(남편의 첩) 싸움은 돌부처도 돌아앉는다.
天之方蹶 牛出有穴 **(천지방궐 우출유혈)**	하늘이 무너져도 솟아날 구멍이 있다.
草綠同色 **(초록동색)**	초록은 동색이다. 가재는 게 편이다.
測水深 昧人心 **(측수심 매인심)**	열 길 물속은 알아도 한 길 사람 속은 모른다. 寧測十丈水深 難測一丈人心 (영측십장수심 난측일장인심) 라고도 한다.
下愛有 上愛無 **(하애유 상애무)**	내리 사랑은 있어도 치사랑은 없다.
咸興差使 **(함흥차사)**	일을 보러 밖에 나간 사람이 오래도록 돌아오지 않을 때 하는 말
花無十日紅 **(화무십일홍)**	열흘 붉은 꽃은 없다. 한번 성하면 반드시 쇠할 날이 있다.
畵中之餅 **(화중지병)**	그림의 떡. 바라만 보았지 소용에 닿지 않음. 실제로 얻을 수 없음.
活狗子勝於死政丞 **(활구자승어사정승)**	살아있는 개가 죽은 정승보다 낫다.

	부수 丁	총획 5		부수 宀	총획 10

可
옳을 가, 허락하다
막혔던 말이 튀어나온다 하여 '옳다, 허락하다, 마땅하다'의 뜻

可決(가결), 可恐(가공), 可望(가망)

可 可 可 可 可

家
집 가, 자기집
돼지는 새끼를 많이 낳는다 하여 사람이 많이 모여 있는 '집'이라는 뜻

家計簿(가계부), 家族(가족)

家 家 家 家 家

歌
노래 가, 읊조리다
하품을 하듯이 입을 크게 벌리고 소리를 낸다 하여 '노래하다'의 뜻

歌詞(가사), 歌謠(가요)

歌 歌 歌 歌 歌

假
거짓 가, 꾸미다, 잠시
바르지 못한 사람이 모든 일을 거짓되게 꾸민다 하여 '거짓, 꾸민'의 뜻

假想(가상), 假面(가면)

假 假 假 假 假

佳
아름다울 가, 좋다
사람이 산뜻하고 아름답다하여 '좋다'는 뜻

佳客(가객), 佳作(가작)

佳 佳 佳 佳 佳

暇
겨를 가, 한가한다
일없이 한가롭게 한 곳에 머물러 하루를 보낸다 하여 '겨를'의 뜻

閑暇(한가), 休暇(휴가)

暇 暇 暇 暇 暇

街
거리 가, 큰길, 네거리
많은 사람이 다니는 여러 갈래의 길이라 하여 '네거리'의 뜻

街談巷說(가담항설)

街 街 街 街 街

加
더할 가, 더욱, 들다
입을 놀리기에 힘쓴다 하여, 말이 많아진다 하여 '더한다'의 뜻

加減(가감), 加工(가공)

加 加 加 加 加

架	부수 木 총획 9
	시렁 **가**, 건너지르다
	물건을 더 많이 얹기 위하여 나무로 만든 '시렁'이라는 뜻

架橋(가교), 書架(서가)

却	부수 卩 총획 7
	물리칠 **각**, 발어사
	적으로 하여금 몸을 움츠리고 도망가게 하였다 하여 '물리치다'의 뜻

却說(각설)

價	부수 人 총획 15
	값 **가**, 가치
	사람이 장사를 하려면 물건 값을 정해야 한다하여 '값'의 뜻

價格(가격), 價值(가치)

脚	부수 肉 총획 11
	다리 **각**, 발, 종아리
	가기도 하고 오기도 하며 구부렸다 폈다 하는 몸의 일부가 '다리'라는 뜻

脚光(각광), 脚註(각주)

刻	부수 刀 총획 8
	새길 **각**, 모지다, 시각
	칼로 물건을 '새긴다'는 뜻. 물시계에 눈금을 새겨 시간을 나타내어 '시각'의 뜻

刻苦(각고), 刻骨難忘(각골난망)

各	부수 口 총획 6
	각각 **각**, 따로, 제각기
	앞에 한 말과 뒤에 한 말이 다르다 하여 '각각'의 뜻

各界各層(각계각층), 各種(각종)

角	부수 角 총획 7
	뿔 **각**, 견주다, 모나다
	짐승의 뿔 모양의 글자로 뿔이 뾰족하게 모가 났다 하여 '모나다'의 뜻

角弓(각궁), 角逐(각축)

閣	부수 門 총획 14
	누각 **각**, 선반, 내각
	여러 사람이 찾아드는 문이 달린 집이라 하여 '누각'의 뜻

閣僚(각료), 樓閣(누각)

覺	부수 見 총획 20
	깨달을 각, 드러나다
	보고 배우고 하여 사물의 진리를 '깨닫는다'는 뜻

覺書(각서), 覺悟(각오)

覺 覺 覺 覺 覺

看	부수 目 총획 9
	볼 간, 지키다
	햇빛 아래서 먼 곳의 사물을 볼 때 눈이 부셔 손을 눈 위에 대고 '본다'는 뜻

看過(간과), 看板(간판), 看護(간호)

看 看 看 看 看

干	부수 干 총획 3
	방패 간, 범하다, 구하다
	손잡이가 달린 방패 모양을 본딴 글자

干戈(간과), 干滿(간만), 干涉(간섭)

干 干 干 干 干

間	부수 門 총획 12
	사이 간, 틈, 동안
	옛자는 閒, 달(月)빛이 문 틈으로 새어 들어 온다 하여 '사이, 틈'의 뜻

間諜(간첩), 人間(인간)

間 間 間 間 間

刊	부수 刀 총획 5
	책펴낼 간, 깎다, 새기다
	나무 판자나 대나무 쪽에 글자를 새겨 책을 만들었다 하여 '깎다, 새기다'의 뜻

刊行(간행), 出刊(출간)

刊 刊 刊 刊 刊

簡	부수 竹 총획 18
	편지 간, 간략하다, 문서
	편지나 문서를 대쪽 사이에 간략하게 쓴다 하여 '편지, 문서'의 뜻

簡潔(간결), 簡略(간략)

簡 簡 簡 簡 簡

肝	부수 肉 총획 7
	간 간, 중요하다, 마음
	몸 안에 스며든 나쁜 음식을 막아서 신체 기능을 조절하는 곳이 '간'이라는 뜻

肝膽(간담), 肝腸(간장)

肝 肝 肝 肝 肝

姦	부수 女 총획 9
	간사할 간, 간음하다
	여자 세 명을 합하여 '불의, 간사함'이라는 뜻

姦計(간계), 姦惡(간악)

姦 姦 姦 姦 姦

幹	부수 干 총획 13
	줄기 간, 등뼈, 몸
	담장을 쌓기 시작할 때에 박은 나무기둥이라 하여 나무의 '줄기'라는 뜻

幹部(간부), 根幹(근간)

感	부수 心 총획 13
	느낄 감, 감동하다, 고맙다
	모두가 한결같이 고마움을 느낀다 하여 '감동'의 뜻

感覺(감각), 感之德之(감지덕지)

懇	부수 心 총획 17
	간절할 간, 정성
	잘 이루어지도록 간절히 바라는 마음이라 하여 '정성'의 뜻

懇曲(간곡), 懇切(간절), 懇請(간청)

敢	부수 攴 총획 12
	구태여 감, 감히, 용감하다
	나이 많은 어른 앞에 두려움을 무릅쓰고 나아가 두 손으로 받는다 하여 '감히'의 뜻

敢直(감직), 敢行(감행)

渴	부수 水 총획 12
	목마를 갈, 급하다
	물이 말랐다 하여 '목마르다, 마르다'의 뜻

渴求(갈구), 渴望(갈망), 渴症(갈증)

甘	부수 甘 총획 5
	달 감, 싫다
	혀로 맛을 보는 모양의 글자로 그 맛이 좋다 하여 '달다'의 뜻

甘苦(감고), 甘呑苦吐(감탄고토)

減	부수 水 총획 12
	덜 감, 감하다
	물이 줄어간다 하여 '덜다, 줄어들다'의 뜻

減價(감가), 減免(감면)

監	부수 皿 총획 14
	볼 감, 살피다, 거느리다
	물을 가득히 담은 그릇에 고개를 숙이고 그 속에 든 물건을 '살펴 본다'는 뜻

監禁(감금), 監督(감독)

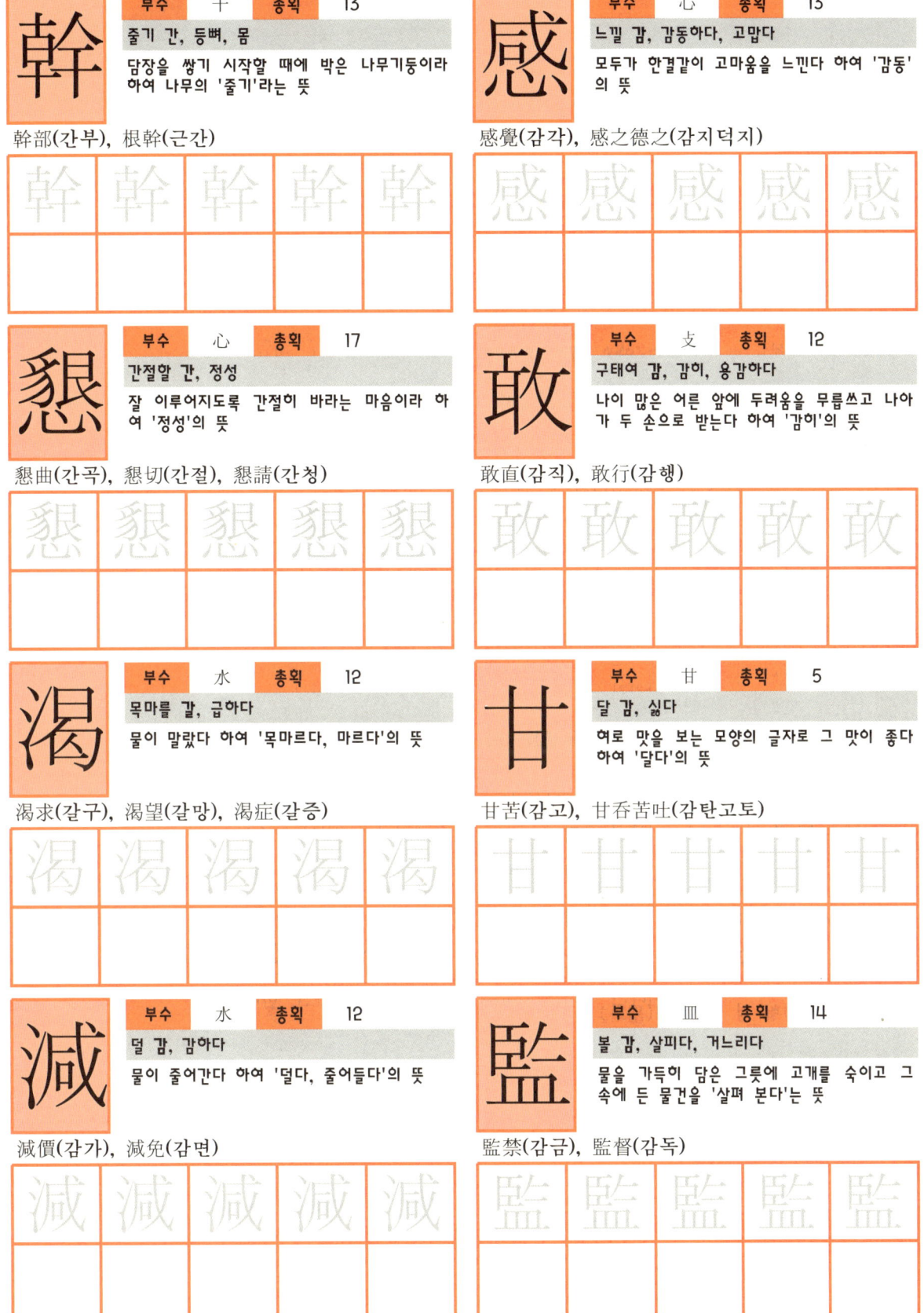

鑑	부수 金　총획 22
	거울 감, 경계, 살피다
	쇠를 갈고 닦아 자신을 살펴볼 수 있는 거울을 만든다 하여 '경계, 살피다'의 뜻

鑑別(감별), 鑑賞(감상)

鑑	鑑	鑑	鑑	鑑

强	부수 弓　총획 12
	굳셀 강, 힘쓰다, 강하다
	투구벌레를 뜻하나 굳셀 강(疆)과 음이 같아서 '강하다'는 뜻으로 쓰임

强硬(강경), 强弱(강약)

强	强	强	强	强

甲	부수 田　총획 5
	갑옷 갑, 딱지, 첫째
	초목의 싹이 씨의 껍질을 쓴 채, 땅 밖으로 돋아나온 모양의 글자

甲論乙駁(갑론을박), 甲富(갑부)

甲	甲	甲	甲	甲

江	부수 水　총획 6
	큰내 강, 물이름, 강
	중국에서 제일 큰 양자강을 말하며 '강'이라는 뜻

江山(강산), 江湖(강호)

江	江	江	江	江

講	부수 言　총획 17
	익힐 강, 강론하다
	제목을 어긋매껴 쌓듯이 여러 갈래의 의견을 설명한다 하여 '강론하다'의 뜻

講論(강론), 講義(강의)

講	講	講	講	講

降	부수 阜　총획 9
	① 내릴 강 ② 항복할 항
	언덕 위에서 '내려온다'는 뜻. 산에 올라갔던 적이 내려온다 하여 '항복하다'의 뜻

降等(강등), 昇降機(승강기), 降伏(항복)

降	降	降	降	降

康	부수 广　총획 11
	편안할 강, 튼튼하다
	절구에다가 쌀을 찧어 먹을 만큼 풍년이 들어 '편안하게' 살 수 있다는 뜻

康健(강건), 康寧(강녕), 健康(건강)

康	康	康	康	康

剛	부수 刀　총획 10
	굳셀 강, 억세다, 굳다
	칼로 위협을 해도 산처럼 버티고 서서 굴하지 않는다 하여 '굳세다'의 뜻

剛健(강건), 剛斷(강단)

剛	剛	剛	剛	剛

綱	부수 糸 총획 14
	벼리 강, 대강
	실을 굵게 꼬아 그물 둘레에 붙인 '벼리'의 뜻. 벼리는 성기므로 '대강'의 뜻

綱領(강령), 三綱五倫(삼강오륜), 紀綱(기강)

改	부수 攴 총획 7
	고칠 개, 바로잡다
	회초리를 써서 자기의 잘못을 바로 잡는다 하여 '고치다'의 뜻

改過遷善(개과천선), 改革(개혁)

鋼	부수 金 총획 16
	굳셀 강, 강철
	단단한 쇠라 하여 '강철'의 뜻

鋼鐵(강철), 薑板(강판)

慨	부수 心 총획 14
	슬퍼할 개, 강개하다
	이미 잘못된 일을 마음속으로 '슬퍼하다, 개탄하다'라는 뜻

慨然(개연), 慨歎(개탄), 感慨(감개)

介	부수 人 총획 4
	끼일 개, 딱지, 낱
	사람이 양쪽 사이에 끼어들어 일을 처리한다고 하여 '끼다'의 뜻

介意(개의), 介入(개입), 介在(개재)

概	부수 木 총획 15
	대개 개, 평미레, 헤아리다
	말(斗) 위에 쌓인 곡식을 밀어낼 때 쓰는 나무라 하여 '평미레'의 뜻

概觀(개관), 概括(개괄)

個	부수 人 총획 10
	낱 개, 개수, 치우치다
	대나무를 세는 개(箇)에 사람 인(人)을 붙여 사람과 물건을 세는 단위의 뜻

個個(개개), 個性(개성), 個人(개인)

蓋	부수 艸 총획 14
	덮을 개, 덮개, 대개
	풀로 덮는다 하여 '덮개'의 뜻

蓋然(개연)

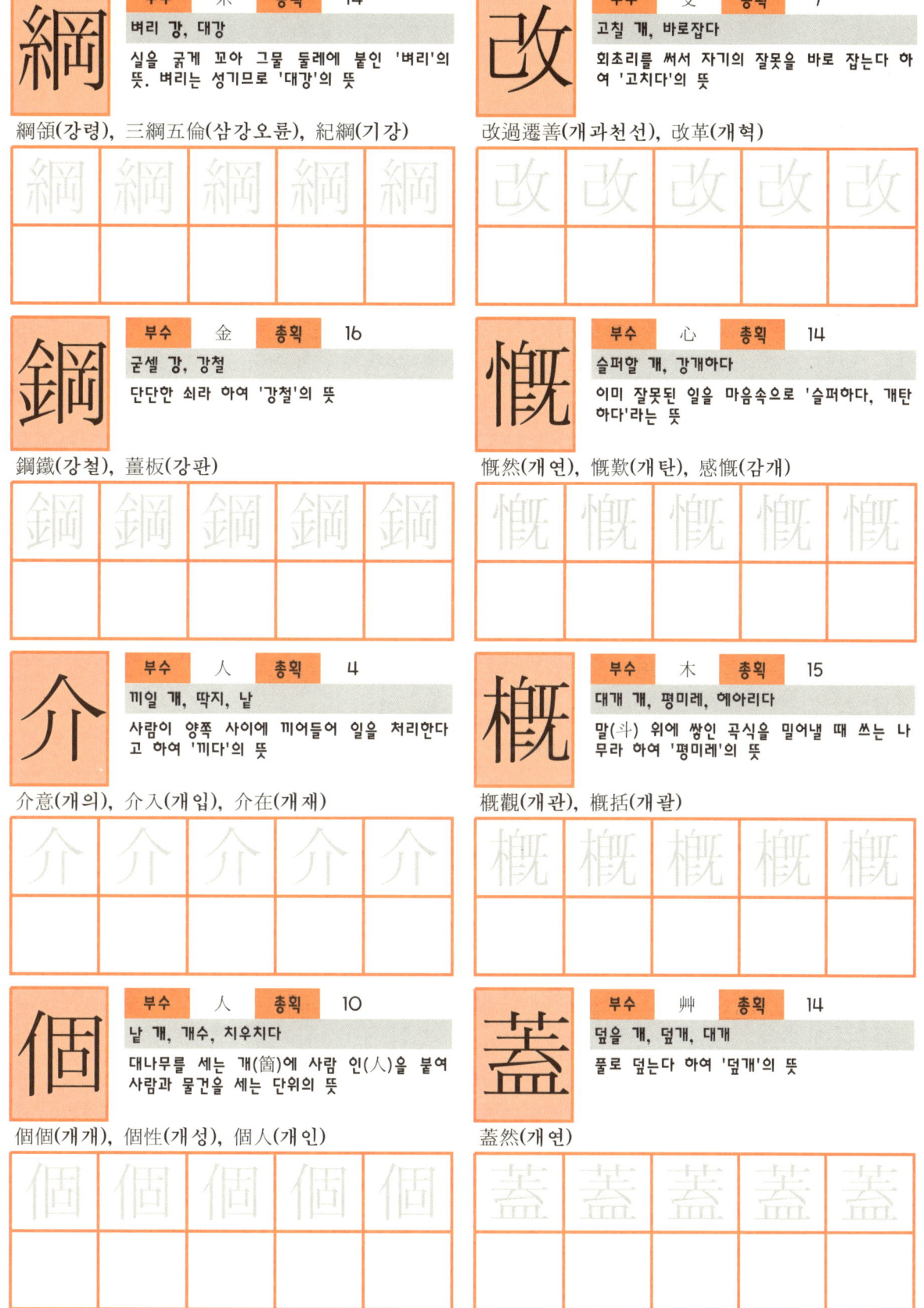

皆	부수 白 총획 9
	다 개, 모두
	많은 사람이 견주어서 말을 한다 하여 '다, 모두'의 뜻

皆勤(개근), 皆旣日蝕(개기일식)

皆 皆 皆 皆 皆

去	부수 厶 총획 5
	갈 거, 덜다, 과거
	솥에서 밥을 떠서 작은 그릇에 담는다 하여 '덜다, 가다'의 뜻

去來(거래), 去勢(거세), 去就(거취)

去 去 去 去 去

開	부수 門 총획 12
	열 개, 펴다, 깨우치다
	빗장을 빼고 문을 '연다'는 뜻

開館(개관), 開業(개업)

開 開 開 開 開

居	부수 尸 총획 8
	살 거, 있다, 앉다
	어떤 곳에 사람이 오랫동안 앉거나 머무른다 하여 '살다'의 뜻

居西干(거서간), 居住(거주), 居處(거처)

居 居 居 居 居

客	부수 宀 총획 9
	손 객, 붙이다, 지나다
	집을 찾아 각처의 사람들이 모여 든다 하여 '손님'의 뜻

客苦(객고), 客地(객지), 主客(주객)

客 客 客 客 客

巨	부수 工 총획 5
	클 거, 많다
	목수들이 일할 때 사용하는 ㄱ자 모양의 자를 본뜬 것으로 '크다, 많다'의 뜻

巨物(거물), 巨匠(거장)

巨 巨 巨 巨 巨

更	부수 日 총획 7
	① 다시 갱 ② 고칠 경, 바꾸다
	밝게 살도록 회초리를 들고 가르쳐 고친다 하여 '고치다, 다시'의 뜻

更生(갱생), 更衣(갱의), 更新(경신), 更迭(경질)

更 更 更 更 更

拒	부수 手 총획 8
	막을 거, 물리치다, 맞서다
	맞서 싸우려 드는 상대방을 손짓을 크게 하여 '막아' 물리친다는 뜻

拒否(거부), 拒逆(거역), 拒絕(거절)

拒 拒 拒 拒 拒

距	부수 足 총획 12
	떨어질 거, 막다
	닭의 며느리발톱은 다른 발톱들과 떨어져 있으므로 '떨어지다'의 뜻

距離(거리)

距　距　距　距　距

件	부수 人 총획 6
	물건 건, 사건, 구별하다
	소는 농가에서 중요한 재산이라는 점에서 딴 재산과 '구별 된다'는 뜻

件數(건 수), 事事件件(사사건건), 用件(용건)

件　件　件　件　件

擧	부수 手 총획 18
	들 거, 일으키다
	가마를 여럿이서 손으로 들어 올린다 하여 '들다, 일으키다'의 뜻

擧皆(거개), 擧論(거론), 擧行(거행)

擧　擧　擧　擧　擧

乾	부수 乙 총획 11
	하늘 건, 말리다, 괘이름
	아침 해가 뜨는 곳이나 초목의 싹이 향하는 곳은 하늘이므로 '하늘'의 뜻

乾坤(건곤), 乾空(건공), 乾燥(건조)

乾　乾　乾　乾　乾

據	부수 手 총획 16
	의거할 거, 웅거하다
	쫓긴 원숭이가 나무에서 위기를 면하듯 늙은이가 지팡이로 몸을 '의지한다'는 뜻

據點(거점), 根據(근거)

據　據　據　據　據

健	부수 人 총획 11
	굳셀 건, 건강하다, 잘하다
	자세를 항상 바로 세우는 사람은 몸이 '건강하고 굳세다'는 뜻

健康(건강), 健忘(건망), 健在(건재)

健　健　健　健　健

車	부수 車 총획 7
	수레 거(차), 바퀴 차
	수레 모양의 글자로 '바퀴'의 뜻

車馬(거마), 車庫(차고)

車　車　車　車　車

建	부수 廴 총획 9
	세울 건, 일으키다
	나라에서 세운 법을 붓으로 써서 먼 곳까지 알려 기강을 '세운다'는 뜻

建國(건국), 建設(건설), 建議(건의)

建　建　建　建　建

傑	부수 人 총획 12
	호걸 걸, 뛰어나다
	사람들 가운데서도 빼어난 풍모와 재주를 가진 사람이 '호걸'이라는 뜻

傑作(걸작), 傑出(걸출), 豪傑(호걸)

傑	傑	傑	傑	傑

憩	부수 心 총획 16
	쉴 게
	혀와 코와 마음이 하나같이 편하다 하여 '쉰다'의 뜻

休憩(휴게)

憩	憩	憩	憩	憩

儉	부수 人 총획 15
	검소할 검, 적다, 다하다
	사람마다 모두가 '검소한' 생활을 하여야 한다는 뜻

儉朴(검박), 儉素(검소), 勤儉(근검)

儉	儉	儉	儉	儉

擊	부수 手 총획 17
	칠 격, 눈 마주치다
	손으로 몽둥이를 들고 적을 '친다, 두드린다'는 뜻

擊破(격파), 攻擊(공격)

擊	擊	擊	擊	擊

劍	부수 刀 총획 15
	칼 검, 칼로 찔러 죽이다
	여러 사람들이 모이는 자리에서 몸을 보호하기 위해 지니고 다니는 '칼'이라는 뜻

劍客(검객), 劍道(검도)

劍	劍	劍	劍	劍

激	부수 水 총획 16
	부딪칠 격, 급하다, 심하다
	물결이 암석에 부딪쳐 큰 소리가 난다 하여 '심하다, 급하다'의 뜻

激減(격감), 激突(격돌), 激勵(격려)

激	激	激	激	激

檢	부수 木 총획 17
	검사할 검, 교정하다
	나무 상자 속에 든 물건을 아무나 못 보게 '봉하고' 그 봉인을 '검사한다'는 뜻

檢印(검인), 檢討(검토), 檢査(검사)

檢	檢	檢	檢	檢

格	부수 木 총획 10
	이를 격, 자격, 격식
	나무에 나뭇가지가 많으나 줄기에서 일정하게 뻗어나갔다 하여 '격식, 질서'의 뜻

格納庫(격납고), 格式(격식), 格言(격언)

格	格	格	格	格

堅	부수 土 총획 11
	굳을 견, 굳세다, 강하다
	단단한 흙이라 하여 '굳다, 강하다'의 뜻

堅固(견고), 堅實(견실), 堅持(견지)

堅	堅	堅	堅	堅

見	부수 見 총획 7
	① 볼 견, 생각 ② 나타날 현
	사람이 눈으로 '본다'는 뜻. 눈으로 보니 사물이 '나타난다'는 뜻

見解(견해), 謁見(알현)

見	見	見	見	見

犬	부수 犬 총획 4
	개 견
	개가 옆으로 서 있는 모양의 글자

犬猿之間(견원지간)

犬	犬	犬	犬	犬

遣	부수 辵 총획 14
	보낼 견
	나누어 '보낸다'의 뜻. '파견하다'의 뜻

派遣(파견)

遣	遣	遣	遣	遣

絹	부수 糸 총획 13
	비단 견, 명주
	누에고치에서 뽑은 실로 짠 '비단'이라는 뜻

絹絲(견사), 絹織物(견직물)

絹	絹	絹	絹	絹

決	부수 水 총획 7
	결단할 결, 판단하다
	물이 흐르도록 둑을 끊어 터놓는다 하여 '끊다, 결단하다'의 뜻

決裂(결렬), 決定(결정)

決	決	決	決	決

肩	부수 肉 총획 8
	어깨 견
	물건을 얹을 수 있는 몸의 부분이라 하여 '어깨'의 뜻

肩臂(견비), 肩章(견장)

肩	肩	肩	肩	肩

缺	부수 缶 총획 10
	이지러질 결, 깨어지다
	큰 그릇이 깨어지거나 갈라진다하여 '흠, 이지러지다'의 뜻

缺勤(결근), 缺乏(결핍), 缺陷(결함)

缺	缺	缺	缺	缺

結	부수 糸 총획 12	頃	부수 頁 총획 11
	맺을 결, 마치다, 엉기다		① 잠깐 경 ② 반걸음 규
	실을 보기 좋게 '맺는다'는 뜻		머리가 한쪽으로 기울어 졌다 하여 '머리 비뚤이'의 뜻. 머리를 '잠깐' 돌린다는 뜻

結果(결과), 結局(결국), 結緣(결연)

頃刻(경각), 頃日(경일), 頃步(규보)

潔	부수 水 총획 15	傾	부수 人 총획 13
	깨끗할 결, 조촐하다, 맑다		무너질 경, 기울어지다
	삼 마(麻)에서 뽑은 실을 물에 빨아 '깨끗이 한다'는 뜻		사람의 머리가 비뚤어진 모양에서 '기울어지다'의 뜻

潔癖症(결벽증), 潔白(결백)

傾注(경주), 傾聽(경청), 傾向(경향)

兼	부수 八 총획 10	竟	부수 立 총획 11
	겸할 겸, 붙다, 아우르다		마침내 경, 다하다, 끝나다
	손이 두 포기의 벼를 잡고 있는 모양으로 '겸하다'는 뜻		올바른 말을 하는 사람은 '끝내' 어진 사람이 된다는 뜻. 악곡의 '마지막'이란 뜻

兼備(겸비), 兼用(겸용)

竟內(경내)

謙	부수 言 총획 17	境	부수 土 총획 14
	겸손할 겸, 사양하다		지경 경, 경계, 형편
	말과 더불어 행동이 공손하다 하여 '겸손하다, 사양하다'의 뜻		국토의 가장자리, 끝 쪽이라 하여 '경계'의 뜻

謙光(겸광), 謙遜(겸손)

境界(경계), 境遇(경우)

鏡	부수 金 총획 19
	거울 경
	금속을 힘껏 닦아 광채를 낸 '거울'이라는 뜻

鏡鑑(경감), 鏡戒(경계)

鏡	鏡	鏡	鏡	鏡

慶	부수 心 총획 15
	경사 경, 착하다
	남의 좋은 일에 사슴을 가지고 가서 축하한다 하여 '경사'의 뜻

慶事(경사), 慶宴(경연), 慶賀(경하)

慶	慶	慶	慶	慶

京	부수 亠 총획 8
	서울 경, 언덕, 크다
	언덕 위에 집이 서 있는 모양으로 그 둘레에 사람이 모여 산다 하여 '서울'의 뜻

京觀(경관), 京畿(경기), 京鄕(경향)

京	京	京	京	京

硬	부수 石 총획 12
	굳을 경, 단단하다, 강하다
	돌은 세월이 흘러도 변하지 않으며 '굳고 단단하다'의 뜻

硬骨(경골), 硬直(경직)

硬	硬	硬	硬	硬

景	부수 日 총획 12
	볕 경, 빛, 경치
	높은 궁전을 밝게 비추는 '햇빛'의 뜻. 햇빛에 비친 궁전이 볼만하여 '경치'의 뜻

景觀(경관), 景氣(경기)

景	景	景	景	景

庚	부수 广 총획 8
	일곱째 천간 경, 나이
	두 손으로 절굿공이를 들어 곡식을 찧는 것을 나타냄

庚伏(경복;三伏)

庚	庚	庚	庚	庚

卿	부수 卩 총획 12
	벼슬 경, 귀공
	곡식을 풍족하게 받는 사람이라 하여 녹봉을 받는 '벼슬아치'의 뜻

公卿大夫(공경 대부)

卿	卿	卿	卿	卿

競	부수 立 총획 20
	다툴 경, 겨루다, 쫓다
	두 사람이 심하게 말다툼을 한다 하여 '겨룸'의 뜻

競技(경기), 競爭(경쟁)

競	競	競	競	競

敬	부수 攴 총획 13
	공경할 경, 삼가다
	회초리를 들고 성심껏 가르쳐 주는 사람을 진심으로 '공경한다'는 뜻

敬老(경로), 恭敬(공경)

敬	敬	敬	敬	敬

經	부수 糸 총획 13
	경서 경, 지나다, 다스리다
	실이 물 흐르는 것처럼 짜여져 나간다 하여 '지나가다'의 뜻

經過(경과), 經國濟世(경국제세)

經	經	經	經	經

驚	부수 馬 총획 23
	놀랄 경, 두렵다
	말이 놀라 앞발을 들고 서 있다 하여 '놀라다'의 뜻

驚愕(경악), 驚歎(경탄), 驚惶(경황)

驚	驚	驚	驚	驚

徑	부수 彳 총획 10
	지름길 경, 곧다, 바르다
	물줄기처럼 '곧게' 난 길이라는 뜻

徑路(경로), 徑輪(경륜), 直徑(직경)

徑	徑	徑	徑	徑

警	부수 言 총획 20
	경계할 경, 깨닫다
	말을 주의하며 삼가도록 타일러서 '깨우쳐' 준다는 뜻

警戒(경계), 警句(경구)

警	警	警	警	警

耕	부수 耒 총획 10
	밭갈 경, 호미질하다
	쟁기로 논이나 밭을 '간다'는 뜻

耕作(경작), 農耕(농경)

耕	耕	耕	耕	耕

輕	부수 車 총획 14
	가벼울 경, 경솔하다
	곧바로 적진에 뛰어드는 수레라 하여 '경솔하다'의 뜻

輕減(경감), 輕妄(경망), 輕蔑(경멸)

輕	輕	輕	輕	輕

系	부수 糸 총획 7
	이을 계, 혈통, 매다
	실이 이어져 있는 모양으로 '실마디'의 뜻. 실마디는 이어진다 하여 '혈통'의 뜻

系譜(계보), 系列(계열), 系統(계통)

系	系	系	系	系

係	부수 人 총획 9
	맬 계, 잇다, 당기다
	사람이 어떠한 일을 이루거나 물건을 연결하여 '맺는다'는 뜻

係員(계원), 係長(계장), 關係(관계)

係	係	係	係	係

階	부수 阜 총획 12
	섬돌 계, 차례, 계단
	여러 개의 툇돌을 언덕같이 쌓아 올린 '섬돌, 층계'라는 뜻

階級(계급), 階層(계층)

階	階	階	階	階

契	부수 大 총획 9
	① 맺을 계 ② 나라이름 글 ③ 성씨 설
	큰 나무에 증거의 표시로 새긴 것을 한쪽씩 가지고 약속을 한다하여 '맺다'의 뜻

契機(계기), 契分(계분), 契約(계약)

契	契	契	契	契

桂	부수 木 총획 10
	계수나무 계, 월계관
	옛 사람들이 달 속에 있었다고 상상하던 '계수나무'라는 뜻

桂冠詩人(계관시인), 桂樹(계수)

桂	桂	桂	桂	桂

季	부수 子 총획 8
	끝 계, 철, 막내
	어린 벼의 싹을 뜻하며, 어리다 하여 '막내'의 뜻

季冬(계동), 季節風(계절풍)

季	季	季	季	季

戒	부수 戈 총획 7
	경계할 계, 삼가다
	양손에 창을 들고 예측할 수 없는 사건에 대비한다 하여 '경계'의 뜻

戒告(계고), 訓戒(훈계)

戒	戒	戒	戒	戒

啓	부수 口 총획 11
	열 계, 일깨우다, 인도하다
	손에 회초리를 들고 무지한 사람을 훈계하며 '일깨워' 준다는 뜻

啓蒙(계몽), 啓發(계발)

啓	啓	啓	啓	啓

械	부수 木 총획 11
	기계 계, 틀, 형틀
	죄지은 사람을 벌 줄 때에 쓰는 나무로 만든 '형틀'의 뜻. 모든 '기계틀'의 뜻

械繫(계계), 械器(계기), 梏械(곡계)

械	械	械	械	械

	부수 田	총획 9
界	지경 계, 범위, 세계	
	밭과 밭 사이의 경계를 가리켜 '지경, 범위'라는 뜻	

界面(계면), 界約(계약), 界限(계한)

界 界 界 界 界

	부수 水	총획 13
溪	시내 계, 활이름	
	골짜기에서 흐르는 물이 '시내'라는 뜻	

溪谷(계곡), 溪流(계류)

溪 溪 溪 溪 溪

	부수 癶	총획 9
癸	열째 천간 계, 경도	
	끝이 세 갈래로 된 창을 땅에 세워둔 모양의 글자	

癸酉(계유)

癸 癸 癸 癸 癸

	부수 鳥	총획 21
鷄	닭 계	
	유달리 배가 큰 새라 하여 '닭'의 뜻. 새벽을 알리는 새라 하여 '닭'의 뜻	

鷄冠(계관), 鷄卵(계란)

鷄 鷄 鷄 鷄 鷄

	부수 言	총획 9
計	셈할 계, 꾀하다	
	물건의 수를 말로 헤아린다 하여 '셈하다'의 뜻	

計巧(계교), 計略(계략), 計算(계산)

計 計 計 計 計

	부수 口	총획 7
告	① 고할 고, 여쭙다 ② 청할 곡	
	소를 제물로 바치며 신에게 '아룀'의 뜻	

告白(고백), 告訴(고소)

告 告 告 告 告

	부수 糸	총획 20
繼	이을 계	
	끊어진 실을 '잇는다'는 뜻	

繼起(계기), 繼續(계속), 繼承(계승)

繼 繼 繼 繼 繼

	부수 口	총획 5
古	예 고, 옛일, 선조	
	십대(十代)씩이나 전하여 내려오는 '옛날 일'이라는 뜻	

古今(고금), 古色蒼然(고색창연)

古 古 古 古 古

固　부수 口　총획 8
굳을 고, 막히다, 굳이다
오래된 나라는 기틀이 '굳고' 튼튼하다는 뜻
堅固(견고), 固結(고결), 固執(고집)

故　부수 攴　총획 9
예 고, 연고, 까닭
옛일을 손가락을 짚어 보며 그 까닭을 알아본
다 하여 '연고'의 뜻
故國(고국), 故意(고의)

姑　부수 女　총획 8
시어미 고, 고모, 아직
여자가 늙으면 '시어머니'가 된다는 뜻
姑婦(고부), 姑息的(고식적)

孤　부수 子　총획 8
외로울 고, 부모없다, 나
오이가 열매만 남고 시들어 버리듯 부모를 일
찍 여읜 아이의 '외로움'이라는 뜻
孤軍奮鬪(고군분투), 孤獨(고독)

苦　부수 艹　총획 9
괴로울 고, 쓰다, 모질다
풀이 오래 묵으면 '쓰다'는 뜻. 쓴 약을 먹기
란 힘이 들고 '괴롭다'는 뜻
苦渴(고갈), 苦難(고난), 苦悶(고민)

庫　부수 广　총획 10
창고 고, 곳집
옛날 수레를 넣어두던 집이라 하여 '창고, 곳
집'의 뜻
庫房(고방), 金庫(금고)

枯　부수 木　총획 9
마른나무 고, 마르다
오래된 나무는 말라 죽기 마련이라 하여 '마
르다'의 뜻
枯渴(고갈), 枯木(고목), 枯廢(고폐)

考　부수 老　총획 6
상고할 고, 헤아리다
노인은 매사를 깊이 헤아린다 하여 '상고하다'
의 뜻
考慮(고려), 考證(고증)

鼓	부수 鼓 총획 13
	북 고, 두드리다
	오른손에 채를 들고 장식이 달린 악기를 친다 하여 '북'의 뜻

鼓動(고동), 鼓舞的(고무적)

鼓	鼓	鼓	鼓	鼓

哭	부수 口 총획 10
	소리내어 울 곡
	개가 '울부짖는다'는 뜻. 사람이 슬픔에 못 이겨 '소리내어 운다'는 뜻

哭聲(곡성), 哭泣(곡읍), 痛哭(통곡)

哭	哭	哭	哭	哭

顧	부수 頁 총획 21
	돌아볼 고, 생각하다
	머리는 앞쪽을 바라보게 되어 있으나 때로 뒤돌아보게 된다 하여 '돌아보다'의 뜻

顧客(고객), 顧慮(고려), 顧問(고문)

顧	顧	顧	顧	顧

曲	부수 日 총획 6
	굽을 곡, 곡절, 가락
	속이 둥글게 되어 있는 그릇의 모양으로 곧지 아니한 것이라 하여 '굽다'의 뜻

曲流(곡류), 曲調(곡조), 曲解(곡해)

曲	曲	曲	曲	曲

高	부수 高 총획 10
	높을 고, 비싸다, 뛰어나다
	성위에 높이 세워진 망루의 모양으로 '높다, 뛰어나다'의 뜻

高見(고견), 高貴(고귀), 高潮(고조)

高	高	高	高	高

穀	부수 禾 총획 14
	곡식 곡, 낱알, 좋다
	껍질을 가진 모든 '곡식'이라는 뜻

穀氣(곡기), 穀倉(곡창)

穀	穀	穀	穀	穀

稿	부수 禾 총획 15
	볏짚 고, 원고
	볏단을 높이 쌓아 올린 '볏짚'의 뜻. 볏짚으로 만든 초벌 종이라 하여 '원고'의 뜻

稿料(고료), 稿案(고안), 稿草(고초)

稿	稿	稿	稿	稿

谷	부수 谷 총획 7
	골 곡, 궁진하다
	샘물이 솟아나는 구멍이 있는 곳이 '골짜기'라는 뜻

溪谷(계곡), 谷水(곡수), 谷泉(곡천)

谷	谷	谷	谷	谷

	부수	囗	총획	7
困	곤할 곤, 지치다, 어렵다			
	사방이 막힌 곳에서는 나무가 자라기 곤란하다 하여 '곤란'의 뜻			

困境(곤경), 困窮(곤궁), 困難(곤란)

	부수	八	총획	4
公	공변될 공, 함께 하다, 작위			
	사사로움을 나누어 공평하게 한다 하여 '공변되다'의 뜻			

公開(공개), 公共(공공)

	부수	土	총획	8
坤	땅 곤, 이름, 순하다			
	땅이 넓게 펼쳐져 있는 대지, 만물을 자라게 하는 '땅'이라는 뜻			

乾坤(건곤), 坤方(곤방), 坤軸(곤축)

	부수	八	총획	6
共	함께 공, 같이, 한가지			
	많은 사람들이 두 손을 써서 받든다 하여 '함께'의 뜻			

共同(공동), 共濟組合(공제조합), 共存(공존)

	부수	骨	총획	10
骨	뼈 골, 뼈대			
	살을 발라낸 '뼈'라는 뜻. 뼈는 인체의 근간이므로 '요긴하다'는 뜻			

骨格(골격), 骨子(골자), 骨折(골절)

	부수	人	총획	8
供	이바지할 공, 진상하다			
	웃사람에게 두 손으로 물건을 '받들어 올린다'는 뜻			

供養(공양), 供託(공탁)

	부수	子	총획	4
孔	구멍 공, 매우, 성			
	아기를 '안산(安産)한다'는 뜻			

孔孟(공맹), 孔明(공명), 孔穴(공혈)

	부수	心	총획	10
恭	공손할 공, 공경하다, 삼가다			
	두 손을 맞잡고 진정한 마음으로 예의를 표한다 하여 '공손'의 뜻			

恭敬(공경), 恭待(공대), 恭遜(공손)

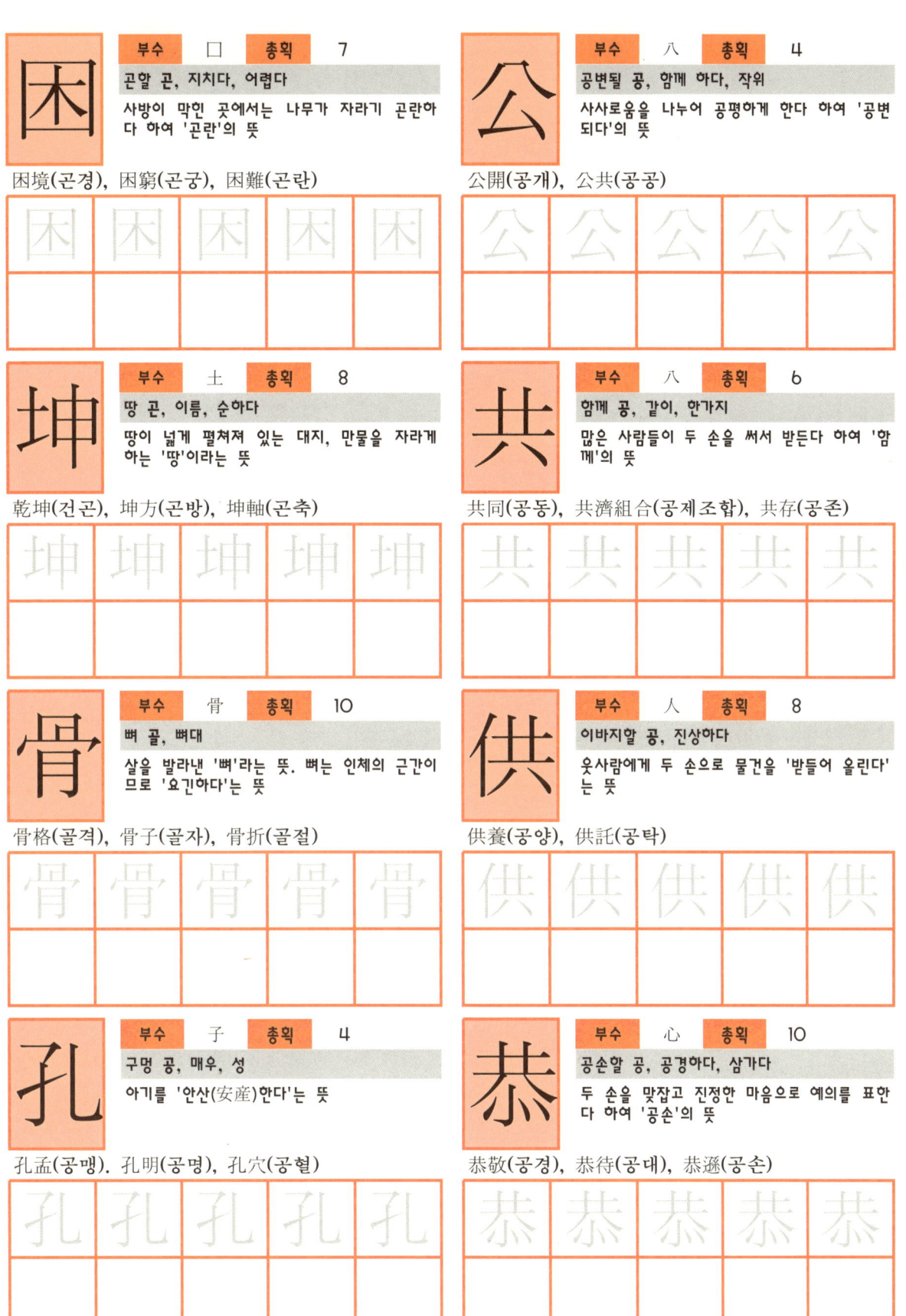

工	부수 工 총획 3
	장인 공, 만들다, 공교하다
	목수가 일을 할 때에 사용하는 자의 모양으로 자를 사용하는 '장인(匠人)'이라는 뜻

工科(공과), 工具(공구), 工藝(공예)

工	工	工	工	工

空	부수 穴 총획 8
	빌 공, 하늘
	땅을 파낸 굴 속은 비어 있다 하여 '구멍'이라는 뜻

空間(공간), 空想(공상), 空虛(공허)

空	空	空	空	空

恐	부수 心 총획 10
	두려울 공, 염려하다
	놀랐을 때 두 손으로 가슴 언저리를 안는다 하여 '두려움'의 뜻

恐怖(공포), 恐慌(공황)

恐	恐	恐	恐	恐

貢	부수 貝 총획 10
	바칠 공, 공물
	백성들이 땀흘려 일한 재물을 임금께 '공물로 바친다'는 뜻

貢物(공물), 貢獻(공헌)

貢	貢	貢	貢	貢

功	부수 力 총획 5
	공 공, 일하다, 이용하다
	힘써 일하여 '공'을 세운다는 뜻

功過(공과), 功勞(공로), 功程(공정)

功	功	功	功	功

寡	부수 宀 총획 14
	적을 과, 과부, 나
	집안에 의지할 사람이 없는 외로운 처지 곧, 혼자라 하여 '적다, 과부'의 뜻

寡黙(과묵), 衆寡不敵(중과부적)

寡	寡	寡	寡	寡

攻	부수 攴 총획 7
	칠 공, 다스리다
	손에 무기를 들고 적을 '쳐부순다'는 뜻

攻擊(공격), 攻略(공략), 攻守(공수)

攻	攻	攻	攻	攻

戈	부수 戈 총획 4
	창 과, 전쟁
	옛날 군사들이 쓰던 창 모양의 글자

戈劍(과검), 戈盾(과순), 干戈(간과)

戈	戈	戈	戈	戈

科	부수 禾	총획 9
	법 과, 과정, 조목	
	곡식을 말로 되어 나눈다 하여 '과정, 조목'의 뜻	

科目(과목), 科題(과제), 科懲(과징)

科	科	科	科	科

誇	부수 言	총획 13
	자랑할 과, 뽐내다, 크다	
	말로써 자기의 재주가 비상하다고 자랑하며 뽐낸다 하여 '크다'의 뜻	

誇大(과대), 誇示(과시), 誇讚(과찬)

誇	誇	誇	誇	誇

瓜	부수 瓜	총획 5
	오이 과, 참외, 모과	
	오이가 덩굴에 매달린 모양의 글자	

瓜期(과기), 瓜熟(과숙)

瓜	瓜	瓜	瓜	瓜

過	부수 辵	총획 13
	지날 과, 건너다, 허물	
	입이 비뚤어진 사람의 말과 같이 말이 잘못 나갔다 하여 '잘못, 허물'의 뜻	

過感(과감), 過分(과분), 過不及(과불급)

過	過	過	過	過

果	부수 木	총획 8
	열매 과, 실과, 과연	
	나무 위에 열매가 달린 모양으로 '과일, 열매'라는 뜻	

果敢(과감), 果斷(과단), 果然(과연)

果	果	果	果	果

郭	부수 邑	총획 11
	외성 곽, 바깥 성	
	고을의 평안을 누리게 하는 '외성(外城)'이라는 뜻	

郭公(곽공), 郭內(곽내), 外郭(외곽)

郭	郭	郭	郭	郭

課	부수 言	총획 15
	부과할 과, 시험하다, 과목	
	공부한 결과를 말로 물어 본다 하여 '시험'의 뜻	

課目(과목), 課稅(과세), 課業(과업)

課	課	課	課	課

冠	부수 冖	총획 9
	갓 관, 우두머리	
	예절과 법도에 맞추어 머리에 쓰는 '갓, 관'의 뜻	

冠童(관동), 冠禮(관례)

冠	冠	冠	冠	冠

官	부수 宀	총획 8

벼슬 관, 관가, 기관

많은 사람들의 일을 다스리는 집이라 하여 '관가'의 뜻

官公署(관공서), 官僚(관료)

官	官	官	官	官

觀	부수 見	총획 25

볼 관, 생각, 모습

황새가 한 바퀴 빙 돌며 먹을것을 찾기 위하여 자세히 '본다'는 뜻

觀念(관념), 觀覽(관람)

觀	觀	觀	觀	觀

管	부수 竹	총획 14

대롱 관, 주관하다

대로 만든 피리는 속이 비었다 하여 '대롱'의 뜻. 피리는 잘 보관한다 하여 '관리'의 뜻

管理(관리), 管樂器(관악기), 管鮑之交(관포지교)

管	管	管	管	管

貫	부수 貝	총획 11

꿸 관, 지위, 관

돈을 '꿴다'는 뜻. 옛날 돈의 무게가 일정했다 하여 무게의 단위인 '관'의 뜻

貫祿(관록), 貫通(관통)

貫	貫	貫	貫	貫

館	부수 食	총획 17

집 관, 객사, 묵다

옛날 관리들이 밥을 먹고 묵어 갈 수 있도록 마련되었던 '집'의 뜻

館舍(관사), 館長(관장)

館	館	館	館	館

慣	부수 心	총획 14

익숙할 관, 버릇, 익다

마음이 사리를 꿰뚫어 하는 일에 익숙해진다 하여 '버릇'의 뜻

慣例(관례), 慣習(관습), 慣行(관행)

慣	慣	慣	慣	慣

寬	부수 宀	총획 15

너그러울 관, 넓다

집안 정원이 패모(약초 이름)를 잔뜩 심을 수 있을 만큼 '넓다'는 뜻

寬大(관대), 寬容(관용)

寬	寬	寬	寬	寬

關	부수 門	총획 19

빗장 관, 닫다, 관문

베틀의 북에 실을 꿰듯이 문을 걸어 잠근다 하여 '빗장'의 뜻

關係(관계), 關心(관심), 關與(관여)

關	關	關	關	關

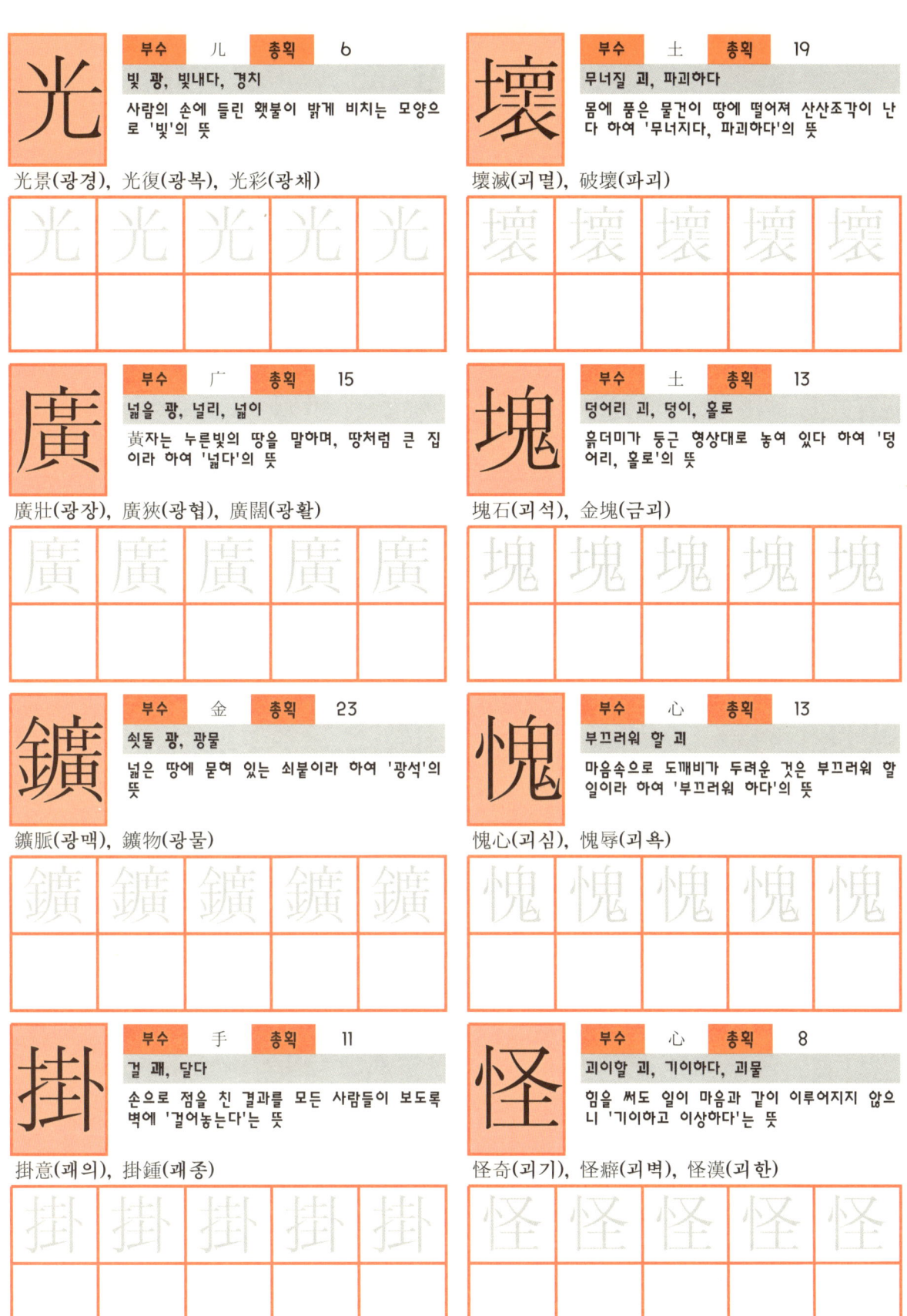

光
| 부수 | 儿 | 총획 | 6 |

빛 광, 빛내다, 경치

사람의 손에 들린 횃불이 밝게 비치는 모양으로 '빛'의 뜻

光景(광경), 光復(광복), 光彩(광채)

壞
| 부수 | 土 | 총획 | 19 |

무너질 괴, 파괴하다

몸에 품은 물건이 땅에 떨어져 산산조각이 난다 하여 '무너지다, 파괴하다'의 뜻

壞滅(괴멸), 破壞(파괴)

廣
| 부수 | 广 | 총획 | 15 |

넓을 광, 널리, 넓이

黃자는 누른빛의 땅을 말하며, 땅처럼 큰 집이라 하여 '넓다'의 뜻

廣壯(광장), 廣狹(광협), 廣闊(광활)

塊
| 부수 | 土 | 총획 | 13 |

덩어리 괴, 덩이, 홀로

흙더미가 둥근 형상대로 놓여 있다 하여 '덩어리, 홀로'의 뜻

塊石(괴석), 金塊(금괴)

鑛
| 부수 | 金 | 총획 | 23 |

쇳돌 광, 광물

넓은 땅에 묻혀 있는 쇠붙이라 하여 '광석'의 뜻

鑛脈(광맥), 鑛物(광물)

愧
| 부수 | 心 | 총획 | 13 |

부끄러워 할 괴

마음속으로 도깨비가 두려운 것은 부끄러워 할 일이라 하여 '부끄러워 하다'의 뜻

愧心(괴심), 愧辱(괴욕)

掛
| 부수 | 手 | 총획 | 11 |

걸 괘, 달다

손으로 점을 친 결과를 모든 사람들이 보도록 벽에 '걸어놓는다'는 뜻

掛意(괘의), 掛鍾(괘종)

怪
| 부수 | 心 | 총획 | 8 |

괴이할 괴, 기이하다, 괴물

힘을 써도 일이 마음과 같이 이루어지지 않으니 '기이하고 이상하다'는 뜻

怪奇(괴기), 怪癖(괴벽), 怪漢(괴한)

부수	亠	총획	6

交

사귈 교, 바꾸다, 서로

두 발이 발을 맞추어 나가는 모습으로 '서로, 사귀다'의 뜻

交代(교대), 交友(교우), 交換(교환)

交	交	交	交	交

부수	木	총획	16

橋

다리 교, 강하다, 교나무

개울이나 강 위에 걸쳐 놓은 나무라 하여 '다리'의 뜻

橋脚(교각), 橋頭堡(교두보)

橋	橋	橋	橋	橋

부수	車	총획	13

較

비교할 교, 대략, 뚜렷하다

수레에 짐을 실을 때 얽어맨 짐 틀의 기울어 짐을 보고 무게를 견준다는 '비교'의 뜻

較略(교략), 較量(교량), 較然(교연)

較	較	較	較	較

부수	矢	총획	17

矯

바로잡을 교, 거짓, 날래다

나무로 만든 도구에 굽어 있는 화살을 끼워서 곧게 '바로잡다'의 뜻

矯飾(교식), 矯正(교정)

矯	矯	矯	矯	矯

부수	邑	총획	9

郊

들 교, 시외

고을에서 얼마 되지 않아 고을과는 인접한 곳 이라 하여 '들, 교외'의 뜻

郊外(교외), 郊原(교원)

郊	郊	郊	郊	郊

부수	工	총획	5

巧

공교로울 교, 교묘하다

손재주가 있게 만들었다 하여 '교묘하다'의 뜻

巧妙(교묘), 巧態(교태), 巧猾(교활)

巧	巧	巧	巧	巧

부수	木	총획	10

校

학교 교, 교정하다

뒤틀린 나무를 서로 바꾸어 매어서 '바로 잡는다'는 뜻

校服(교복), 校閱(교열), 學校(학교)

校	校	校	校	校

부수	攴	총획	11

教

가르칠 교, 훈계하다, 종교

회초리를 쳐서 가르쳐 배우게 한다 하여 '가 르치다, 훈계하다'의 뜻

教科課程(교과과정), 教本(교본), 教育(교육)

教	教	教	教	教

丘	부수 一 총획 5
	언덕 구, 무덤
	땅 위에 쌓인 흙더미 모양으로 별로 높지 않는 모양으로 '오래다'의 뜻

丘陵(구릉)

丘	丘	丘	丘	丘

久	부수 ノ 총획 3
	오랠 구, 묵다, 가리다
	사람을 뒤로부터 잡고 오랫동안 놓지 않는 모양으로 '오래다'의 뜻

久遠(구원), 久滯(구체)

久	久	久	久	久

九	부수 乙 총획 2
	① 아홉 구, 많다 ② 모을 규
	열 십(十)자의 가로줄을 구부려 열에서 하나가 모자라는 '아홉'이라는 뜻

九曲(구곡), 九折羊腸(구절양장)

九	九	九	九	九

究	부수 穴 총획 7
	연구할 구, 궁구하다
	꾸불꾸불한 굴 속의 깊은 곳까지 살펴 들어간다 하여 '연구, 궁구'의 뜻

究考(구고), 究極(구극), 硏究(연구)

究	究	究	究	究

具	부수 八 총획 8
	갖출 구, 그릇, 자세하다
	두 손에 돈(具)을 쥐고 있는 모양으로 돈이면 무엇이든지 '갖출 수 있다'는 뜻

具備(구비), 具色(구색), 具體(구체)

具	具	具	具	具

俱	부수 人 총획 10
	다 구, 함께 동반하다
	사람들이 다 함께 뜻을 세우고 모든 것을 갖춘다 하여 '다, 함께'의 뜻

俱備(구비), 俱存(구존)

俱	俱	俱	俱	俱

構	부수 木 총획 14
	얽을 구, 맺다, 이루다
	나무를 가로 세로로 쌓아 올린 것이 마치 '얽어 맺은 것' 같다는 뜻

構想(구상), 構成(구성), 構築(구축)

構	構	構	構	構

懼	부수 心 총획 21
	두려워할 구, 조심하다
	가슴에 깜짝 놀랄 충격을 받아 사방을 두리번거리는 모양으로 '조심하다'의 뜻

懼然(구연), 悚懼(송구)

懼	懼	懼	懼	懼

口	부수 口 총획 3
	입 구, 말하다, 어귀
	사람의 입 모양의 글자

口頭(구두), 口腹之計(구복지계), 口實(구실)

口	口	口	口	口

苟	부수 艹 총획 9
	진실로 구, 풀이름, 다만
	'풀이름'이라는 뜻. 음을 빌어 '다만, 원컨대' 등의 조사로 쓰임

苟免(구면), 苟言(구언), 苟且(구차)

苟	苟	苟	苟	苟

句	부수 口 총획 5
	글귀 구(귀), 구절, 굽다
	勹는 숨 쉬는 가슴의 모양이며, 단숨에 읽을 수 있는 '글귀'라는 뜻

句讀(구두), 句文(구문)

句	句	句	句	句

求	부수 水 총획 7
	구할 구, 구걸하다, 찾다
	가죽으로 만든 덧옷의 모양으로 가죽 옷은 누구나 입고 싶어 한다는 '구한다'의 뜻

求道(구도), 求心(구심)

求	求	求	求	求

拘	부수 手 총획 8
	거리낄 구, 잡다
	손을 구부려 상대방을 꼼짝 못하게 움켜잡는다 하여 '잡다'의 뜻

拘禁(구금), 拘引(구인), 拘置(구치)

拘	拘	拘	拘	拘

球	부수 玉 총획 11
	공 구, 옥
	옥돌을 구하여 아름답고 둥글게 갈아서 만든 '구슬'이라는 뜻

球根(구근), 球技(구기), 球形(구형)

球	球	球	球	球

狗	부수 犬 총획 8
	개 구
	몸을 구부리고 있는 '개'의 뜻

狗盜(구도), 狗頭(구두)

狗	狗	狗	狗	狗

救	부수 攴 총획 11
	구원할 구, 돕다
	나쁜 길로 빠지려는 사람은 때려서라도 구해 주어야 한다 하여 '구원하다'의 뜻

救國(구국), 救急(구급), 救援(구원)

救	救	救	救	救

舊	부수 白	총획 18

예 구, 옛, 오래다

갈대꽃 같은 털이 있는 절구 모양의 부엉이.
오랠 구(久)와 음이 같아 '오래다'의 뜻

舊館(구관), 舊態依然(구태의연)

國	부수 囗	총획 11

나라 국, 고향

국경선에서 창을 들고 국민과 더불어 지키는
'나라, 국가'라는 뜻

國難(국난), 國賓(국빈)

區	부수 匚	총획 11

구역 구, 나누다

물건을 감추어 저장해 두는 여러 작은 칸을
가리켜 '구역'의 뜻

區間(구간), 區別(구별), 區劃(구획)

局	부수 尸	총획 7

판 국, 부분, 관청

자로 재듯이 정확한 말을 하며 법도에 따라
일을 하는 '관청의 일부'라는 뜻

局面(국면), 局地戰爭(국지전쟁)

驅	부수 馬	총획 21

몰 구, 쫓다, 달리다

말을 일정한 구역으로 몰아 달리게 한다 하여
'몰다, 쫓다'라는 뜻

驅步(구보), 驅除(구제), 驅馳(구치)

菊	부수 艸	총획 12

국화 국

가을에 피는 꽃으로 그 모양이 손을 오므린듯
한다 하여 '국화'의 뜻

菊版(국판), 菊花(국화)

鷗	부수 鳥	총획 22

갈매기 구

일정한 구역, 해변에서만 사는 새라 하여 '갈
매기'의 뜻

鷗鷺(구로), 押鷗汀(압구정)

群	부수 羊	총획 13

무리 군, 떼, 많다

임금은 무리를 거느리고, 양은 떼를 지어 산
다 하여 '무리, 떼'의 뜻

群起(군기), 群英(군영), 群衆(군중)

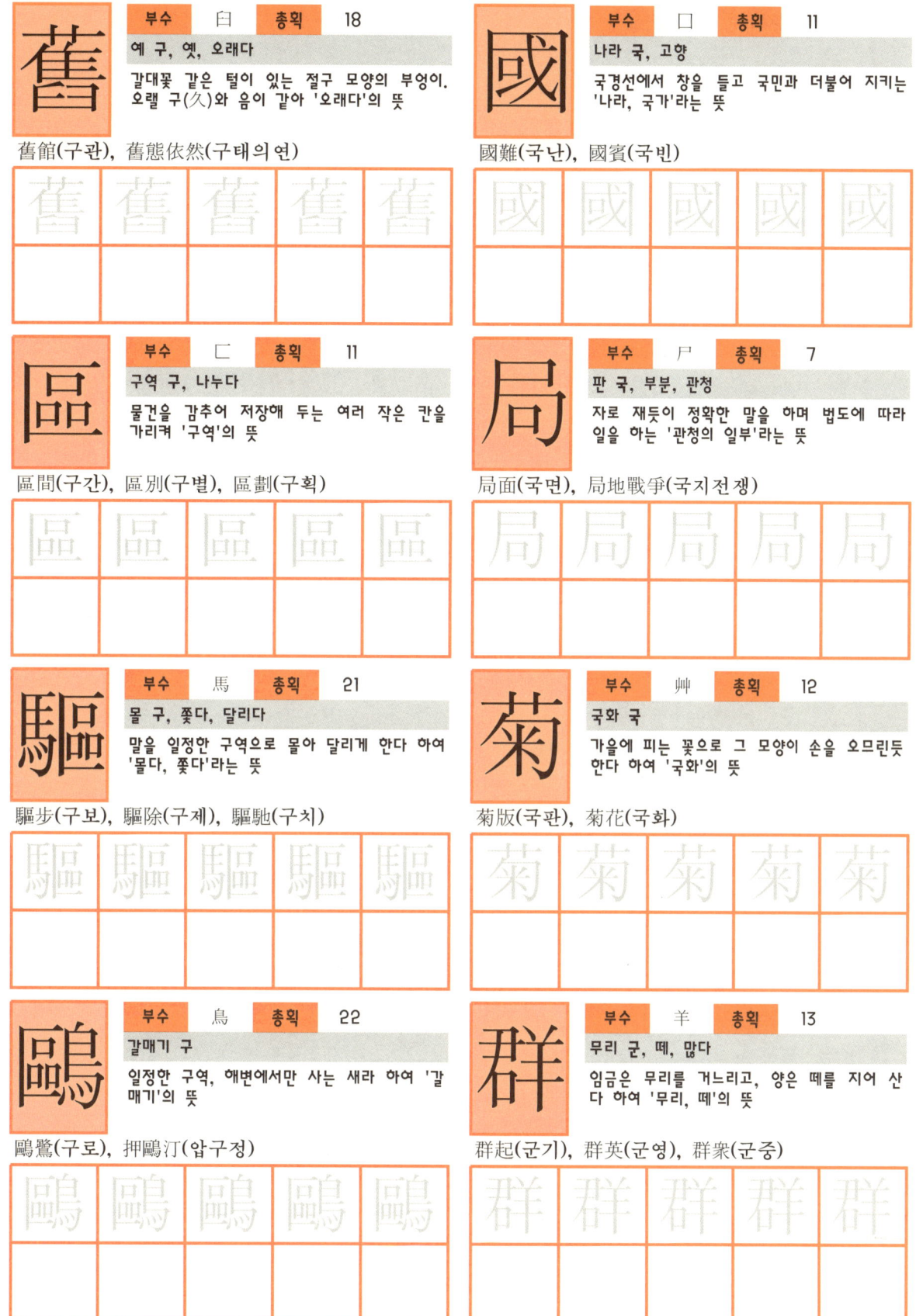

君	부수 口 총획 7
	임금 군, 남편, 그대
	백성을 다스리기 위해 입으로 명령을 내리는 사람이라 하여 '임금'의 뜻

君臨(군림), 君臣(군신), 君子(군자)

君	君	君	君	君

宮	부수 宀 총획 10
	집 궁, 세자, 궁형
	사람이 몸담아 있는 '집'이라는 뜻. 진시황 이후부터 '대궐'의 뜻

宮闕(궁궐), 宮牆(궁장)

宮	宮	宮	宮	宮

郡	부수 邑 총획 10
	고을 군
	임금이 명을 받아 다스리는 '고을'이라는 뜻

郡民(군민), 郡守(군수), 郡廳(군청)

郡	郡	郡	郡	郡

弓	부수 弓 총획 3
	활 궁, 땅재는 자
	활의 모양으로 땅을 잴 때도 사용되었음

弓手(궁수), 弓矢(궁시)

弓	弓	弓	弓	弓

軍	부수 車 총획 9
	군사 군, 진치다
	전차의 주위를 둘러싸고 있는 병사의 모양으로 '군사'의 뜻

軍警(군경), 軍隊(군대)

軍	軍	軍	軍	軍

窮	부수 穴 총획 15
	다할 궁, 궁하다, 궁구하다
	몸을 구부리고 들어간 굴이 막혀 버리니 '곤궁하다'는 뜻

窮理(궁리), 窮地(궁지), 窮乏(궁핍)

窮	窮	窮	窮	窮

屈	부수 尸 총획 8
	굽을 굴, 다하다, 강하다
	허리를 굽히고 앞으로 나아가 자기의 지조를 '굽힌다'의 뜻

屈曲(굴곡), 屈服(굴복), 屈辱(굴욕)

屈	屈	屈	屈	屈

券	부수 刀 총획 8
	문서 권, 어음쪽, 계약서
	두 쪽으로 나누어 가졌던 것을 다시 맞추어 보고 증거를 삼았다 하여 '문서'의 뜻

券書(권서), 割引券(할인권)

券	券	券	券	券

拳	부수 手	총획 10
	주먹 권	
	손을 구부리면 '주먹'이 된다는 뜻	

拳銃(권총), 拳鬪(권투)

拳 拳 拳 拳 拳

厥	부수 厂	총획 12
	돌파낼 궐, 그것, 숙이다	
	언덕 밑에서 고개를 숙이고 숨이 차도록 돌을 파낸다 하여 '숙이다'의 뜻	

厥角(궐각), 厥者(궐자)

厥 厥 厥 厥 厥

卷	부수 卩	총획 8
	책 권, 접다, 굽다	
	댓조각으로 만든 책을 꿰매어 두루마리처럼 만든 '서책, 책'이라는 뜻	

卷頭言(권두언), 卷數(권수)

卷 卷 卷 卷 卷

歸	부수 止	총획 18
	돌아올 귀, 보내다	
	친정에 여러 날 머물던 여자가 시집으로 '돌아온다'는 뜻	

歸結(귀결), 歸省(귀성), 歸鄕(귀향)

歸 歸 歸 歸 歸

勸	부수 力	총획 20
	권할 권, 돕다, 순종하다	
	황새처럼 착한 일을 하도록 권한다 하여 '돕다, 순종하다'의 뜻	

勸善懲惡(권선징악), 勸獎(권장)

勸 勸 勸 勸 勸

貴	부수 貝	총획 12
	귀할 귀, 귀히 여기다	
	삼태기 같은 광주리에 돈을 담은 모양으로 '귀하다'의 뜻	

貴骨(귀골), 貴賓(귀빈), 貴賤(귀천)

貴 貴 貴 貴 貴

權	부수 木	총획 22
	권세 권, 평하다, 저울추	
	저울을 만드는 나무. 저울질함은 무게를 지배하는 것이라 하여 '권세'의 뜻	

權力(권력), 權利(권리)

權 權 權 權 權

鬼	부수 鬼	총획 10
	귀신 귀, 도깨비	
	죽은 사람의 영혼, 사람을 해치는 망령으로 '귀신, 도깨비'의 뜻	

鬼工(귀공), 鬼才(귀재)

鬼 鬼 鬼 鬼 鬼

龜	부수 龜 총획 16
	① 거북 귀 ② 터질 균
	거북의 모양으로 거북의 등이 갈라졌다 하여 '터지다, 갈라지다'의 뜻

龜鑑(귀감), 龜船(귀선), 龜裂(균열)

龜	龜	龜	龜	龜

均	부수 土 총획 7
	고를 균, 반듯하다
	흙을 고르게 편다 하여 '고르다, 평평하다'의 뜻

均等(균등), 均一(균일), 均衡(균형)

均	均	均	均	均

叫	부수 口 총획 5
	부르짖을 규, 울다
	입으로 소리가 얽히듯이 똑똑하지 않게 '울부짖는다'는 뜻

叫聲(규성), 叫喚(규환), 絶叫(절규)

叫	叫	叫	叫	叫

菌	부수 艸 총획 12
	버섯 균, 곰팡이, 세균
	썩어가는 초목에 무성하게 생기는 식물이라 하여 '버섯'의 뜻. '곰팡이, 세균'의 뜻

菌根(균근), 菌傘(균산)

菌	菌	菌	菌	菌

規	부수 見 총획 11
	법 규, 잡다
	훌륭한 남자는 사물을 바르게 본다 하여 '바르다, 법'의 뜻

規格(규격), 規模(규모), 規則(규칙)

規	規	規	規	規

克	부수 儿 총획 7
	이길 극, 능하다, 짐지다
	무거운 머리를 떠받들고 있어 다리가 구부정하게 된 모양으로 '참고 견디다'의 뜻

克己(극기), 克明(극명)

克	克	克	克	克

閨	부수 門 총획 14
	안방 규, 도장방, 색시
	집안에 서옥 같은 규수가 거처하는 방이라 하여 '도장방, 안방'의 뜻

閨房(규방), 閨秀(규수)

閨	閨	閨	閨	閨

劇	부수 刀 총획 15
	심할 극, 연극, 더하다
	호랑이와 산돼지가 물어뜯고 싸우는 광경에서 '심하다, 연극'이라는 뜻

劇壇(극단), 劇甚(극심), 劇的(극적)

劇	劇	劇	劇	劇

極	부수 木	총획 13

지극할 극, 다하다, 빠르다

용마루는 가장 높은 곳에 있기 때문에 최상이라 하여 '지극하다, 다하다'의 뜻

極端(극단), 極烈(극렬), 極致(극치)

極	極	極	極	極

根	부수 木	총획 10

뿌리 근, 밑, 근본

나무가 끝나는 뿌리를 말하며 사물의 밑 부분이라 하여 '근본'의 뜻

根幹(근간), 根據(근거), 根本(근본)

根	根	根	根	根

僅	부수 人	총획 13

겨우 근, 적다, 거의

다른 사람보다 모든 재능이 모자란다 하여 '근소하다, 적다'의 뜻

僅僅(근근), 僅少(근소), 僅存(근존)

僅	僅	僅	僅	僅

斤	부수 斤	총획 4

근 근, 도끼, 자귀

날이 서고 자루가 달린 도끼로 물건을 자르려는 모양으로 '도끼, 자귀'의 뜻

斤斗(근두), 斤父(근부), 斤數(근수)

斤	斤	斤	斤	斤

勤	부수 力	총획 13

부지런할 근

진흙 밭을 다루려면 더한층 힘을 들여야 한다 하여 '부지런하다, 수고하다'의 뜻

勤儉(근검), 勤勞(근로), 勤勉(근면)

勤	勤	勤	勤	勤

近	부수 辵	총획 8

가까울 근, 근친, 닮다

물건을 달 때에는 저울추를 조금씩 옮겨 놓는다 하여 '가깝다'의 뜻

近間(근간), 近郊(근교), 近似(근사)

近	近	近	近	近

謹	부수 言	총획 18

삼가 근, 공경하다, 오로지

진흙 길을 갈 때에 조심스럽게 걷는 것처럼 말을 할 때는 '삼가'해야 한다는 뜻

謹拜(근배), 謹賀(근하)

謹	謹	謹	謹	謹

今	부수 人	총획 4

이제 금, 바로

사람이 모이는 곳에 때를 맞추어 간다 하여 '이제, 지금'의 뜻

今明(금명), 今始初聞(금시초문)

今	今	今	今	今

琴	부수 玉 총획 12
	거문고 금
	지금이라도 옥구슬들이 부딪치는 듯한 맑은 소리를 낼 수 있는 '거문고'라는 뜻

琴瑟(금슬)

琴	琴	琴	琴	琴

錦	부수 金 총획 16
	비단 금, 아름답다
	금처럼 아름답고 빛나는 '비단'이라는 뜻. 금빛같이 찬란하다는 '아름답다'의 뜻

錦繡江山(금수강산), 錦衣(금의)

錦	錦	錦	錦	錦

禁	부수 示 총획 13
	금할 금, 대궐, 감옥
	신을 모신 수풀 근처에 함부로 접근하지 못하게 한다 하여 '금지하다'의 뜻

禁忌(금기), 禁斷(금단), 禁止(금지)

禁	禁	禁	禁	禁

急	부수 心 총획 9
	급할 급, 빠르다, 좁다
	뒤를 따르려고 서두르는 마음이라 하여 '급하다, 재촉하다, 빠르다'의 뜻

急遽(급거), 急迫(급박), 急先務(급선무)

急	急	急	急	急

禽	부수 内 총획 13
	날짐승 금, 사로잡다
	짐승의 모양으로 '날짐승'의 뜻

禽獸(금수), 禽鳥(금조), 禽獲(금획)

禽	禽	禽	禽	禽

及	부수 又 총획 4
	미칠 급, 더불어, 및
	앞지른 사람을 따라붙어서 사물에 미친다 하여 '미침'의 뜻

及其時(급기시), 及其也(급기야), 及第(급제)

及	及	及	及	及

金	부수 金 총획 8
	① 쇠 금, 귀하다 ② 성씨 김
	광석에서 나온 것이 '금'이라는 뜻

金庫(금고), 金銀(금은), 金枝玉葉(금지옥엽)

金	金	金	金	金

級	부수 糸 총획 10
	차례 급, 등급
	실이 차례차례로 뒤따라 이어졌다 하여 '차례'의 뜻. 차례로 된 계층, '등급'의 뜻

級數(급수), 級友(급우), 級差(급차)

級	級	級	級	級

給
부수 糸 총획 12
공급할 급, 주다, 넉넉하다
실이 길게 이어지듯이 물건을 계속 대어 준다 하여 '공급하다, 넉넉하다'의 뜻
給食(급식), 給與(급여), 給由(급유)

器
부수 口 총획 16
그릇 기, 도구, 도량
개고기를 나누어 먹는 그릇이라 하여 '도구, 도량'의 뜻
器具(기구), 器機(기기), 器才(기재)

肯
부수 肉 총획 8
즐길 긍, 뼈에 붙은 살
일을 멈추고 몸을 쉬게 하니 '즐겁다'는 뜻
肯諾(긍낙), 肯定(긍정), 首肯(수긍)

豈
부수 豆 총획 10
어찌 기
북의 모양으로 음악을 '연주하다, 즐거워하다'의 뜻. '어찌'라는 조사
豈敢(기감), 豈唯(기유)

企
부수 人 총획 6
바랄 기, 꾀하다, 계획하다
사람이 발돋움을 하여 멀리 바라본다 하여 '바라다, 꾀하다'의 뜻
企望(기망), 企業(기업), 企劃(기획)

飢
부수 食 총획 11
주릴 기, 흉년들다
흉년이 들어 상 위에 먹을 밥이 없으니 '굶주린다'는 뜻
飢渴(기갈), 飢饉(기근)

技
부수 手 총획 7
재주 기, 술법, 능통하다
손으로 가려내는 재주가 좋다 하여 '재주, 능통'의 뜻
技巧(기교), 技能(기능), 技術(기술)

祈
부수 示 총획 9
빌 기, 고하다
제상을 차려 놓고 신에게 살펴 주십사고 '빈다'는 뜻
祈禱(기도), 祈願(기원)

棄	부수 木 총획 12
	버릴 기
	양손에 쓰레받기를 들고 쓰레기를 '버린다'는 뜻

棄却(기각), 棄權(기권), 棄兒(기아)

棄	棄	棄	棄	棄

氣	부수 气 총획 10
	기운 기, 날씨, 숨
	밥을 지을 때 증발하는 증기를 말하며 '기후'라는 뜻

氣槪(기개), 氣質(기질), 氣候(기후)

氣	氣	氣	氣	氣

幾	부수 幺 총획 12
	몇 기, 기미, 위태롭다
	적은 수의 군대가 지켜서 '위태롭다'는 뜻

幾年(기년), 幾微(기미), 幾何(기하)

幾	幾	幾	幾	幾

旣	부수 无 총획 11
	이미 기, 다하다, 끝나다
	고소한 음식을 숨이 막힐 정도로 먹으니 음식이 다 떨어져 버렸다 하여 '이미'의 뜻

旣得權(기득권), 旣約(기약), 旣往之事(기왕지사)

旣	旣	旣	旣	旣

機	부수 木 총획 16
	베틀 기, 기계, 고동
	기(機)는 베틀뿐 아니라 일반적인 기계 모두를 말하여 '베틀, 기계'의 뜻

機構(기구), 機能(기능), 機敏(기민)

機	機	機	機	機

其	부수 八 총획 8
	그 기, 그것, 조사
	사물을 지시하는 '그것'이라는 뜻

其間(기간), 其他(기타)

其	其	其	其	其

畿	부수 田 총획 15
	경기 기, 지경, 기내
	어린 사람이라도 창을 들고 지킬 임금이 사는 곳을 중심으로 한 '경기'의 뜻

畿內(기내)

畿	畿	畿	畿	畿

旗	부수 方 총획 14
	기 기, 대장기, 표하다
	싸움을 할 때 지휘하기 위하여 높이 올리는 '대장기, 기'의 뜻

旗手(기수), 旗章(기장)

旗	旗	旗	旗	旗

期 부수 月 총획 12
기약할 기, 바라다, 기간
달이 지구 둘레를 한 바퀴 돌아 먼저와 같은 자리에 올 때라 하여 '기간'의 뜻

期待(기대), 期約(기약), 期限(기한)

忌 부수 心 총획 7
꺼릴 기, 삼가다, 기일
자기의 몸을 염려하여 마음이 '꺼려진다'는 뜻

忌憚(기탄), 忌避(기피), 禁忌(금기)

欺 부수 欠 총획 12
속일 기, 거짓말하다
부족한 사람은 항상 거짓으로 남을 '속인다'는 뜻

欺瞞(기만), 詐欺(사기)

紀 부수 糸 총획 9
벼리 기, 규율, 적다
실로 된 그물이 헝클어지지 않게 하는 아래 위가 굵은 줄로 된 '벼리'의 뜻

紀念(기념), 紀元(기원)

基 부수 土 총획 11
터 기, 바탕, 근본
삼태기나 키로 흙을 날라 터를 굳힌다 하여 '터, 바탕'의 뜻

基幹(기간), 基盤(기반), 基本(기본)

記 부수 言 총획 10
기록할 기, 적다, 기억하다
말을 글로 '기록한다'는 뜻

記念(기념), 記錄(기록), 記事(기사)

己 부수 己 총획 3
자기 기, 몸, 여섯째 천간
사람이 몸을 굽힌 모양, 남에 대하여 '자기'의 뜻

己未(기미), 自己(자기), 克己(극기)

起 부수 走 총획 10
일어날 기, 서다, 시작하다
달리기 위해 몸을 '일으킨다'는 뜻

起居(기거), 起兵(기병)

奇	부수 大 총획 8
	기이할 기, 홀수 기박
	크게 옳다고 함은 남보다 뛰어나고 남보다 다르다 하여 '다르다, 기이하다'의 뜻

奇拔(기발), 奇想天外(기상천외)

奇	奇	奇	奇	奇

吉	부수 口 총획 6
	길할 길, 좋다, 예식
	선비의 말씀은 항상 옳고 좋다는 점이라 하여 '길하다'의 뜻

吉兆(길조), 吉凶禍福(길흉화복)

吉	吉	吉	吉	吉

寄	부수 宀 총획 11
	부칠 기, 붙어살다
	때를 못 만난 사람이 남의 집에 붙어산다 하여 '붙어살다, 부치다'의 뜻

寄稿(기고), 寄宿(기숙)

寄	寄	寄	寄	寄

奈	부수 大 총획 8
	어찌 나(내)
	나무의 이름을 뜻했으나 음을 빌어 의문사로 '어찌, 어찌할까'의 뜻

奈落(나락), 奈何(내하)

奈	奈	奈	奈	奈

騎	부수 馬 총획 18
	말탈 기, 말탄 군사
	말은 원래 혼자서 탄다 하여 '말타다'의 뜻

騎馬隊(기마대), 騎手(기수)

騎	騎	騎	騎	騎

那	부수 邑 총획 7
	어찌 나, 무엇, 저것
	서쪽에 사는 한 종족의 이름. 나(奈)와 음이 서로 통하여 '어찌, 무엇'의 뜻

那落(나락)

那	那	那	那	那

緊	부수 糸 총획 14
	급할 긴, 팽팽하다, 줄이다
	단단히 얽어맨 실이라 하여 '팽팽하다, 줄이다'의 뜻

緊急(긴급), 緊張(긴장), 緊縮(긴축)

緊	緊	緊	緊	緊

諾	부수 言 총획 16
	대답할 낙, 허락하다
	젊은이의 부탁을 들어준다 하여 '허락하다'의 뜻

承諾(승낙), 許諾(허락)

諾	諾	諾	諾	諾

	부수	日	총획	13
暖	① 따뜻할 난, 덥다 ② 온유할 훤			
	햇빛이 내리 쬐어 온 몸이 느즈러질 정도로 '따뜻하다'는 뜻			

暖帶(난대), 暖房(난방), 寒暖(한난)

暖	暖	暖	暖	暖

	부수	糸	총획	10
納	들일 납, 받다, 바치다			
	실이 물을 빨아들이듯 안으로 '거두어들인다'는 뜻			

納得(납득), 納凉(납량), 收納(수납)

納	納	納	納	納

	부수	隹	총획	19
難	어려울 난, 난리, 나무라다			
	새가 진흙을 다루기 힘들다 하여 '어렵다'의 뜻			

難局(난국), 難易(난이), 難處(난처)

難	難	難	難	難

	부수	女	총획	10
娘	각시 낭, 소녀, 어미			
	어진 여인을 아내로 맞아들인다 하여 '각시'의 뜻. 자식의 '어미'라는 뜻			

娘娘(낭낭), 娘子(낭자)

娘	娘	娘	娘	娘

	부수	十	총획	9
南	남쪽 남, 앞, 성			
	초목은 남으로 갈수록 무성하다 하여 '남녘'의 뜻			

南男北女(남남북녀), 南端(남단)

南	南	南	南	南

	부수	丿	총획	2
乃	이에 내, 곧, 그			
	말이 술술 이어지지 않는다 하여 '이에, 곧, 바꾸어 말하면'의 뜻			

乃祖(내조), 乃至(내지)

乃	乃	乃	乃	乃

	부수	田	총획	7
男	사내 남, 아들, 남작			
	밭에 나가서 힘써 일하는 '남자'라는 뜻			

男女老少(남녀노소), 男性(남성)

男	男	男	男	男

	부수	人	총획	4
內	① 안 내, 아내 ② 들일 납			
	□은 세 방면이 가리어진 것. 入을 더하여 가려진 안쪽으로 '들어간다'의 뜻			

內容(내용), 內憂外患(내우외환)

內	內	內	內	內

耐	부수 而 총획 9
	견딜 내, 참다
	무거운 것을 들고 있는 벌이나, 수염을 뽑는 형벌도 능히 '참고 견딘다'는 뜻

耐久(내구), 耐乏(내핍), 耐寒(내한)

耐	耐	耐	耐	耐

女	부수 女 총획 3
	계집 녀, 처녀
	여자가 손을 앞으로 모으고 무릎을 꿇고 앉아 있는 모습의 글자

女傑(여걸), 女史(여사)

女	女	女	女	女

寧	부수 宀 총획 14
	편안할 녕, 차라리, 어찌
	집에 먹을 것이 그릇에 가득하여 마음이 안정되고 '편안하다'는 뜻

安寧(안녕), 寧日(영일), 寧親(영친)

寧	寧	寧	寧	寧

奴	부수 女 총획 5
	종 노, 놈, 포로
	일을 하는 여인이라 하여 '종'의 뜻

奴婢(노비), 奴隷(노예)

奴	奴	奴	奴	奴

年	부수 干 총획 6
	해 년, 나이
	많은 곡식이 한 번 익어서 수확하기까지의 기간. '해(年)'의 뜻

年齡(연령), 年例(연례), 年代(연대)

年	年	年	年	年

努	부수 力 총획 7
	힘쓸 노, 힘들이다
	종처럼 '힘을 들여' 일을 한다는 뜻

努力(노력)

努	努	努	努	努

念	부수 心 총획 8
	생각할 념, 읽다, 스물
	지금도 잊지 않고 마음속에 새겨 두고 있다 하여 '생각하다'의 뜻

念慮(염려), 念願(염원), 念頭(염두)

念	念	念	念	念

怒	부수 心 총획 9
	성낼 노, 세차다, 위세
	혹사를 당하는 종의 마음에 울분이 가득하다 하여 '성내다'의 뜻

怒氣(노기), 怒發大發(노발대발)

努	努	努	努	努

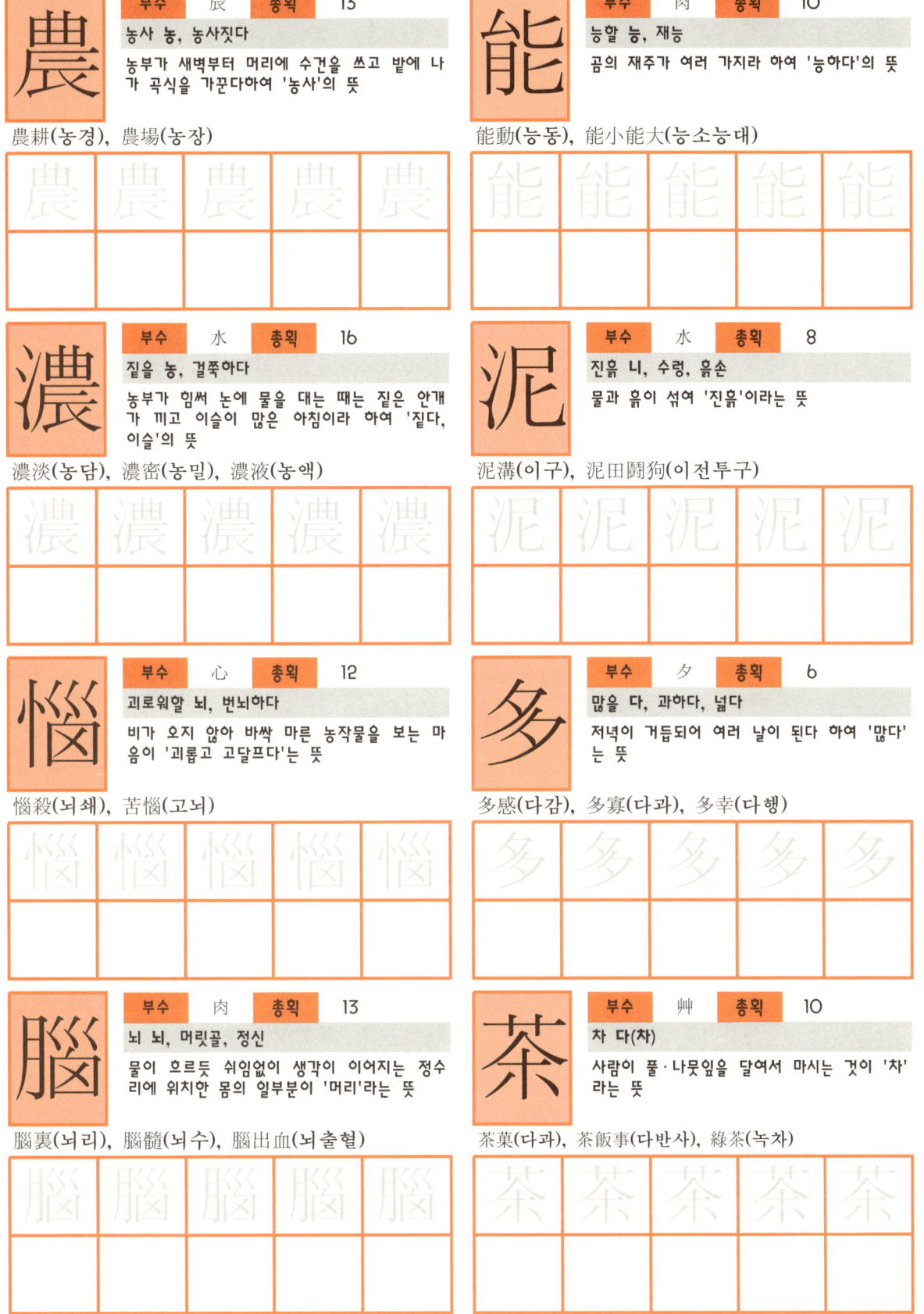

農 | 부수 辰 | 총획 13
농사 농, 농사짓다
농부가 새벽부터 머리에 수건을 쓰고 밭에 나가 곡식을 가꾼다하여 '농사'의 뜻

農耕(농경), 農場(농장)

能 | 부수 肉 | 총획 10
능할 능, 재능
곰의 재주가 여러 가지라 하여 '능하다'의 뜻

能動(능동), 能小能大(능소능대)

濃 | 부수 水 | 총획 16
짙을 농, 걸쭉하다
농부가 힘써 논에 물을 대는 때는 짙은 안개가 끼고 이슬이 많은 아침이라 하여 '짙다, 이슬'의 뜻

濃淡(농담), 濃密(농밀), 濃液(농액)

泥 | 부수 水 | 총획 8
진흙 니, 수렁, 흙손
물과 흙이 섞여 '진흙'이라는 뜻

泥溝(이구), 泥田鬪狗(이전투구)

惱 | 부수 心 | 총획 12
괴로워할 뇌, 번뇌하다
비가 오지 않아 바싹 마른 농작물을 보는 마음이 '괴롭고 고달프다'는 뜻

惱殺(뇌쇄), 苦惱(고뇌)

多 | 부수 夕 | 총획 6
많을 다, 과하다, 넓다
저녁이 거듭되어 여러 날이 된다 하여 '많다'는 뜻

多感(다감), 多寡(다과), 多幸(다행)

腦 | 부수 肉 | 총획 13
뇌 뇌, 머릿골, 정신
물이 흐르듯 쉬임없이 생각이 이어지는 정수리에 위치한 몸의 일부분이 '머리'라는 뜻

腦裏(뇌리), 腦髓(뇌수), 腦出血(뇌출혈)

茶 | 부수 艸 | 총획 10
차 다(차)
사람이 풀·나뭇잎을 달여서 마시는 것이 '차'라는 뜻

茶菓(다과), 茶飯事(다반사), 綠茶(녹차)

旦 **부수** 日 **총획** 5	丹 **부수** 丶 **총획** 4
아침 단, 일찍, 밝다	붉을 단, 정성스럽다
해가 지평선 위에 나타나므로 '아침, 일찍'이라는 뜻	채광을 위해 판 갱도 밑바닥에 나타난 '붉은' 빛깔의 광석이라는 뜻
旦暮(단모), 旦夕(단석), 元旦(원단)	丹粧(단장), 丹靑(단청), 丹楓(단풍)

但 **부수** 人 **총획** 7	斷 **부수** 斤 **총획** 18
다만 단, 홀로, 오직	끊을 단, 조각내다
사람은 아침에 일어났을 때 다만 '홀몸(옷을 벗은)'이라는 뜻	이어진 실을 도끼로 자른다 하여 '끊는다, 결단하다'의 뜻
但書(단서), 但只(단지)	斷交(단교), 斷念(단념), 斷案(단안)

單 **부수** 口 **총획** 12	壇 **부수** 土 **총획** 16
홑 단, 얇다, 성 선	제터 단, 제단
끝이 두 갈래로 갈라진 무기나 끝이 평평한 파리채 모양의 글자	흙을 두텁게 쌓아올려 제사를 모시던 '단장(壇場)'이라는 뜻
單價(단가), 單獨(단독), 單一(단일)	壇上(단상), 演壇(연단), 祭壇(제단)

團 **부수** 囗 **총획** 14	檀 **부수** 木 **총획** 17
둥글 단, 모이다, 덩어리	박달나무 단, 향나무
오로지 한 마음, 한 덩어리로 뭉쳤다 하여 '둥글다'의 뜻	크고 단단한 나무라 하여 '박달나무, 향나무'의 뜻
團結(단결), 團束(단속), 團扇(단선)	檀君(단군), 檀紀(단기)

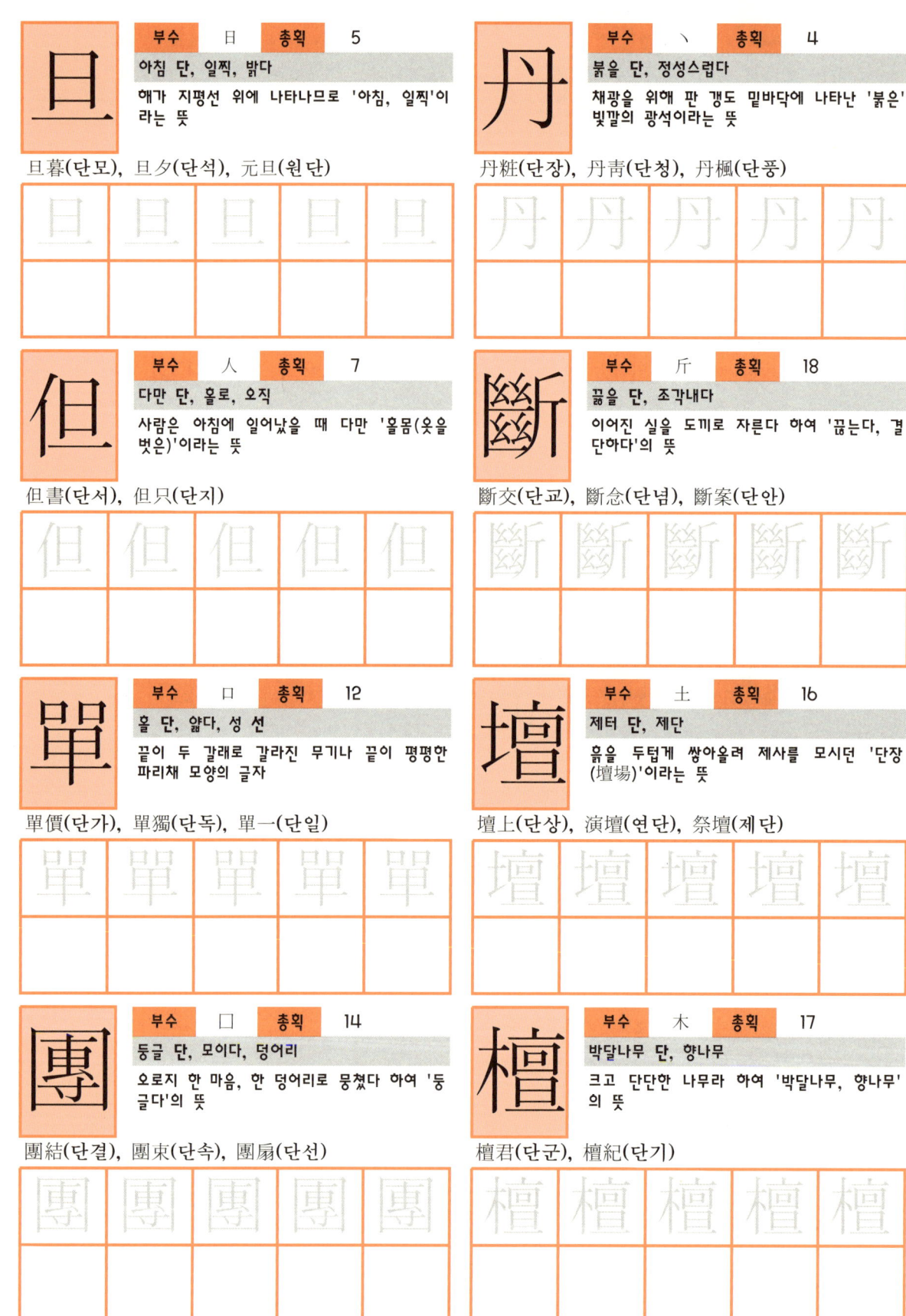

段 | 부수 殳 | 총획 9
층계 단, 조각, 수단
막대기 끝으로 물건을 치니 깨어져서 여러 '조각'이 난다는 뜻

段階(단계), 段落(단락)

担 | 부수 手 | 총획 16
멜 담, 짐
손이 닿는 곳에 짊어져야 할 '짐'이 있다는 뜻. 책임지고 맡아야 할 일이 있다는 뜻

擔當(담당), 擔保(담보), 擔任(담임)

短 | 부수 矢 | 총획 12
짧을 단, 모자라다
화살은 비교적 짧고 작은 물건을 재는 데 쓰이며, 화살과 콩 두(豆)를 합쳐 '짧다'의 뜻

短距離(단거리), 短期(단기), 短縮(단축)

潭 | 부수 水 | 총획 15
못 담, 깊다
물이 깊고 넓게 고여 있는 '못'이라는 뜻

潭思(담사), 潭淵(담연), 潭渦(담와)

端 | 부수 立 | 총획 14
끝 단, 단정, 실마리
서있는 초목 끝에서 실낱같은 싹이 돋아난다 하여 '실마리'의 뜻

端緒(단서), 端言(단언), 端正(단정)

淡 | 부수 水 | 총획 11
물맑을 담, 싱겁다
불에 끓인 증류수같이 '맑은 물'은 별 맛이 없다는 뜻

淡淡(담담), 淡味(담미), 淡水(담수)

達 | 부수 辵 | 총획 13
이를 달, 깨닫다, 출세하다
새끼 양이 어미 양 있는 곳까지 걸어간다 하여 '이르다, 이루다'의 뜻

達觀(달관), 達人(달인), 達筆(달필)

談 | 부수 言 | 총획 15
말씀 담, 이야기하다
모닥불이나 화롯가에 둘러앉아 '이야기를 한다'는 뜻

談笑(담소), 談話(담화), 談判(담판)

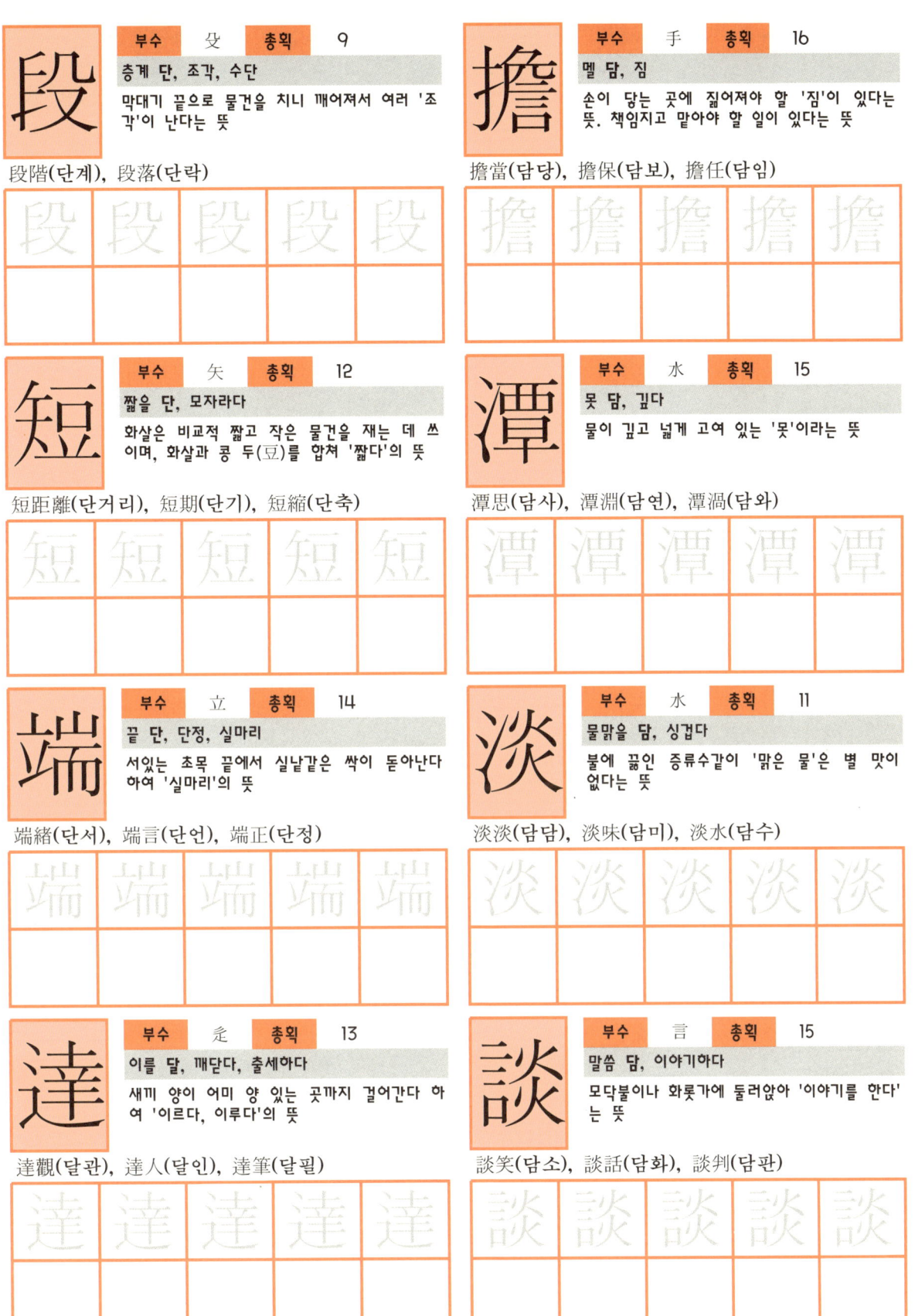

畓 부수 水 총획 8
논 답
물이 있는 밭이라 하여 '논'의 뜻

畓結(답결), 畓穀(답곡), 田畓(전답)

糖 부수 米 총획 16
엿 당, 사탕
쌀로 쑨 죽에 엿기름을 넣으면 갑자기 단맛이
나는 '엿'이 된다는 뜻

糖尿(당뇨), 糖分(당분)

踏 부수 足 총획 15
밟을 답
보리는 발로 거듭 밟아 주어야 한다 하여 '밟
다'의 뜻

踏步(답보), 踏査(답사)

堂 부수 土 총획 11
집 당, 근친, 번듯하다
흙을 높이 돋우고 그 위에 지은 '집'이라는
뜻

堂堂(당당), 堂上(당상), 堂叔(당숙)

答 부수 竹 총획 12
대답할 답, 갚다
대쪽에 글을 써서 받은 내용에 적합하게 답장
을 보낸다 하여 '대답하다'의 뜻

答禮(답례), 答案(답안), 答狀(답장)

當 부수 田 총획 13
마땅할 당, 당하다, 그
밭의 값이 서로 비슷해 맞바꾸기에 '알맞다,
마땅하다'의 뜻

當分間(당분간), 當然之事(당연지사), 當初(당초)

唐 부수 口 총획 10
당나라 당, 황당하다
굳센 척하고 큰 소리 치는 사람 치고 '황당무
계'하지 않은 이가 없다는 뜻

唐人(당인), 唐突(당돌), 唐慌(당황)

黨 부수 黑 총획 20
무리 당, 견주다, 고향
어두운 장래를 개척하려고 높은 뜻을 품고 모
인 '무리'라는 뜻

黨論(당론), 黨爭(당쟁), 黨派(당파)

代	부수 人　총획 5
	대신할 대, 번갈다, 세대
	앞 세대의 사람과 뒷 세대의 사람이 갈마든다 하여 '대신하다'의 뜻

代價(대가), 代理(대리), 代替(대체)

代	代	代	代	代

待	부수 彳　총획 9
	기다릴 대, 대하다, 막다
	관청에서 서성대며 '기다린다'는 뜻

待機(대기), 待遇(대우), 待接(대접)

待	待	待	待	待

貸	부수 貝　총획 12
	빌릴 대, 꾸다
	돈을 꾸어 쓰면 그 댓가를 지불해야 한다 하여 '빌리다'의 뜻

貸與(대여), 貸來(대래), 貸借(대차)

貸	貸	貸	貸	貸

臺	부수 至　총획 14
	돈대 대, 정자, 관청
	사방을 바라보기 위해 흙을 높이 쌓은 곳이라 하여 '돈대, 누각'의 뜻

臺閣(대각), 臺本(대본), 臺帳(대장)

臺	臺	臺	臺	臺

對	부수 寸　총획 14
	대답할 대, 마주보다
	많은 사람들이 촘촘히 앉아 '마주보며' 법도에 따라 상대에게 묻고 '대답한다'는 뜻

對決(대결), 對等(대등), 對峙(대치)

對	對	對	對	對

大	부수 大　총획 3
	① 큰 대(태), 대강 ② 심할 태
	사람이 양팔을 크게 벌리고 서 있는 모양으로 '큰 것'이라는 뜻

大槪(대개), 大成(대성)

大	大	大	大	大

帶	부수 巾　총획 11
	띠 대, 차다, 데려가다
	천을 겹치고 장식을 붙여 만든 허리띠 모양으로 '띠'라는 뜻

帶同(대동), 帶電(대전), 地帶(지대)

帶	帶	帶	帶	帶

隊	부수 阜　총획 12
	떼 대, 군대, 대열
	언덕을 분별없이 쏘다니는 멧돼지떼라 하여 '떼, 군대'의 뜻

隊列(대열), 隊伍(대오)

隊	隊	隊	隊	隊

	부수 彳 총획 15
德	큰 덕, 덕, 은덕
	거동이 단정하고 품은 뜻이 크다 하여 '덕'의 뜻

德望(덕망), 恩德(은덕), 德談(덕담)

德	德	德	德	德

	부수 辶 총획 13
道	길 도, 말하다, 기예
	首는 사람의 뜻. 사람이 마땅히 걸어야 할 도덕적인 '길'이라는 뜻

道德(도덕), 道理(도리)

道	道	道	道	道

	부수 刀 총획 2
刀	칼 도
	칼날이 구부정하게 굽은 칼 모양으로 '칼'이라는 뜻

刀圭(도규), 刀匠(도장)

刀	刀	刀	刀	刀

	부수 寸 총획 16
導	인도할 도, 이끌다, 통하다
	가야 할 길을 손으로 가리켜 준다 하여 '이끌다, 인도하다'의 뜻

導線(도선), 導入(도입), 訓導(훈도)

導	導	導	導	導

	부수 广 총획 9
度	① 법도 도, 자 ② 헤아릴 탁
	익숙한 사람들은 손으로 잰 것이 자로 잰 것과 똑같다 하여 '재다, 법도'의 뜻

度量(도량), 忖度(촌탁), 度支部(탁지부)

度	度	度	度	度

	부수 手 총획 9
挑	집적거릴 도, 돋다, 뛰다
	손으로 집적거릴 조짐을 보이는 것은 상대방의 화를 '돋운다'는 뜻

挑發(도발), 挑戰(도전)

挑	挑	挑	挑	挑

	부수 水 총획 12
渡	나루 도, 건너다
	물 위를 이쪽에서 저쪽으로 '건너간다'는 뜻

渡江(도강), 渡來(도래)

渡	渡	渡	渡	渡

	부수 木 총획 10
桃	복숭아 도, 앵도
	복숭아 나뭇가지로 귀신을 쫓는 풍습에서 온 것으로 '복숭아'의 뜻

桃李(도리), 桃色(도색)

桃	桃	桃	桃	桃

跳
부수 足　총획 13
① 뛸 도, 건너다 ② 솟구칠 조
발을 굴러 땅에서 높이 뛰어오른다 하여 '솟구치다'의 뜻
跳梁(도량), 跳躍(도약)

圖
부수 □　총획 14
그림 도, 지도, 꾀하다
농토의 둘레를 여러 모양으로 그린다 하여 '그림, 지도'의 뜻
圖謨(도모), 圖表(도표), 圖利(도리)

逃
부수 辶　총획 10
달아날 도, 도망하다
죄를 지은 사람이 슬금슬금 도망친다 하여 '달아나다'의 뜻
逃亡(도망), 逃避(도피), 逃學(도학)

島
부수 山　총획 10
섬 도
새가 바다 가운데의 산 위에 앉은 모양으로 '섬'이라는 뜻
島嶼(도서), 孤島(고도)

到
부수 刀　총획 8
이를 도, 주밀하다
옛날에는 멀리 길을 떠날 때 무기를 지녀야 하였으며, 무사히 이르렀다 하여 '도착하다'의 뜻
到着(도착), 到處(도처), 周到(주도)

徒
부수 彳　총획 10
무리 도, 걸어다니다
땅 위에 걸어 다니는 사람들이 무리를 짓는다 하여 '무리'의 뜻
徒法(도법), 生徒(생도)

倒
부수 人　총획 10
넘어질 도, 거꾸로
사람이 땅에 넘어졌다 하여 '자빠지다'의 뜻
倒壞(도괴), 倒立(도립), 倒産(도산)

盜
부수 皿　총획 12
도둑 도, 훔치다
그릇에 담긴 음식을 침을 흘리며 몰래 훔쳤다 하여 '도둑'의 뜻
盜掘(도굴), 盜難(도난), 盜聽(도청)

稲　부수 禾　총획 15
벼 도
절구에 찧어 먹는 곡식이라 하여 '벼'의 뜻
稻熱病(도열병), 稻作(도작)

毒　부수 母　총획 8
독할 독, 악하다, 해하다
사람을 음란하게 만드는 독이 든 풀이 우거져 있다 하여 '독하다'의 뜻
毒物(독물), 毒殺(독살)

途　부수 辵　총획 11
길 도
사람이 걸어 다니는 여러 갈래의 '길'이라는 뜻
途中(도중), 途上(도상)

獨　부수 犬　총획 16
홀로 독, 외롭다, 독짐승
개와 닭은 잘 싸우므로 함께 두지 못하고 따로 떼어 놓아야 한다 하여 '홀로'의 뜻
獨立(독립), 獨斷(독단)

都　부수 邑　총획 12
도읍 도, 서울, 도회지
고을 중에서도 많은 사람이 살고 있는 도회지나 중앙 정부가 있는 곳이라 하여 '서울'의 뜻
都心(도심), 都合(도합), 都會(도회)

督　부수 目　총획 13
감독할 독, 재촉하다
어린아이는 잘 보살펴야 한다 하여 '살피다, 감독하다'의 뜻
監督(감독), 督勵(독려), 督察(독찰)

陶　부수 阜　총획 11
질그릇 도, 즐기다
언덕에 기와를 굽는 가마를 차려 놓고 질그릇을 굽는다 하여 '질그릇'의 뜻
陶器(도기), 陶醉(도취)

篤　부수 竹　총획 16
도타울 독, 굳다
죽마고우(竹馬故友)라 하여 어렸을 때부터 친한 벗과 정이 '도탑다'는 뜻
篤固(독고), 篤實(독실), 敦篤(돈독)

讀

부수 言　총획 22

① 읽을 독 ② 귀절 두

장사꾼들이 물건을 팔 때 소리를 지르는 것처럼 소리 내어 글을 '읽는다'는 뜻

讀破(독파), 讀解(독해), 讀後感(독후감)

冬

부수 冫　총획 5

겨울 동

사철 중 맨 나중에 오고 얼음이 언다 하여 '겨울'의 뜻

冬眠(동면), 冬至(동지)

敦

부수 攴　총획 12

① 도타울 돈 ② 쪼을 퇴

음식을 나누어 먹기도 하고 서로 싸우기도 해야 친구간의 우정이 더욱 '도탑다'는 뜻

敦篤(돈독), 敦厚(돈후)

動

부수 力　총획 11

움직일 동, 어지럽다

무거운 것을 힘을 들여 '움직인다'는 뜻

動力(동력), 靜中動(정중동)

豚

부수 豕　총획 11

돼지 돈

살이 통통하게 찐 '돼지'라는 뜻

豚肉(돈육), 豚皮(돈피)

東

부수 木　총획 8

동녘 동, 오른쪽

아침 해가 나무의 중간까지 떠오른 모양으로 '동쪽'이라는 뜻

極東(극동), 東方(동방), 東洋(동양)

突

부수 穴　총획 9

부딪칠 돌, 갑자기

개가 구멍에서 갑자기 튀어나온다 하여 '갑자기, 부딪치다'의 뜻

突擊(돌격), 突入(돌입), 衝突(충돌)

凍

부수 冫　총획 10

얼 동, 춥다

봄이 오기 전에는 여전히 추워 얼음이 '언다'는 뜻

凍結(동결), 解凍(해동)

同 부수 口 총획 6 한가지 동, 같다, 화하다 여러 사람의 입에서 나오는 의견이 서로 같다 하여 '한가지'의 뜻	**童** 부수 立 총획 12 아이 동, 민둥민둥하다 고생스럽게 중노동을 하는 남자종을 어린애 취 급했다 하여 '아이'의 뜻

同時(동시), 同志(동지)

童顔(동안), 童子(동자), 童話(동화)

同	同	同	同	同		童	童	童	童	童

桐 부수 木 총획 10 오동나무 동, 거문고 나뭇결이 곧고 똑바른 나무가 '오동나무'라는 뜻	**斗** 부수 斗 총획 4 말 두, 우뚝 솟다 곡식을 담아서 수량을 헤아리는 '말'이라는 뜻

桐梓(동재), 梧桐(오동)

斗穀(두곡), 斗量(두량), 斗星(두성)

棟	桐	桐	桐	桐		斗	斗	斗	斗	斗

洞 부수 水 총획 9 ① 골 동, 마을, 통하다 ② 꿰뚫을 통 물이 있는 곳이어야 여러 사람이 같이 살 수 있다 하여 '마을'의 뜻	**豆** 부수 豆 총획 7 콩 두, 제기 음식물 담는 제기 모양으로 '콩'이라는 뜻

洞窟(동굴), 洞里(동리), 洞觀(통관), 洞察(통찰)

豆滿江(두만강), 豆腐(두부), 豆太(두태)

洞	洞	洞	洞	洞		豆	豆	豆	豆	豆

銅 부수 金 총획 14 구리 동 빛깔이 금과 같이 보이는 광물이 '구리'라는 뜻	**頭** 부수 頁 총획 16 머리 두, 우두머리, 변두리 사람의 목 위에 약간 길죽하고 둥글게 있는 부 분이라 하여 '머리'의 뜻

銅像(동상), 銅錢(동전), 靑銅(청동)

頭角(두각), 頭目(두목), 頭痛(두통)

銅	銅	銅	銅	銅		頭	頭	頭	頭	頭

鈍	부수 金 총획 12
	둔할 둔, 무디다
	쇠로 만든 칼날이 무디어 잘 들지 않는다 하여 '둔하다'의 뜻

鈍感(둔감), 鈍才(둔재), 鈍質(둔질)

等	부수 竹 총획 12
	등급 등, 같다
	관청에서 관리가 대쪽으로 만든 서류를 순서 있게 분류한다 하여 '등급'의 뜻

等身(등신), 等級(등급)

得	부수 彳 총획 11
	얻을 득, 깨닫다, 만족하다
	걸어가서 재물을 손에 넣는다하여 '얻다'의 뜻

得勝(득승), 得意揚揚(득의양양)

羅	부수 网 총획 19
	벌일 라, 비단, 그물
	새 잡는 그물의 네 귀퉁이를 매어 쳐 놓는다 하여 '벌이다'의 뜻

綺羅星(기라성), 羅列(나열), 新羅(신라)

登	부수 癶 총획 12
	오를 등, 나가다, 싣다
	제사에 쓰는 그릇은 높은 곳에 얹는다 하여 '오르다'의 뜻

登科(등과), 登山(등산), 登用(등용)

洛	부수 水 총획 9
	물 락, 강이름
	물이 각기 사방으로 흩어짐을 나타낸다 하여 '물'의 뜻

洛東江(낙동강), 洛外(낙외)

燈	부수 火 총획 16
	등잔 등, 등불, 촛불
	등잔 위에 올려 놓은 '등불'이라는 뜻

燈臺(등대), 燈盞(등잔), 燈火(등화)

落	부수 艹 총획 13
	떨어질 락, 쓸쓸하다
	초목의 잎이 물방울이 떨어지는 것처럼 '떨어진다'는 뜻

落果(낙과), 落馬(낙마), 落下(낙하)

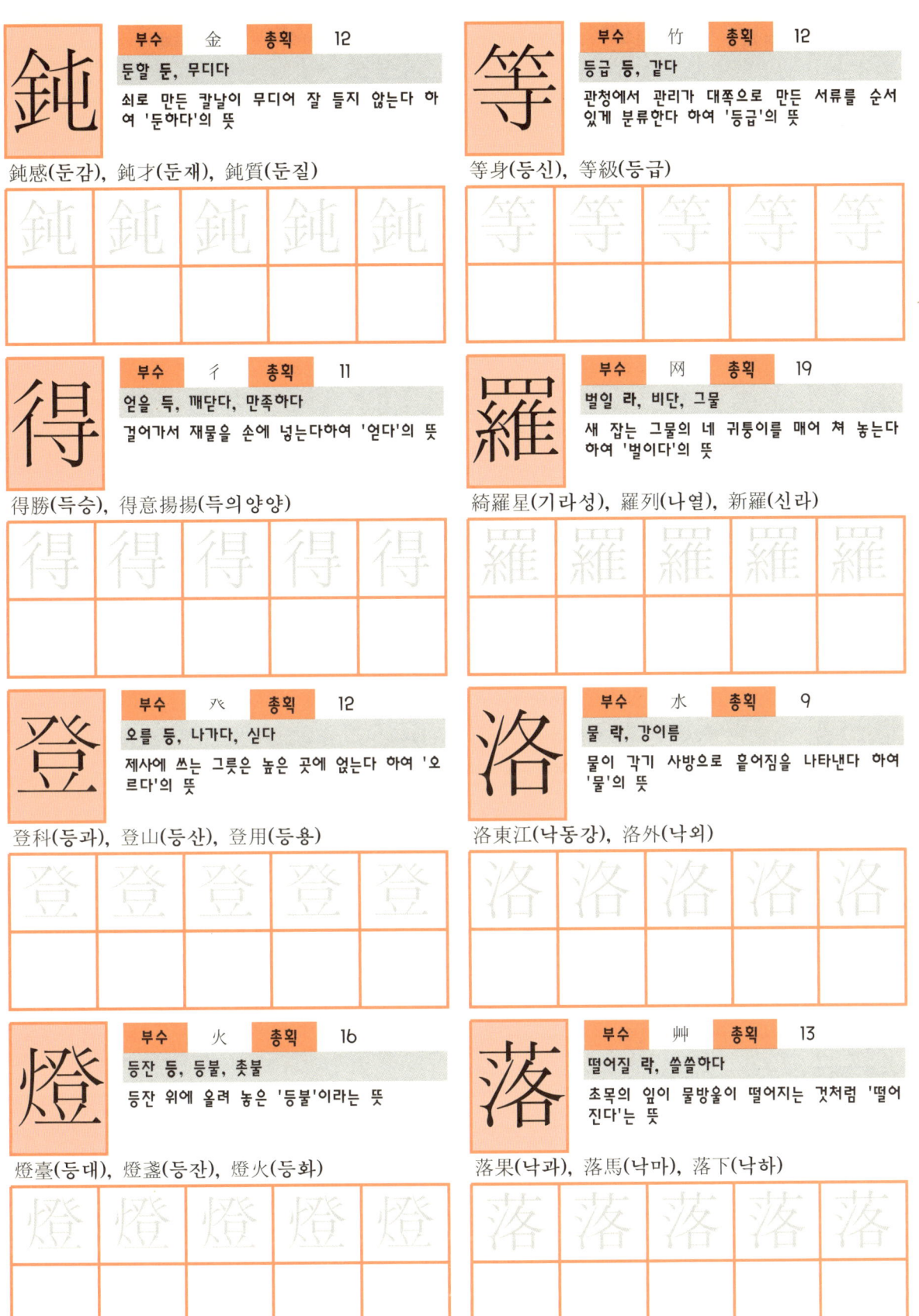

絡	부수 糸	총획 12

이을 락, 연락하다, 쌀

각각 떨어져 있는 실 끝을 이어 맨다 하여 '잇다, 연락하다'의 뜻

絡脈(낙맥), 聯絡(연락)

絡	絡	絡	絡	絡

爛	부수 火	총획 21

빛날 란, 데우다

불길이 다하여 꺼지기 직전에 더욱 밝게 '빛난다'는 뜻

爛開(난개), 爛熟(난숙), 燦爛(찬란)

爛	爛	爛	爛	爛

亂	부수 乙	총획 13

어지러울 란, 난리

어지럽게 얽힌 실을 손으로 잡아 당겨 풀고 정리한다 하여 '어지럽다'의 뜻

亂離(난리), 戰亂(전란)

亂	亂	亂	亂	亂

蘭	부수 艸	총획 21

난초 란, 드물다

향기가 높고 흔하지 않은 화초라 하여 '난초, 목란'의 뜻

蘭草(난초), 蘭燭(난촉)

蘭	蘭	蘭	蘭	蘭

卵	부수 卩	총획 7

알 란, 기르다, 불알

물고기의 양쪽 알주머니 모양의 글자

卵白(난백), 卵生(난생), 受精卵(수정란)

卵	卵	卵	卵	卵

濫	부수 水	총획 17

넘칠 람, 번지다, 지나치다

물이 넘친다 하여 '번지다, 지나치다'의 뜻

濫發(남발), 濫用(남용)

濫	濫	濫	濫	濫

欄	부수 木	총획 21

난간 란, 테두리

사람이 앞에 나가는 것을 막는 나무로 된 난간이라 하여 '난간, 테두리'의 뜻

欄干(난간)

欄	欄	欄	欄	欄

藍	부수 艸	총획 18

쪽 람, 쪽빛, 누더기

푸른색의 염료를 만드는 풀이라 하여 '쪽, 쪽빛'의 뜻

藍靑(남청), 靑出於藍(청출어람)

藍	藍	藍	藍	藍

覽	부수 見	총획 21
	볼 람, 두루 보다	
	보고 또 본다 하여 '두루 보다'의 뜻	

觀覽(관람)

覽	覽	覽	覽	覽

廊	부수 广	총획 13
	행랑 랑, 곁채, 묘당	
	남자들만이 기거하는 집이라 하여 '사랑'의 뜻	

行廊(행랑), 廊下(낭하), 舍廊(사랑)

廊	廊	廊	廊	廊

浪	부수 水	총획 10
	물결 랑, 방랑하다, 함부로	
	물이 곱게 찰랑거린다 하여 '물결'의 뜻	

浪漫(낭만), 浪說(낭설), 波浪注意報(파랑주의보)

浪	浪	浪	浪	浪

來	부수 人	총획 8
	올 래, 부르다, 부터	
	보리 이삭이 열려 있는 모양으로 보리는 하늘이 내리신 것이라 하여 '오다'의 뜻	

來客(내객), 來訪(내방), 來日(내일)

來	來	來	來	來

朗	부수 月	총획 11
	밝을 랑, 명랑하다, 맑다	
	달빛이 밝고 하늘이 '맑다'는 뜻. 사람의 마음이 달빛같이 밝다 하여 '명랑하다'의 뜻	

朗讀(낭독), 明朗(명랑)

朗	朗	朗	朗	朗

冷	부수 冫	총획 7
	찰 냉, 식다, 쌀쌀하다	
	명령은 얼음과 같이 차고 '쌀쌀하다'는 뜻	

冷凍(냉동), 冷藏(냉장)

冷	冷	冷	冷	冷

郎	부수 邑	총획 10
	사내 랑, 남편	
	고을에서 어진 일을 하는 사람이라 하여 '사내'의 뜻	

郎君(낭군), 郎子(낭자)

郎	郎	郎	郎	郎

掠	부수 手	총획 11
	노략질할 략	
	무리들이 손으로 크게 약탈을 한다 하여 '노략질하다'의 뜻	

掠劫(약겁), 掠奪(약탈), 擄掠(노략)

掠	掠	掠	掠	掠

略	부수 田 총획 11
	간략할 략, 꾀
	밭의 경계를 발걸음 수에 의하여 적당히 정했다 하여 '간략, 대략'의 뜻

略少(약소), 略式(약식)

略	略	略	略	略

量	부수 里 총획 12
	헤아릴 량, 도량
	되나 말로 물건의 부피와 무게를 '헤아린다'하여 '용량'의 뜻

數量(수량), 量子力學(양자력학)

量	量	量	量	量

兩	부수 入 총획 8
	두 량, 냥
	저울 추의 모양으로 저울이 나란히 매달려 있는 한 쌍이라 하여 '둘', 무게의 '량'의 뜻

兩家(양가), 兩斷(양단), 兩親(양친)

兩	兩	兩	兩	兩

糧	부수 米 총획 18
	양식 량, 먹이
	헤아려서 들여 놓은 쌀이라 하여 '양식'의 뜻

糧穀(양곡), 糧食(양식)

糧	糧	糧	糧	糧

凉	부수 氵 총획 10
	서늘할 량, 쓸쓸하다
	물가의 높은 언덕은 '서늘하다'는 뜻

納凉(납량), 凉氣(양기)

凉	凉	凉	凉	凉

梁	부수 木 총획 11
	들보 량, 다리, 어량
	나무를 베어 물 위에 걸쳐 놓는다 하여 '다리, 들보'의 뜻

橋梁(교량), 梁上君子(양상군자)

梁	梁	梁	梁	梁

諒	부수 言 총획 15
	살필 량, 믿다, 참
	진실을 고하는 사람은 살펴 알 수 있다 하여 '믿다, 참되다'의 뜻

諒知(양지), 諒解(양해)

諒	諒	諒	諒	諒

良	부수 艮 총획 7
	어질 량, 진실로
	체에 곡식을 넣어 정선하는 모양으로 정성된 곡식은 좋다 하여 '어질다, 착하다'의 뜻

良識(양식), 良好(양호)

良	良	良	良	良

	부수 心 총획 15
慮	생각할 려, 의심하다
	호랑이를 잡을 뜻을 세우고 깊이 염려하고 '생각한다'는 뜻

考慮(고려), 心慮(심려)

慮	慮	慮	慮	慮

	부수 力 총획 2
力	힘 력, 힘쓰다, 위엄
	물건을 들어올릴 때 팔에 생기는 근육 모양의 모양의 글자

力士(역사), 力說(역설), 努力(노력)

力	力	力	力	力

	부수 力 총획 17
勵	힘쓸 려, 권하다, 행하다
	타일러서 일에 힘쓰도록 권한다 하여 '행하다'의 뜻

激勵(격려), 獎勵(장려)

勵	勵	勵	勵	勵

	부수 日 총획 16
曆	책력 력, 세다, 운수
	철이 바뀌고 날이 가는 것을 헤아려서 만든 책이라 하여 '책력'의 뜻

曆法(역법), 曆數(역수)

曆	曆	曆	曆	曆

	부수 方 총획 10
旅	나그네 려, 군사
	군기 밑에 많은 사람이 모여 있다 하여 '군대'의 뜻. 군대는 이동을 한다 하여 '여행'의 뜻

旅館(여관), 旅行(여행)

旅	旅	旅	旅	旅

	부수 止 총획 16
歷	지낼 력, 겪다, 전하다
	세월이 가는 동안에 생겼던 시간을 기록해 오래 남게 하는 '역사'라는 뜻

經歷(경력), 歷史(역사), 歷任(역임)

歷	歷	歷	歷	歷

	부수 鹿 총획 19
麗	고울 려, 빛나다, 맑다
	사슴들이 나란히 붙어서 가는 모습이 곱다 하여 '곱다, 맑다 빛나다'의 뜻

高句麗(고구려), 秀麗(수려)

麗	麗	麗	麗	麗

	부수 心 총획 15
憐	불쌍히 여길 련
	어려운 처지에 있는 사람끼리 서로 동정하고 '불쌍히 여긴다'는 뜻

可憐(가련), 憐憫(연민), 憐情(연정)

憐	憐	憐	憐	憐

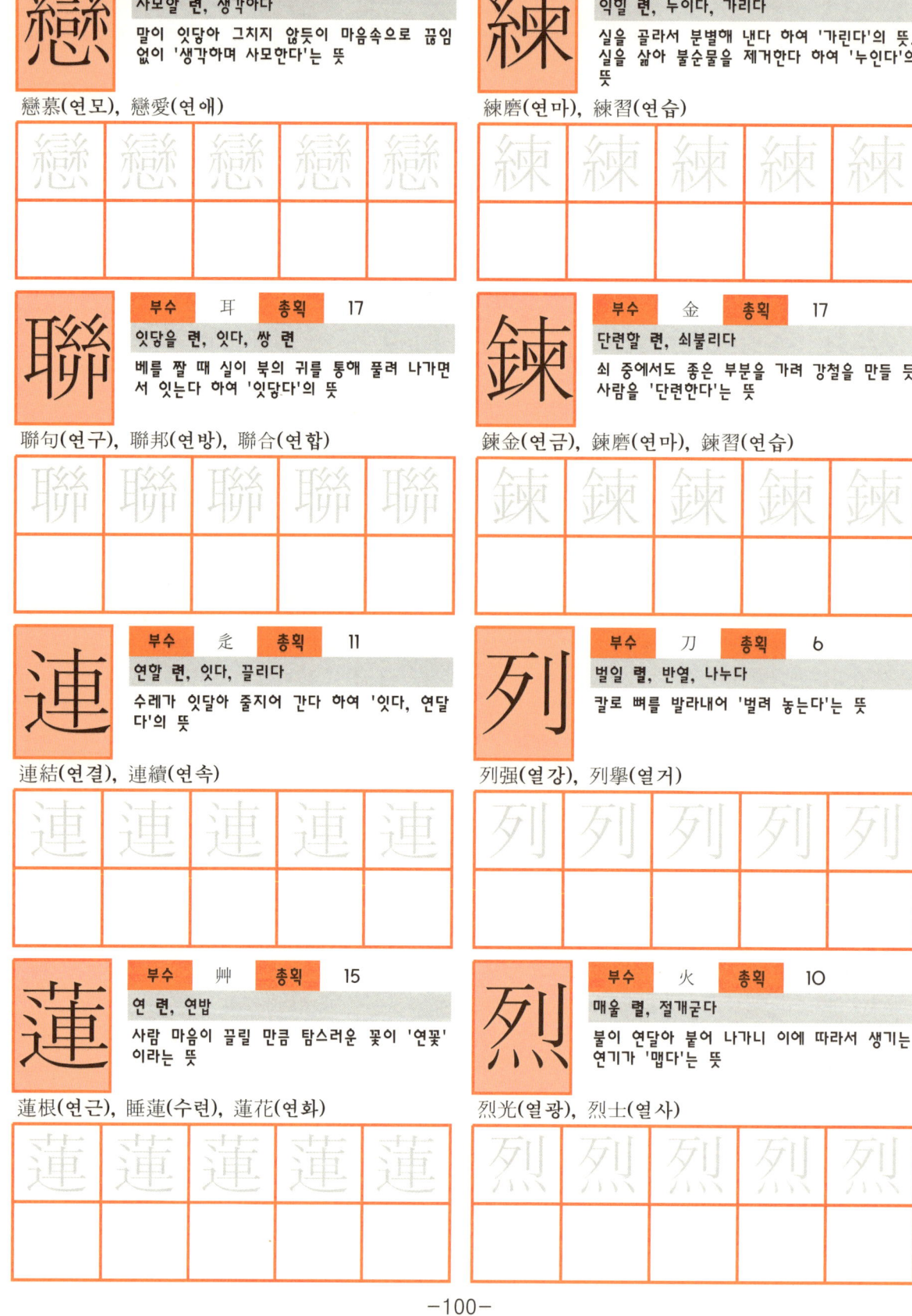

	부수	心	총획	23
戀

사모할 련, 생각하다

말이 잇당아 그치지 않듯이 마음속으로 끊임 없이 '생각하며 사모한다'는 뜻

戀慕(연모), 戀愛(연애)

| 부수 | 糸 | 총획 | 15 |

練

익힐 련, 누이다, 가리다

실을 골라서 분별해 낸다 하여 '가린다'의 뜻. 실을 삶아 불순물을 제거한다 하여 '누인다'의 뜻

練磨(연마), 練習(연습)

| 부수 | 耳 | 총획 | 17 |

聯

잇당을 련, 잇다, 쌍 련

베를 짤 때 실이 북의 귀를 통해 풀려 나가면서 잇는다 하여 '잇당다'의 뜻

聯句(연구), 聯邦(연방), 聯合(연합)

| 부수 | 金 | 총획 | 17 |

鍊

단련할 련, 쇠불리다

쇠 중에서도 좋은 부분을 가려 강철을 만들 듯 사람을 '단련한다'는 뜻

鍊金(연금), 鍊磨(연마), 鍊習(연습)

| 부수 | 辶 | 총획 | 11 |

連

연할 련, 잇다, 끌리다

수레가 잇달아 줄지어 간다 하여 '잇다, 연달다'의 뜻

連結(연결), 連續(연속)

| 부수 | 刀 | 총획 | 6 |

列

벌일 렬, 반열, 나누다

칼로 뼈를 발라내어 '벌려 놓는다'는 뜻

列强(열강), 列擧(열거)

| 부수 | 艹 | 총획 | 15 |

蓮

연 련, 연밥

사람 마음이 끌릴 만큼 탐스러운 꽃이 '연꽃'이라는 뜻

蓮根(연근), 睡蓮(수련), 蓮花(연화)

| 부수 | 火 | 총획 | 10 |

烈

매울 렬, 절개굳다

불이 연달아 붙어 나가니 이에 따라서 생기는 연기가 '맵다'는 뜻

烈光(열광), 烈士(열사)

裂	부수 衣 총획 12
	찢을 렬, 흩어지다
	옷을 벌려 갈기갈기 찢는다 하여 '터지다, 흩어지다'의 뜻

裂傷(열상), 裂蔽(열폐), 破裂(파열)

劣	부수 力 총획 6
	용렬할 렬, 못하다
	힘이 적으니 '용렬하고 못났다'는 뜻

劣等(열등), 劣勢(열세), 庸劣(용렬)

廉	부수 广 총획 13
	청렴할 렴, 값싸다
	벼슬하는 사람이 집에서 농사 일을 겸할 정도로 '청렴하다'는 뜻

廉價(염가), 廉探(염탐), 淸廉(청렴)

令	부수 人 총획 5
	하여금 령, 명령하다
	卩은 무릎을 꿇는 것을 나타내며 무릎을 꿇고 '명령을 받는다'는 뜻

令狀(영장), 命令(명령)

零	부수 雨 총획 13
	떨어질 령, 작다
	빗물이 지붕에 떨어질 때 소리를 내며 '떨어진다'는 뜻

零落(영락), 零細(영세), 零縮(영축)

領	부수 頁 총획 14
	거느릴 령, 깨닫다
	명령은 머리에서 나온다 하여 '우두머리, 거느리다'의 뜻

領收(영수), 領解(영해), 領護(영호)

嶺	부수 山 총획 17
	재 령, 고개
	산의 우두머리인 산꼭대기라 하여 '능선'의 뜻

嶺南(영남), 大關嶺(대관령)

靈	부수 雨 총획 24
	영묘할 령, 영혼
	무당이 하늘에 빌어 비를 내리게 한다 하여 '신령, 영묘'의 뜻

靈感(영감), 靈界(영계), 靈魂(영혼)

例	부수 人 총획 8
	법식 례, 보기, 견주다
	줄 서 있는 사람 옆에서 견주어 본다 하여 '견주다'의 뜻

例規(예규), 例文(예문)

例 例 例 例 例

老	부수 老 총획 6
	늙을 로, 늙은이
	허리가 굽은 '노인'이 지팡이를 짚고 서 있는 모양의 글자

老鍊(노련), 老炎(노염), 老朽(노후)

老 老 老 老 老

禮	부수 示 총획 18
	예절 례, 예의, 인사
	豊은 그릇에 제물이 담긴 모양 음식을 넉넉하게 차려놓고 제사 지내는 절차라 하여 '예절'의 뜻

禮訪(예방), 禮法(예법), 禮節(예절)

禮 禮 禮 禮 禮

路	부수 足 총획 13
	길 로, 끌다, 성
	저마다 걸어 다니는 '길'이라는 뜻

路費(노비), 路線(노선), 行路(행로)

路 路 路 路 路

勞	부수 力 총획 12
	일할 로, 수고롭다
	불을 밝게 켜놓고 일한다 하여 '수고하다'의 뜻

勞苦(노고), 勞動(노동), 勞費(노비)

勞 勞 勞 勞 勞

露	부수 雨 총획 20
	이슬 로, 나타나다
	수증기가 엉켜 빗방울같이 된 '이슬'이라는 뜻

露骨的(노골적), 露宿(노숙)

露 露 露 露 露

爐	부수 火 총획 20
	화로 로, 뙤약볕
	큰 그릇에 불을 담았다고 하여 '화로'의 뜻

爐邊(노변), 火爐(화로)

爐 爐 爐 爐 爐

祿	부수 示 총획 13
	복 록, 녹
	신에게 잘 보여야 삶의 근본인 '녹봉, 복'이 많아진다는 뜻

祿命(녹명), 祿俸(녹봉)

祿 祿 祿 祿 祿

	부수	糸	총획	14

綠

푸를 록, 초록빛

나무껍질을 깎으면 연두 빛깔이 나오는 것처럼 '푸른색'으로 물들인 실이라는 뜻

綠陰(녹음), 綠波(녹파), 草綠(초록)

綠	綠	綠	綠	綠

	부수	金	총획	16

錄

기록할 록, 문서

칼로 나무를 깎아 글자를 새긴다 하여 '기록하다'의 뜻

記錄(기록), 錄音(녹음)

綠	綠	綠	綠	綠

	부수	鹿	총획	11

鹿

사슴 록

사슴의 머리, 뿔, 네 발 모양으로 '사슴'의 뜻

鹿角(녹각), 鹿茸(녹용)

鹿	鹿	鹿	鹿	鹿

	부수	言	총획	15

論

논의할 론, 말하다

많은 책을 읽고 여러 사람의 의견을 침작하여 자기 주장을 말한다 하여 '논의하다, 평하다'의 뜻

論議(논의), 論爭(논쟁)

論	論	論	論	論

	부수	廾	총획	7

弄

희롱할 롱, 구경하다

두 손으로 구슬을 가지고 논다 하여 '희롱하다, 즐기다'의 뜻

弄奸(농간), 愚弄(우롱), 嘲弄(조롱)

弄	弄	弄	弄	弄

	부수	貝	총획	16

賴

의지할 뢰, 힘입다

물건을 사고 판 금액의 차이로 얻어진 이익으로 먹고 산다 하여 '의지 한다'의 뜻

賴德(뇌덕), 信賴(신뢰)

賴	賴	賴	賴	賴

	부수	雨	총획	13

雷

우레 뢰, 덩달아, 천둥

비가 올 때 '천둥과 번개'가 연달아 친다는 뜻

雷同(뇌동), 雷鳴(뇌명)

雷	雷	雷	雷	雷

	부수	亅	총획	2

了

마칠 료, 어조사

더 자라지 못한다 하여 '미치다, 끝나다'의 뜻

了解(요해), 完了(완료)

了	了	了	了	了

料	부수 斗 총획 10
	헤아릴 료, 다스리다
	말(斗)로 쌀(米)을 된다고 하여 '헤아리다'의 뜻

料金(요금), 料量(요량)

料	料	料	料	料

龍	부수 龍 총획 16
	용 룡, 임금
	뱀 모양과 비슷한 상상의 동물인 '용'이라는 뜻

龍床(용상), 龍頭蛇尾(용두사미)

龍	龍	龍	龍	龍

屢	부수 尸 총획 14
	자주 루, 여러 빠르다
	몸을 구부리고 앉아 인생의 허무함을 여러 번 되풀이한다 하여 '자주, 여러'의 뜻

屢屢(누누), 屢日(누일), 屢次(누차)

屢	屢	屢	屢	屢

樓	부수 木 총획 15
	다락 루, 문, 봉우리
	나무 기둥을 끌어올려 지은 집에 다시 다락을 올린다 하여 '다락, 봉우리'의 뜻

樓閣(누각), 樓角(누각)

樓	樓	樓	樓	樓

淚	부수 水 총획 11
	눈물 루, 눈물 흘리다
	죄책감에 의해 눈에서 흐르는 물이라 하여 '눈물'의 뜻

淚水(누수), 淚眼(누안), 玉淚(옥루)

淚	淚	淚	淚	淚

漏	부수 水 총획 14
	샐 루, 뚫다, 구멍
	빗물이 스며들어 집이 샌다 하여 '새다, 뚫다'의 뜻

漏刻(누각), 漏落(누락), 漏水(누수)

漏	漏	漏	漏	漏

累	부수 糸 총획 11
	여러 루, 포개다
	밭 사이에 실처럼 가늘게 나 있는 길이 여러 갈래라 하여 '포개다'의 뜻

累積(누적), 累次(누차)

累	累	累	累	累

柳	부수 木 총획 9
	버들 류
	잎과 나뭇가지가 무성한 나무라 하여 '버드나무'의 뜻

花柳(화류)

柳	柳	柳	柳	柳

流	부수 水	총획 9
	흐를 류, 귀양보내다	
	어린아이가 아래쪽으로 양수와 함께 흐르듯 태어난다 하여 '흐르다'의 뜻	

流浪(유랑), 流配(유배), 流行(유행)

流	流	流	流	流

陸	부수 阜	총획 11
	육지 륙, 녹록하다	
	언덕과 언덕이 높고 낮게 잇달아 있는 '육지, 뭍'이라는 뜻	

陸軍(육군), 陸路(육로)

陸	陸	陸	陸	陸

留	부수 田	총획 10
	머무를 류, 묵다	
	문을 닫아 걸고 밭에 나가 오랫동안 일한다 하여 '머무르다, 오래다'의 뜻	

留客(유객), 留念(유념), 留宿(유숙)

留	留	留	留	留

倫	부수 人	총획 10
	인륜 륜, 떳떳하다	
	사람이 뭉쳐서 살려면 윤리를 지켜야 한다 하여 '인륜'의 뜻	

倫理(윤리), 天倫(천륜)

倫	倫	倫	倫	倫

類	부수 頁	총획 19
	무리 류, 비슷하다	
	개의 머리는 그 모양이 서로 비슷해 구별하기 어렵다 하여 '무리, 종류, 닮다'의 뜻	

類別(유별), 類似(유사)

類	類	類	類	類

輪	부수 車	총획 15
	바퀴 륜, 둘레	
	수레에 사용하는 여러 살대로 만들어진 '바퀴'라는 뜻	

輪廓(윤곽), 輪禍(윤화)

輪	輪	輪	輪	輪

六	부수 八	총획 4
	여섯 륙, 여섯 번	
	양손의 세 손가락을 편 모양의 글자로 '여섯'의 뜻	

六法(육법)

六	六	六	六	六

律	부수 彳	총획 9
	법률 률, 절제하다	
	붓으로 쓴 것을 사방으로 보내어 백성으로 하여금 지키도록 한 것이 '법률'이라는 뜻	

律動(율동), 律手(율수)

律	律	律	律	律

栗	부수 木 총획 10
	밤나무 률, 무섭다
	가시 돋친 열매가 주렁주렁 달린 나무라 하여 '밤나무'의 뜻

生栗(생률)

栗	栗	栗	栗	栗

梨	부수 木 총획 11
	배나무 리, 벌레이름
	고기에 체하거나 갈증날 때 좋은 약이 되고, 사람에게 이로운 과일이 '배'라는 뜻

梨花(이화), 桃梨(도리)

梨	梨	梨	梨	梨

隆	부수 阜 총획 12
	높을 륭, 성하다, 크다
	낮은 곳에서 혹같은 것이 불쑥 솟아난 모양이 라 하여 '높다'의 뜻

隆起(융기), 隆盛(융성), 隆崇(융숭)

隆	隆	隆	隆	隆

吏	부수 口 총획 6
	아전 리, 관원
	나랏일을 기록하는 사람은 오로지 법령을 지 켜야 한다 하여 '관리, 관원'의 뜻

吏讀(이두), 吏房(이방), 吏屬(이속)

吏	吏	吏	吏	吏

陵	부수 阜 총획 11
	언덕 릉, 범하다
	넘어야 할 '언덕'이라는 뜻

丘陵(구릉)

陵	陵	陵	陵	陵

履	부수 尸 총획 15
	신 리, 밟다, 행하다
	舟는 신발의 모양. 사람이 '신'을 신고 간다 는 뜻

履歷(이력), 履行(이행)

履	履	履	履	履

利	부수 刀 총획 7
	이로울 리, 이자
	낫으로 벼를 베어 수확하니 농부에게 '이롭다' 는 뜻

利器(이기), 利得(이득), 利用(이용)

利	利	利	利	利

李	부수 木 총획 7
	① 오얏 리 ② 성씨 이
	나뭇가지에 진기한 열매가 열리는 '오얏나무' 라는 뜻

桃李(도리), 李朝(이조)

李	李	李	李	李

里	**부수** 里 **총획** 7
	마을 리, 이수
	논밭의 사이, 두렁이라 하여 '시골, 마을'의 뜻

里長(이장), 鄕里(향리)

里	里	里	里	里

理	**부수** 玉 **총획** 11
	다스릴 리, 깨닫다
	구슬의 무늬가 잘 나타나도록 닦는다 하여 '다스리다'의 뜻

理由(이유), 理致(이치), 理解(이해)

理	理	理	理	理

裏	**부수** 衣 **총획** 13
	속 리, 안
	里는 옷의 안쪽에 여러 갈래의 이음새 모양. 옷의 이음새는 안쪽에 있다고 하여 '속, 안'의 뜻

裏面(이면), 裏海(이해), 表裏(표리)

裏	裏	裏	裏	裏

離	**부수** 隹 **총획** 19
	떠날 리, 밝다
	철새는 봄에 왔다가 가을에 떠난다 하여 '떠나다, 이별하다'의 뜻

離別(이별), 離散(이산), 離婚(이혼)

離	離	離	離	離

隣	**부수** 阜 **총획** 15
	이웃 린, 돕다
	마을에서 쌀을 주고받으며 서로 왔다갔다 하여 '이웃'의 뜻

隣近(인근), 隣接(인접), 隣村(인촌)

隣	隣	隣	隣	隣

林	**부수** 木 **총획** 8
	① 수풀 림 ② 성씨 임
	나무에 나무가 겹쳐 나무가 많은 '수풀'이라는 뜻

林立(임립), 林野(임야), 林産(임산)

林	林	林	林	林

臨	**부수** 臣 **총획** 17
	임할 림, 다스리다
	물건을 보기 위하여 몸을 굽혀 가까이 '다다른다'는 뜻

臨迫(임박), 臨時(임시), 臨戰(임전)

臨	臨	臨	臨	臨

立	**부수** 立 **총획** 5
	설 립
	사람이 땅 위에 팔을 벌리고 서 있는 모양으로 '서다, 곧다'의 뜻

立件(입건), 立場(입장), 立志(입지)

立	立	立	立	立

馬	부수 馬 총획 10
	말 마
	말의 머리와 갈기와 꼬리, 네 다리 모양으로 '말'이라는 뜻

馬脚(마각), 馬上(마상)

馬	馬	馬	馬	馬

幕	부수 巾 총획 14
	장막 막, 덮다, 가리다
	천으로 위를 덮어서 햇빛을 가린다 하여 '장막'의 뜻

幕舍(막사), 天幕(천막)

幕	幕	幕	幕	幕

麻	부수 麻 총획 11
	삼 마, 저리다, 깨
	삼의 껍질을 가공하여 베를 짠다 하여 '삼, 저리다'의 뜻

麻藥(마약), 麻衣(마의)

麻	麻	麻	麻	麻

漠	부수 水 총획 14
	사막 막, 아득하다
	물이 없는 곳이 '사막'이라는 뜻. 사막은 끝이 없다 하여 '아득하다'의 뜻

漠漠(막막), 漠然(막연), 索漠(삭막)

漠	漠	漠	漠	漠

磨	부수 石 총획 16
	갈 마, 연자방아
	삼을 돌에 찧어 부드럽게 다듬는다 하여 '갈다'의 뜻

練磨(연마), 磨滅(마멸)

磨	磨	磨	磨	磨

慢	부수 心 총획 14
	거만할 만, 게으르다
	무슨 일이든지 행동이 느리고 남을 깔본다 하여 '거만하다'의 뜻

慢性(만성), 傲慢(오만)

慢	慢	慢	慢	慢

莫	부수 艸 총획 11
	아닐 막, 저물다, 없다
	해가 서쪽 지평선 풀 속에 가려져 없어진다 하여 '저물다, 없다'의 뜻

莫重(막중), 莫論(막론), 莫逆之友(막역지우)

莫	莫	莫	莫	莫

漫	부수 水 총획 14
	질펀할 만, 부질없다
	물이 넘쳐 흘러 길게 이어져 간다 하여 '흩어지다, 질펀하다'의 뜻

漫談(만담), 漫評(만평)

漫	漫	漫	漫	漫

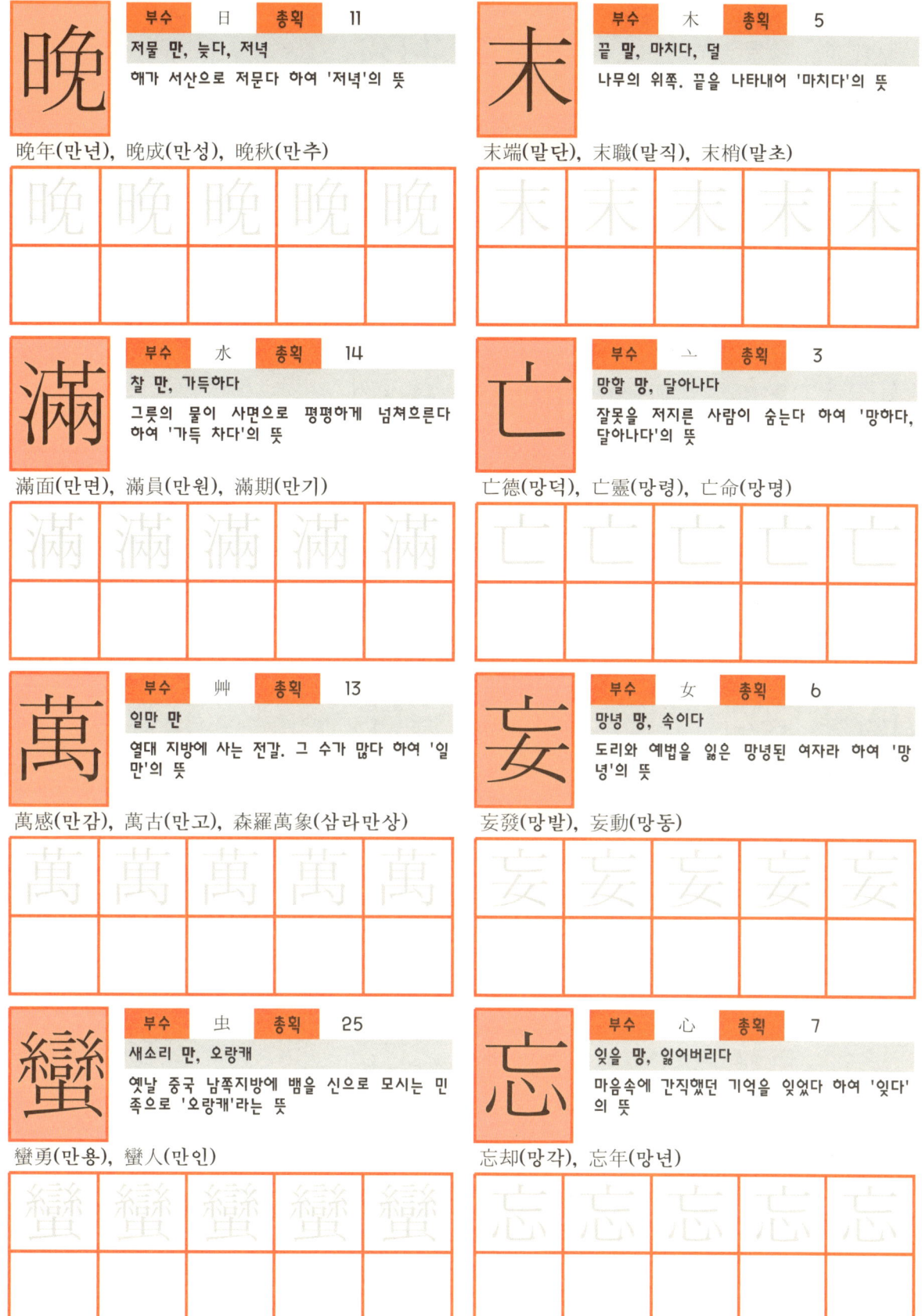

晚
| 부수 | 日 | 총획 | 11 |

저물 만, 늦다, 저녁

해가 서산으로 저문다 하여 '저녁'의 뜻

晚年(만년), 晚成(만성), 晚秋(만추)

末
| 부수 | 木 | 총획 | 5 |

끝 말, 마치다, 덜

나무의 위쪽. 끝을 나타내어 '마치다'의 뜻

末端(말단), 末職(말직), 末梢(말초)

滿
| 부수 | 水 | 총획 | 14 |

찰 만, 가득하다

그릇의 물이 사면으로 평평하게 넘쳐흐른다
하여 '가득 차다'의 뜻

滿面(만면), 滿員(만원), 滿期(만기)

亡
| 부수 | 亠 | 총획 | 3 |

망할 망, 달아나다

잘못을 저지른 사람이 숨는다 하여 '망하다,
달아나다'의 뜻

亡德(망덕), 亡靈(망령), 亡命(망명)

萬
| 부수 | 艸 | 총획 | 13 |

일만 만

열대 지방에 사는 전갈. 그 수가 많다 하여 '일
만'의 뜻

萬感(만감), 萬古(만고), 森羅萬象(삼라만상)

妄
| 부수 | 女 | 총획 | 6 |

망녕 망, 속이다

도리와 예법을 잃은 망녕된 여자라 하여 '망
녕'의 뜻

妄發(망발), 妄動(망동)

蠻
| 부수 | 虫 | 총획 | 25 |

새소리 만, 오랑캐

옛날 중국 남쪽지방에 뱀을 신으로 모시는 민
족으로 '오랑캐'라는 뜻

蠻勇(만용), 蠻人(만인)

忘
| 부수 | 心 | 총획 | 7 |

잊을 망, 잃어버리다

마음속에 간직했던 기억을 잊었다 하여 '잊다'
의 뜻

忘却(망각), 忘年(망년)

忙	부수	心	총획	6

바쁠 망, 애타다

마음속에 새겨 둔 일이지만 그것을 잃어버릴 정도로 '바쁘다'는 뜻

忙中閑(망중한), 奔忙(분망)

埋	부수	土	총획	10

묻을 매, 감추다

땅을 파고 그 속에 무엇인가를 '묻었다, 감추었다'는 뜻

埋沒(매몰), 埋伏(매복), 埋葬(매장)

望	부수	月	총획	11

바랄 망, 우러러보다

멍하니 서서 달을 쳐다보며 떠나간 사람이 다시 돌아오기를 '기다린다'는 뜻

望鄕(망향), 責望(책망)

妹	부수	女	총획	8

손아랫누이 매

아직 철이 나지 않은 계집아이라 하여 '손아랫누이'의 뜻

妹夫(매부), 妹兄(매형), 妹弟(매제)

罔	부수	网	총획	8

없을 망, 그물, 속이다

그물에 걸렸던 고기가 도망치고 없어졌다 하여 '없다'의 뜻

罔極(망극), 罔測(망측)

媒	부수	女	총획	12

중매 매, 술빚다

여자를 아무개(某)에게 시집보내도록 주선한다 하여 '중매'의 뜻

媒介(매개), 仲媒(중매)

茫	부수	艸	총획	10

망망할 망, 넓다, 멀다

초목이 무성하여 끝없이 퍼져 망망대해를 이룬 것처럼 넓다 하여 '망망하다'의 뜻

茫漠(망막), 茫茫(망망), 茫然自失(망연자실)

每	부수	毋	총획	7

매양 매, 늘, 각각

풀의 싹이 포기에서 잇달아 나온다 하여 '매양, 늘'의 뜻

每事(매사), 每樣(매양), 每週(매주)

梅	부수 木 총획 11
	매화 매, 절후 이름
	탐낼 만큼 소담스럽고 아름다운 꽃이 피는 나무가 '매화나무'라는 뜻

梅實(매실), 梅雨(매우)

梅	梅	梅	梅	梅

麥	부수 麥 총획 11
	보리 맥
	까끄라기가 있는 보리라 하여 '쌀보리'의 뜻

麥嶺(맥령), 麥飯(맥반), 麥酒(맥주)

麥	麥	麥	麥	麥

買	부수 貝 총획 12
	살 매
	돈을 주고 산 물건을 망태기에 넣는다 하여 '사다'의 뜻

買上(매상), 買收(매수)

買	買	買	買	買

孟	부수 子 총획 8
	맏 맹, 성, 맹랑하다
	여러 형제나 자매 중에서 제일 손위인 '맏이'라는 뜻

孟浪(맹랑), 孟母(맹모)

孟	孟	孟	孟	孟

賣	부수 貝 총획 15
	팔 매
	일단 사들였던 물건을 다시 내놓아 '판다'는 뜻

賣渡(매도), 賣買(매매), 賣盡(매진)

賣	賣	賣	賣	賣

猛	부수 犬 총획 11
	사나울 맹, 엄하다
	힘세고 사나운 개라 하여 '날래다'의 뜻

猛犬(맹견), 猛禽(맹금), 猛獸(맹수)

猛	猛	猛	猛	猛

脈	부수 肉 총획 10
	맥 맥, 혈관, 줄기
	몸속의 피가 갈라져 흐르듯 순환하는 '혈맥'의 뜻. 피가 흐르고 있는 '줄기'라는 뜻

動脈(동맥), 脈絡(맥락)

脈	脈	脈	脈	脈

盟	부수 皿 총획 13
	맹세할 맹, 믿다
	옛날에 약속을 할 때 짐승의 피를 그릇에 담고 신령 앞에서 맹세를 한다 하여 '믿다'의 뜻

同盟(동맹), 盟誓(맹세), 盟友(맹우)

盟	盟	盟	盟	盟

盲	부수 目 총획 8
	소경 맹, 몽매하다
	눈을 잃었다 하여 '소경'의 뜻. 소경은 보지 못한다 하여 '어둡다'의 뜻

盲目(맹목), 盲人(맹인)

盲 盲 盲 盲 盲

綿	부수 糸 총획 14
	솜 면, 자세하다
	비단을 짜기 위해 실을 낳는다고 하여 '솜'의 뜻

綿綿(면면), 綿密(면밀)

綿 綿 綿 綿 綿

免	부수 儿 총획 7
	면할 면, 허가하다
	토끼가 덫에 걸려 꼬리만 잘리고 죽음을 '면하였다'는 뜻

免疫(면역), 免除(면제)

免 免 免 免 免

面	부수 面 총획 9
	낯 면, 얼굴, 탈
	사람의 얼굴 표면 모양으로 '얼굴, 앞, 보이다, 향하다'라는 뜻

面目(면목), 面識(면식), 面接(면접)

面 面 面 面 面

勉	부수 力 총획 9
	힘쓸 면, 장려하다
	늙어서 고생을 면하려면 젊을 때 힘써 일하라고 하여 '힘쓰다, 장려하다'의 뜻

勉勵(면려), 勉學(면학)

勉 勉 勉 勉 勉

滅	부수 水 총획 13
	멸망할 멸, 다하다
	물로 불을 끄듯 '없어진다'는 뜻

滅却(멸각), 滅亡(멸망), 滅敵(멸적)

滅 滅 滅 滅 滅

眠	부수 目 총획 10
	쉴 면, 졸다, 자다
	모든 백성들이 눈을 감고 잔다 하여 '쉬다'의 뜻

眠睡(면수), 眠食(면식)

眠 眠 眠 眠 眠

冥	부수 冖 총획 10
	어두울 명, 깊숙하다
	음력 16일에 달이 이그러지기 시작하는데 그 위에 덮을 멱(冖)을 더하여 '어둡다'는 뜻

冥府(명부), 冥想(명상)

冥 冥 冥 冥 冥

	부수	日	총획	8

明

밝을 명, 깨끗하다, 밝히다

해와 달이 함께 있으니 더욱 '밝다, 깨끗하다'
는 뜻

明晳(명석), 明日(명일), 明確(명확)

明	明	明	明	明

	부수	金	총획	14

銘

새길 명, 기록하다

철판이나 석판에 사람의 이름을 '새긴다'하여
'기록하다'의 뜻

銘記(명기), 銘心(명심)

銘	銘	銘	銘	銘

	부수	口	총획	8

命

목숨 명, 운수

임금님이 내린 명령은 '목숨'을 걸고 지켜야
한다는 뜻

命名(명명), 命中(명중)

命	命	命	命	命

	부수	力	총획	13

募

모을 모, 부르다

큰일에는 많은 힘이 든다 하여 여러 사람을
불러 '모은다'는 뜻

募集(모집), 公募(공모)

募	募	募	募	募

	부수	鳥	총획	14

鳴

울 명, 울리다

새가 입을 벌려 우는 소리가 메아리 되어 울
린다 하여 '울리다'의 뜻

鳴動(명동)

鳴	鳴	鳴	鳴	鳴

	부수	日	총획	15

暮

저물 모, 늦다, 더디다

해가 풀숲에 숨는다 하여 '저물다, 늦다'의 뜻

暮景(모경), 暮境(모경), 歲暮(세모)

暮	暮	暮	暮	暮

	부수	口	총획	6

名

이름 명, 이름나다

밤에는 얼굴을 분간할 수 없기 때문에 입으로
'이름'을 불러야 한다는 뜻

名曲(명곡), 名稱(명칭)

名	名	名	名	名

	부수	心	총획	15

慕

사모할 모, 생각하다

해가 질 무렵이면 정든 사람이 생각난다 하여
'사모하다'의 뜻

慕情(모정), 思慕(사모), 追慕(추모)

慕	慕	慕	慕	慕

模	부수 木 총획 15
	본 모, 본뜨다
	일정한 물건을 만들기 위하여 나무로 깎은 '본'이라는 뜻. 남을 흉내내는 '모방'의 뜻

模倣(모방), 模範(모범), 模糊(모호)

模	模	模	模	模

毛	부수 毛 총획 4
	털 모, 풀, 가늘다
	사람의 머리털이나 짐승의 '털' 모양의 글자

毛髮(모발), 毛孔(모공), 毛布(모포)

毛	毛	毛	毛	毛

某	부수 木 총획 9
	아무 모, 매화나무
	단 열매를 맺는 '매화나무'라는 뜻. 사람, 사물, 장소 등을 나타내는 대명사

某年(모년), 某氏(모씨), 某種(모종)

某	某	某	某	某

矛	부수 矛 총획 5
	세모진 창 모
	병차에 세우는 장식이 달린 자루가 긴 '창' 모양의 글자

矛盾(모순)

矛	矛	矛	矛	矛

謀	부수 言 총획 18
	꾀할 모, 도모하다
	아무도 모르게 말한다고 하여 '꾀하다'의 뜻

謀略(모략), 謀士(모사), 謀議(모의)

謀	謀	謀	謀	謀

貌	부수 豸 총획 14
	모양 모, 거동
	상상의 동물인 해태의 모습이었으나 차츰 사람의 '모양'이라는 뜻

貌樣(모양), 容貌(용모)

貌	貌	貌	貌	貌

母	부수 母 총획 5
	어머니 모, 모태
	여자가 어린아이를 가슴에 안고 있는 모양이라 하여 '어머니'라는 뜻

母系(모계), 母女(모녀), 母乳(모유)

母	母	母	母	母

木	부수 木 총획 4
	나무 목, 질박하다
	땅에 뿌리를 박고 선 '나무'

木工(목공), 木材(목재), 樹木(수목)

木	木	木	木	木

沐	부수 水 총획 7
	축일 목, 머리감다
	나무를 물에 적신다 하여 '축이다'의 뜻. 사람이 머리를 물에 적신다는 뜻

沐浴(목욕), 沐洗(목세)

没	부수 水 총획 7
	잠길 몰, 없다
	물건이 물의 소용돌이 속으로 빠져 들어가 '없어진다'는 뜻

沒頭(몰두), 沒殺(몰살)

牧	부수 牛 총획 8
	칠 목, 다스리다
	손에 회초리를 들고 소를 몬다고 하여 동물을 '기르다'의 뜻

牧牛(목우), 牧場(목장), 牧草(목초)

夢	부수 夕 총획 14
	꿈 몽, 환상
	저녁이 되어 시계가 흐려져 잘 보이지 않는다 하여 '밝지 않다, 꿈'의 뜻

夢寐(몽매), 夢事(몽사), 夢想(몽상)

目	부수 目 총획 5
	눈 목, 보다, 지금
	사람의 '눈' 모양의 글자

目擊(목격), 目禮(목례), 目的(목적)

蒙	부수 艹 총획 14
	어릴 몽, 덮다
	덩굴풀이 우거진 곳은 위가 덮여 있다고 하여 '덮다, 입다'의 뜻

蒙昧(몽매), 蒙塵(몽진)

睦	부수 目 총획 13
	화목할 목, 친하다
	눈매가 온화하다는 말이며 '친하다, 화목하다'는 뜻

親睦(친목), 和睦(화목)

卯	부수 卩 총획 5
	토끼 묘, 네째 지지
	만물이 겨울의 문을 열어젖히고 자라는 때가 음력 2월이라 하여 '토끼'의 뜻

卯君(묘군), 卯時(묘시)

墓 | 부수 土 | 총획 14
무덤 묘
인생이 황혼을 맞아 해가 지듯 숨을 거두면 찾아들어가는 땅이라 하여 '무덤'의 뜻

墓碑(묘비), 墓所(묘소), 省墓(성묘)

墓	墓	墓	墓	墓

務 | 부수 力 | 총획 11
힘쓸 무, 직분, 일
일에 힘쓰고 또 힘쓴다 하여 '직분, 힘쓰다'의 뜻

公務(공무), 事務(사무)

務	務	務	務	務

妙 | 부수 女 | 총획 7
묘할 묘, 예쁘다, 젊다
젊은 여자는 '예쁘고, 묘하다'는 뜻

妙策(묘책), 妙齡(묘령), 妙技(묘기)

妙	妙	妙	妙	妙

霧 | 부수 雨 | 총획 19
안개 무
수증기가 차가워져 땅 위를 자욱히 덮는 '안개'라는 뜻

霧散(무산), 霧中(무중)

霧	霧	霧	霧	霧

廟 | 부수 广 | 총획 15
사당 묘, 묘당
아침에 제사를 드리는 집이라 하여 '사당, 묘당'의 뜻

廟堂(묘당), 宗廟(종묘)

廟	廟	廟	廟	廟

戊 | 부수 戈 | 총획 5
다섯째 천간 무, 무성하다
도끼 모양의 무기를 본뜬 글자로 십간의 다섯째로 방위로는 중앙을 가리킨다

戊夜(무야), 戊午(무오)

戊	戊	戊	戊	戊

苗 | 부수 艹 | 총획 9
싹 묘, 묘종, 자손
밭에서 풀의 싹처럼 돋아오는 새싹이라 하여 '어린 풀'의 뜻

苗木(묘목), 苗床(묘상)

苗	苗	苗	苗	苗

茂 | 부수 艹 | 총획 9
무성할 무, 힘쓰다
풀이 '무성하다'는 뜻. '힘쓰다, 뛰어나다'의 뜻

茂林(무림), 茂盛(무성)

茂	茂	茂	茂	茂

| 부수 | 火 | 총획 | 12 |

無
없을 무, 아니다, 말
나무가 무성한 큰 숲이라도 불이 나서 타버리면 다 '없어진다'는 뜻

無垢(무구), 無窮無盡(무궁무진)

| 부수 | 土 | 총획 | 15 |

墨
먹 묵, 자자하다
옛날에는 흙이나 돌 중 검은 성질이 있는 것을 먹으로 사용해서 만들어진 글자

墨畵(묵화), 紙筆墨(지필묵)

| 부수 | 舛 | 총획 | 14 |

舞
춤출 무, 환롱하다
無는 원래 춤을 추는 모양으로 발을 헛디디면서 '춤춘다'는 뜻

舞臺(무대), 舞踊(무용)

| 부수 | 黑 | 총획 | 16 |

默
조용할 묵, 말없다
밤이 깊어 어두워졌는데 개도 짖지 않고 고요하여 '조용하다'는 뜻

默念(묵념), 默秘權(묵비권), 默言(묵언)

| 부수 | 止 | 총획 | 8 |

武
호반 무, 군사
창의 힘으로 병란(兵亂)을 미연에 방지한다는 뜻. '굳세다, 군사'의 뜻

武器(무기), 武勇(무용), 武將(무장)

| 부수 | 文 | 총획 | 4 |

文
글월 문, 문서, 무늬
사람의 몸에 그린 무늬 모양의 글자

文盲(문맹), 文書(문서), 文學(문학)

| 부수 | 貝 | 총획 | 12 |

貿
무역할 무, 몰아 서다
나라와 나라 사이에 많은 물건을 사고 판다하여 '무역'의 뜻

貿易(무역)

| 부수 | 門 | 총획 | 8 |

門
문 문, 집안, 동문
두 개의 문짝을 닫아 놓은 모양의 글자

門客(문객), 門前(문전), 門下生(문하생)

問	부수 口 총획 11
	물을 문, 방문하다
	문 앞에서 입을 열어 모르는 것을 묻는다 하여 '묻다, 방문'의 뜻

問答(문답), 問招(문초)

問	問	問	問	問

未	부수 木 총획 5
	아닐 미, 못하다
	가지가 많으면 그만큼 잎이 무성하여 저쪽을 볼 수 없다 하여 부정사로 쓰임

未開(미개), 未來(미래), 未決(미결)

未	未	未	未	未

聞	부수 耳 총획 14
	들을 문, 이름나다
	귀는 소리를 듣는 문이라 하여 '듣다'의 뜻. 문에 귀를 대고 듣는다 하여 '들리다'의 뜻

聞道(문도), 所聞(소문)

聞	聞	聞	聞	聞

味	부수 口 총획 8
	맛 미, 맛보다, 기분
	未는 과실이 익다, 익은 과실을 입으로 먹어 본다 하여 '맛, 맛보다'의 뜻

味覺(미각), 意味(의미)

味	味	味	味	味

勿	부수 勹 총획 4
	말 물, 급한 모양
	옛날 급한 일이 일어났을 때 사용했던 깃발의 모양으로 '하지 말라'는 뜻

禁勿(금물), 勿驚(물경), 勿論(물론)

勿	勿	勿	勿	勿

尾	부수 尸 총획 7
	꼬리 미, 끝, 뒤
	尸는 엉덩이 모양으로 엉덩이 밑에 난 털이 곧 '꼬리'라는 뜻

尾骨(미골), 尾行(미행), 龍頭蛇尾(용두사미)

尾	尾	尾	尾	尾

物	부수 牛 총획 8
	만물 물, 무리
	소는 동물 중 체구가 크며 농가의 물건 중 대표적이라 하여 '물건'의 뜻

物價(물가), 物質(물질)

物	物	物	物	物

微	부수 彳 총획 13
	작을 미, 천하다
	움직이는 모습이 희미하고 어렴풋하게 보인다 하여 '작다, 없다'의 뜻

微力(미력), 微笑(미소)

微	微	微	微	微

眉

부수 目　**총획** 9

눈썹 미, 둘레

사람의 '눈썹' 모양의 글자

眉間(미간), 眉目(미목), 眉壽(미수)

憫

부수 心　**총획** 15

불쌍히 여길 민, 근심하다

병을 앓는 사람을 가엾게 여기고 '불쌍히 여긴다'는 뜻

憫憫(민망), 憐憫(연민)

米

부수 米　**총획** 6

쌀 미

벼의 이삭 끝에 열매가 달려 있는 모양으로 쌀알이 흩어져 있는 모양이라 하여 '쌀'의 뜻

米穀(미곡), 米飮(미음), 米作(미작)

敏

부수 攵　**총획** 11

총명할 민, 예민하다

어려서부터 회초리 들고 훈계를 하면 '민첩하고 총명해진다'는 뜻

敏感(민감), 敏捷(민첩), 機敏(기민)

迷

부수 辶　**총획** 10

미혹할 미, 길 잘못 들다

낱알이 잘 보이지 않는 것처럼 눈이 잘 보이지 않아 '길을 잘못 들었다'는 뜻

迷路(미로), 昏迷(혼미)

民

부수 氏　**총획** 5

백성 민, 평민

토지에 의지하여 사는 많은 사람이라 하여 '백성'의 뜻

民權(민권), 民怨(민원), 民心(민심)

美

부수 羊　**총획** 9

아름다울 미, 맛나다

양이 크고 살찐 것이 맛이 좋다고 하여 '맛나다'의 뜻. '아름답다'의 뜻

美觀(미관), 美風良俗(미풍양속), 美味(미미)

密

부수 宀　**총획** 11

비밀할 밀, 가깝다

나무가 빽빽한 산 속에서 한 일은 잘 나타나지 않는다 하여 '비밀'의 뜻

密使(밀사), 密植(밀식), 親密(친밀), 秘密(비밀)

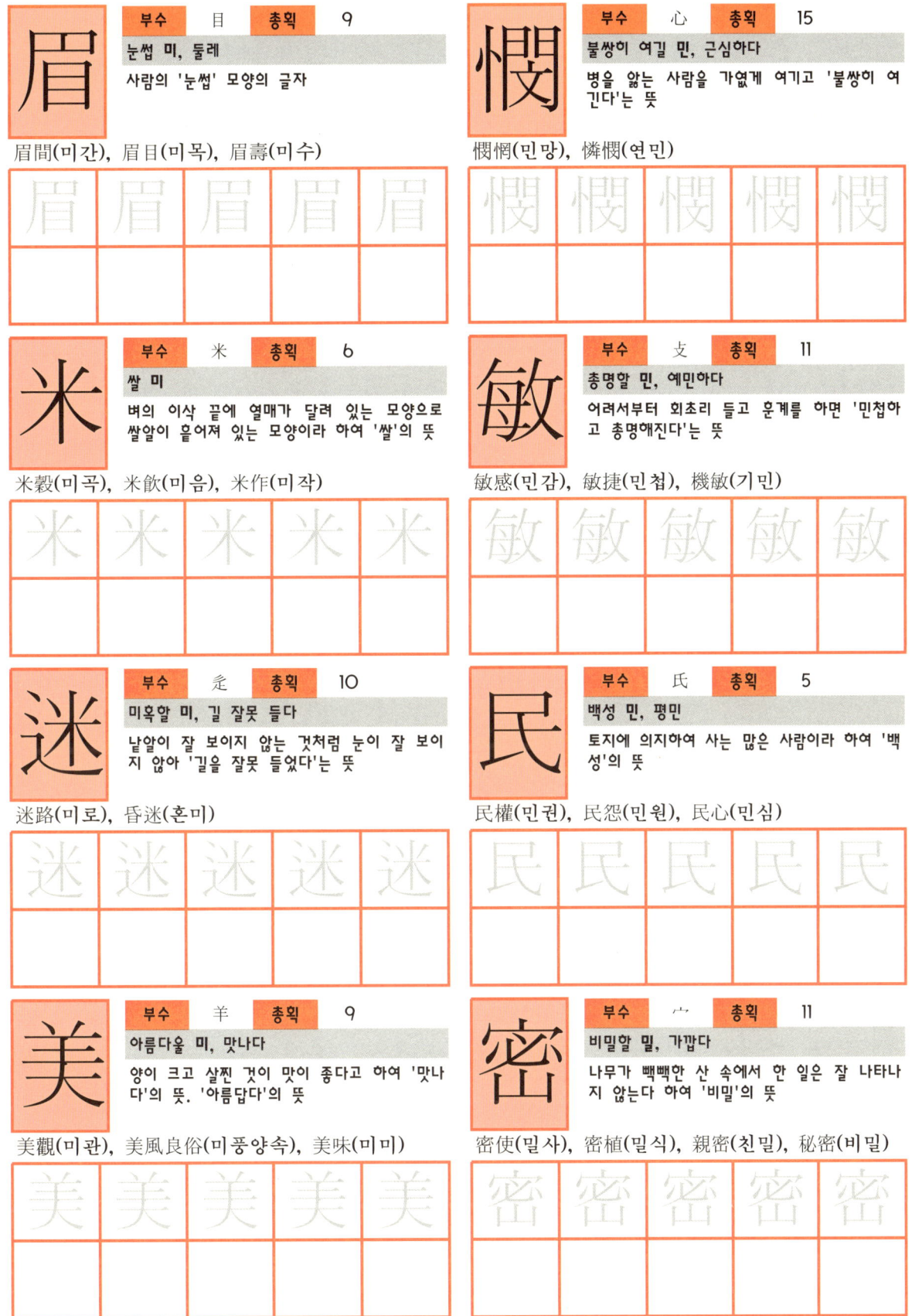

蜜	부수 虫　총획 14
	꿀 밀
	깊은 산 은밀한 곳에 벌레(벌)들이 저장해 놓은 '꿀'이라는 뜻

口蜜腹劍(구밀복검), 蜜蠟(밀랍), 密語(밀어)

泊	부수 水　총획 8
	묵을 박, 담박하다
	강가에 배를 대고 짐을 모두 풀고 쉰다고 하여 '묵다'의 뜻

泊栢(박백), 泊如(박여), 宿泊(숙박)

博	부수 十　총획 12
	넓을 박, 통하다, 크다
	여러 방면으로 널리 폄을 나타내어 널리 '통한다'는 뜻

博愛(박애), 博文(박문), 博學(박학)

迫	부수 辵　총획 9
	핍박할 박, 닥치다, 줄이다
	어떤 일이 천천히 명백하게 '닥쳐온다'는 뜻

迫頭(박두), 迫力(박력), 迫切(박절)

薄	부수 艸　총획 17
	엷을 박, 야박하다
	풀을 베어 두루 펴 말리니 작아진다고 하여 '엷다'의 뜻

薄待(박대), 薄福(박복), 薄色(박색)

朴	부수 木　총획 6
	순박할 박, 밑둥
	나무껍질이 갈라진 자연 그대로여서 '순박하다'는 뜻

朴家粉(박가분), 素朴(소박)

拍	부수 手　총획 8
	손뼉칠 박, 장단, 가락
	손뼉을 칠 때 나는 소리라 하여 '장단, 가락'의 뜻

拍車(박차), 拍掌(박장)

半	부수 十　총획 5
	절반 반, 조각, 가운데
	소를 잡아 반씩 나눈다고 하여 '절반'의 뜻

半價(반가), 半月(반월), 半人半獸(반인반수)

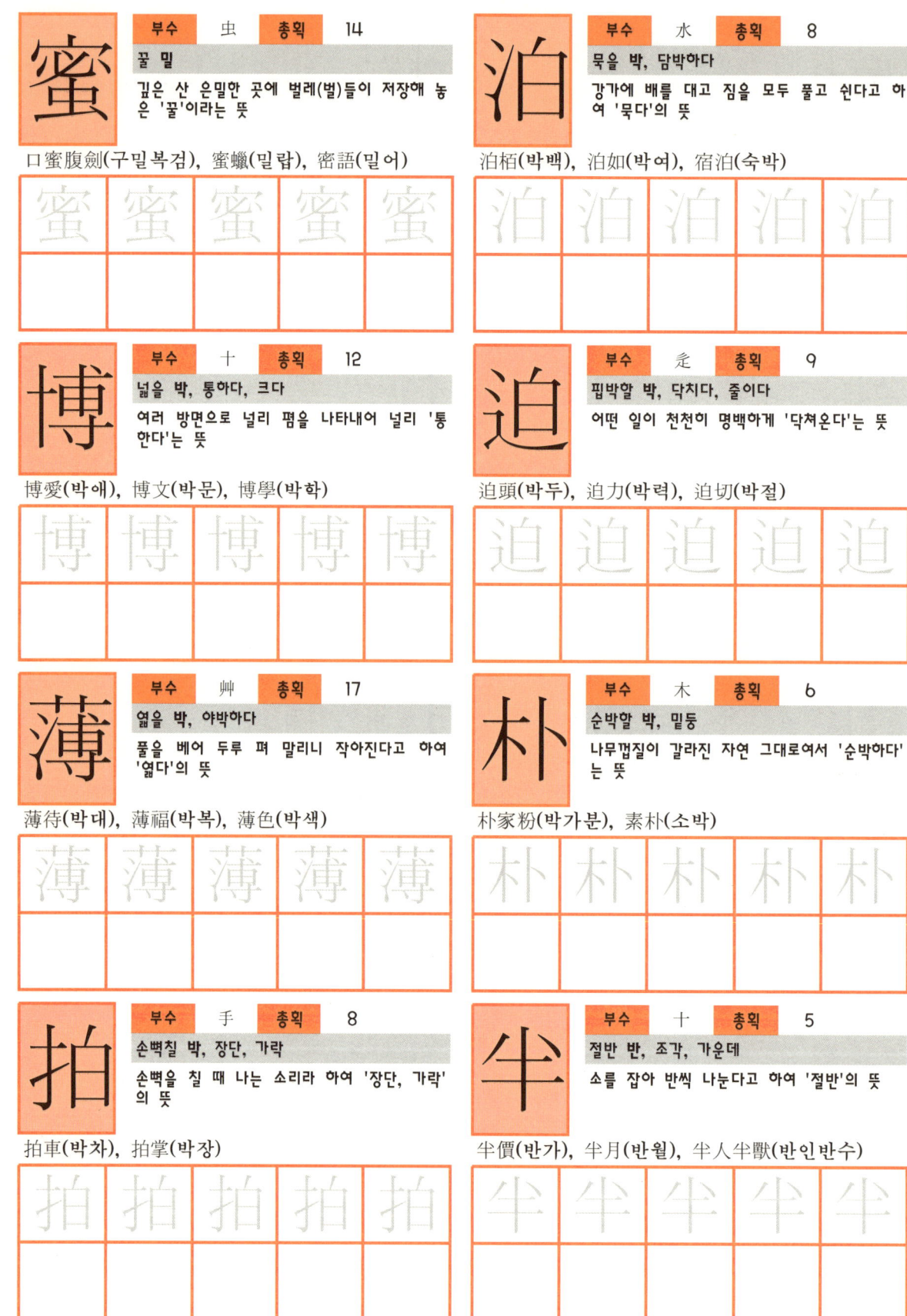

反	부수	又	총획	4

돌이킬 반, 뒤치다

바윗돌을 손으로 뒤집었다 엎었다 하여 '돌이키다, 뒤치다'의 뜻

反共(반공), 反亂(반란), 反戰(반전)

反	反	反	反	反

班	부수	玉	총획	10

나눌 반, 돌리다, 설

구슬을 칼로 나누어 가진다고 하여 '나누다'의 뜻

班白(반백), 班長(반장)

班	班	班	班	班

叛	부수	又	총획	9

배반할 반

절반씩 나누어져 서로 반대하고 싸운다 하여 '배반'의 뜻

叛逆(반역), 背叛(배반)

叛	叛	叛	叛	叛

般	부수	舟	총획	10

옮길 반, 돌이키다, 일반

배가 왔다갔다 하며 돈다고 하여 '옮기다, 나르다'의 뜻

般旋(반선), 般若經(반야경), 一般(일반)

般	般	般	般	般

返	부수	辵	총획	8

돌이킬 반, 돌아오다

갔다가 다시 돌아온다 하여 '되돌아오다, 되돌아가다'의 뜻

返納(반납), 返還(반환), 返品(반품)

返	返	返	返	返

盤	부수	皿	총획	15

쟁반 반, 받침, 큰돌

많은 음식을 담는 '그릇'이라는 뜻

盤石(반석), 盤坐(반좌)

盤	盤	盤	盤	盤

飯	부수	食	총획	13

밥 반, 먹다

밥 먹을 때 숟가락이 밥그릇으로 갔다 입으로 되돌아온다 하여 '밥, 먹다'의 뜻

飯饌(반찬), 殘飯(잔반)

飯	飯	飯	飯	飯

發	부수	癶	총획	12

필 발, 쏘다, 떠나다

두 발로 풀밭을 힘있게 딛고 서서 활을 쏜다 하여 '쏘다, 떠나다'의 뜻

發覺(발각), 發表(발표)

發	發	發	發	發

	부수	手	총획	8

拔
뺄 발, 빼앗다
손으로 빠르게 물건을 빼앗는다고 하여 '뽑다, 빼다'의 뜻

拔群(발군), 拔本(발본), 拔萃(발췌)

	부수	戶	총획	8

房
방 방, 별이름
집의 한쪽에 연결되어 있는 '방'이라는 뜻

空房(공방), 茶房(다방)

	부수	髟	총획	15

髮
터럭 발, 머리털
개가 달아날 때의 꼬리처럼 긴 머리털을 잘 빗는다 하여 '터럭, 머리털'의 뜻

毛髮(모발), 髮膚(발부)

	부수	女	총획	7

妨
방해할 방, 해롭다
여자가 모나게 떠들고 나서면 일에 '방해되다, 해롭다'는 뜻

妨害(방해), 無妨(무방)

	부수	方	총획	4

方
모 방, 방위, 방법
큰 물건을 실으려고 두 척의 배를 나란히 댄 모양으로 '네모지다, 모나다'는 뜻

方今(방금), 方法(방법), 方向(방향)

	부수	言	총획	11

訪
찾을 방, 뵈옵다, 묻다
좋은 방법을 알기 위해 사람을 '찾아가 뵙는다'는 뜻

訪問(방문), 訪議(방의), 訪花(방화)

	부수	艸	총획	8

芳
꽃다울 방, 이름 빛나다
풀에서 피어난 꽃이 향기를 사방에 퍼뜨린다 하여 '꽃답다, 빛나다'의 뜻

芳年(방년), 芳名(방명)

	부수	阜	총획	7

防
막을 방, 둑
물이 흘러넘치는 방향에 흙으로 쌓은 '둑'이라는 뜻

防疫(방역), 防諜(방첩), 堤防(제방)

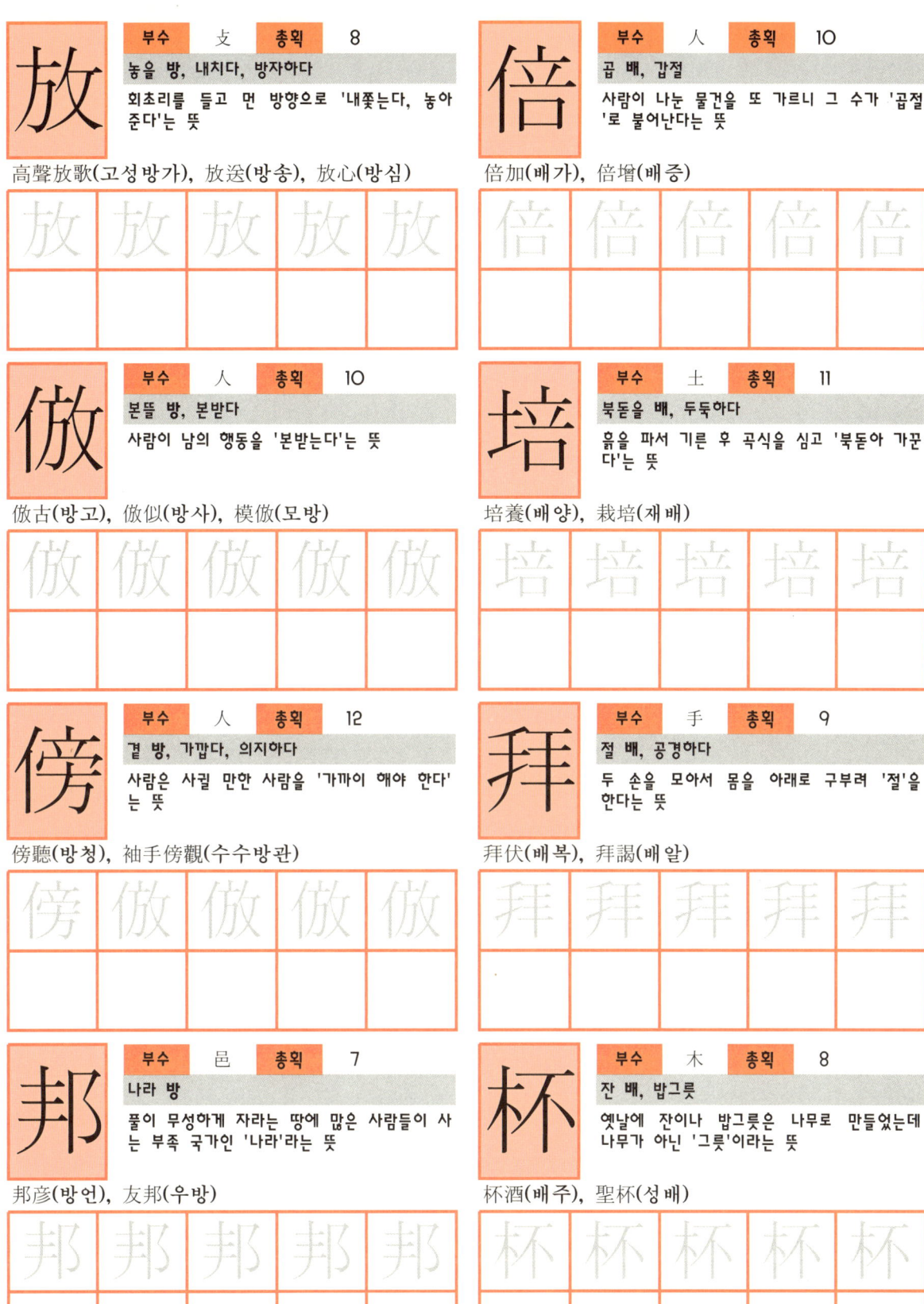

放	부수 攴	총획 8
	놓을 방, 내치다, 방자하다	
	회초리를 들고 먼 방향으로 '내쫓는다, 놓아 준다'는 뜻	

高聲放歌(고성방가), 放送(방송), 放心(방심)

放	放	放	放	放

倍	부수 人	총획 10
	곱 배, 갑절	
	사람이 나눈 물건을 또 가르니 그 수가 '곱절'로 불어난다는 뜻	

倍加(배가), 倍增(배증)

倍	倍	倍	倍	倍

倣	부수 人	총획 10
	본뜰 방, 본받다	
	사람이 남의 행동을 '본받는다'는 뜻	

倣古(방고), 倣似(방사), 模倣(모방)

倣	倣	倣	倣	倣

培	부수 土	총획 11
	북돋을 배, 두둑하다	
	흙을 파서 기른 후 곡식을 심고 '북돋아 가꾼다'는 뜻	

培養(배양), 栽培(재배)

培	培	培	培	培

傍	부수 人	총획 12
	곁 방, 가깝다, 의지하다	
	사람은 사귈 만한 사람을 '가까이 해야 한다'는 뜻	

傍聽(방청), 袖手傍觀(수수방관)

傍	倣	倣	倣	倣

拜	부수 手	총획 9
	절 배, 공경하다	
	두 손을 모아서 몸을 아래로 구부려 '절'을 한다는 뜻	

拜伏(배복), 拜謁(배알)

拜	拜	拜	拜	拜

邦	부수 邑	총획 7
	나라 방	
	풀이 무성하게 자라는 땅에 많은 사람들이 사는 부족 국가인 '나라'라는 뜻	

邦彦(방언), 友邦(우방)

邦	邦	邦	邦	邦

杯	부수 木	총획 8
	잔 배, 밥그릇	
	옛날에 잔이나 밥그릇은 나무로 만들었는데 나무가 아닌 '그릇'이라는 뜻	

杯酒(배주), 聖杯(성배)

杯	杯	杯	杯	杯

排	**부수** 手 **총획** 11
	물리칠 배, 밀어내다
	새가 날개를 펼치는 것처럼 손을 벌려 적을 '물리친다'는 뜻

排擊(배격), 排他(배타)

排	排	排	排	排

白	**부수** 白 **총획** 5
	흰 백, 아뢰다, 깨끗하다
	해의 빛이 '희다'는 뜻. 달의 윤곽이 희미하게 빛나는 모양의 글자

白眉(백미), 白眼視(백안시)

白	白	白	白	白

輩	**부수** 車 **총획** 15
	무리 배, 동배, 떼 짓다
	새의 깃처럼 수레가 많이 줄지어 있다고 하여 '무리'의 뜻

輩出(배출), 輩行(배행), 先輩(선배)

輩	輩	輩	輩	輩

伯	**부수** 人 **총획** 7
	맏 백, 맏형
	여러 가지 일을 자세하게 사린다 하여 '맏이'의 뜻

伯叔(백숙), 伯氏(백씨), 伯姉(백자)

伯	伯	伯	伯	伯

背	**부수** 肉 **총획** 9
	등 배, 뒤, 등지다
	배의 반대쪽에 있는 '등, 등지다, 어기다'는 뜻

背叛(배반), 背信(배신), 背任(배임)

背	背	背	背	背

柏	**부수** 木 **총획** 9
	측백나무 백, 잣나무
	나무결이 희고 고운 것은 '잣나무'라는 뜻

柏葉(백엽), 冬柏(동백), 柏舟(백주)

栢	栢	栢	栢	栢

配	**부수** 酉 **총획** 10
	짝 지을 배, 짝, 나누다
	사람이 술을 따라 준다고 하여 '나누다'의 뜻. 신랑 신부가 혼례를 올린다 하여 '짝'의 뜻

配給(배급), 配偶者(배우자), 配定(배정)

配	配	配	配	配

百	**부수** 白 **총획** 6
	일백 백, 많다
	온 머리칼이 하얗게 센 사람은 나이가 거의 '백' 살에 가까워졌다는 뜻

百姓(백성), 百害無益(백해무익)

百	百	百	百	百

煩	부수 火 총획 13
	번거로울 번, 번민하다
	머리가 불덩이처럼 뜨겁고 아프다 하여 '번민하다'의 뜻

煩惱(번뇌), 煩雜(번잡)

煩 煩 煩 煩 煩

伐	부수 人 총획 6
	칠 벌, 베다, 공
	사람이 창을 들고 적을 친다고 하여 '치다, 베다'의 뜻

伐木(벌목), 討伐(토벌)

伐 伐 伐 伐 伐

番	부수 田 총획 12
	차례 번, 번들다, 회수하다
	짐승이 발을 밟고 지나간 자국이 차례로 나있다 하여 '뒤치다, 펄럭이다'의 뜻

番地(번지), 番號(번호)

番 番 番 番 番

罰	부수 网 총획 14
	벌줄 벌, 벌
	죄를 지은 사람을 꾸짖거나 칼로 위협을 가하는 것이 '벌을 내린다'는 뜻

罰金(벌금), 罰酒(벌주), 罰則(벌칙)

罰 罰 罰 罰 罰

飜	부수 飛 총획 21
	뒤칠 번, 펄럭이다
	차례로 깃털을 뒤집으며 허공을 난다 하여 '뒤치다, 펄럭이다'의 뜻

飜覆(번복), 飜譯(번역)

飜 飜 飜 飜 飜

凡	부수 几 총획 3
	대강 범, 무릇, 모두
	二는 하늘과 땅을 뜻. 천지의 만물을 포괄하는 뜻으로 '모두, 대강'이라는 뜻

凡夫(범부), 凡事(범사)

凡 凡 凡 凡 凡

繁	부수 糸 총획 17
	번성할 번, 많다
	무성한 풀처럼 많은 색실을 매달아 놓아 '많다, 무성하다'는 뜻

繁盛(번성), 繁榮(번영)

繁 繁 繁 繁 繁

汎	부수 水 총획 6
	넘칠 범, 넓다, 뜨다
	물에는 대체로 모든 물건이 '뜬다'는 뜻. '넘치다, 넓다'의 뜻

汎國民的(범국민적), 汎濫(범람)

汎 汎 汎 汎 汎

犯	부수 犬 총획 5
	범할 범, 죄
	개가 사람을 물려고 덤벼드는 모양으로 '범하다'는 뜻

犯法(범법), 犯行(범행)

犯	犯	犯	犯	犯

範	부수 竹 총획 15
	법 범, 한계, 모범
	수레바퀴 자국이 일정한 것처럼 이를 본보기로 매사에 '법도'가 있어야 한다는 뜻

模範(모범), 範例(범례), 範圍(범위)

範	範	範	範	範

法	부수 水 총획 8
	본받을 법, 방법, 법
	물은 공평의 뜻. 공평하게 조사하여 옳지 못한 자를 제거한다 하여 '법'의 뜻

法官(법관), 法律(법률)

法	法	法	法	法

壁	부수 土 총획 16
	바람벽 벽, 진터, 담
	적을 막기 위하여 흙이나 돌로 쌓은 '담, 바람벽'의 뜻

壁報(벽보), 壁畫(벽화)

壁	壁	壁	壁	壁

碧	부수 石 총획 14
	푸를 벽, 푸른 옥
	옥돌이 희다 못해 푸른 기운이 돈다 하여 '푸르다'의 뜻

碧空(벽공), 碧玉(벽옥), 碧海(벽해)

碧	碧	碧	碧	碧

變	부수 言 총획 23
	변할 변, 고치다, 재앙
	말로 달래고 회초리를 들고 가르치면 나쁜 버릇도 '고쳐진다' 하여 '변하다'의 뜻

變故(변고), 變化(변화)

變	變	變	變	變

辨	부수 辛 총획 16
	분별할 변, 가리다
	언쟁으로 얽힌 두 사람 중에 누가 그르고 옳음을 '가려낸다, 분별한다'는 뜻

辨明(변명), 辨別(변별), 辨證(변증)

辨	辨	辨	辨	辨

辯	부수 辛 총획 21
	판별할 변, 말 잘하다
	다투는 두 죄인을 타일러 옳고 그름을 가려준다 하여 '판별하다, 말 잘하다'의 뜻

辯論(변론), 辯護(변호)

辯	辯	辯	辯	辯

邊	부수 辵	총획 19

가 변, 곁, 변방

아래가 보이지 않는 낭떠러지의 가장자리가 연결되어 있는 것이라 하여 '변방, 곁'의 뜻

邊境(변경), 邊防(변방), 周邊(주변)

邊	邊	邊	邊	邊

兵	부수 八	총획 7

군사 병, 무기, 전쟁

무기를 두 손으로 들고 싸우는 '병사'라는 뜻

兵力(병력), 兵務(병무), 兵卒(병졸)

兵	兵	兵	兵	兵

別	부수 刀	총획 7

다를 별, 나누다, 따로

살을 발라내어 살과 뼈를 '구분한다'는 뜻. 물건을 '나눈다'는 뜻

別途(별도), 別味(별미), 別世(별세)

別	別	別	別	別

屛	부수 尸	총획 11

병풍 병, 덮다, 물리치다

누워 있는 사람의 옆을 가리는 것이 '병풍'이라는 뜻

屛風(병풍), 屛退(병퇴)

屛	屛	屛	屛	屛

丙	부수 一	총획 5

밝을 병, 남녘, 셋째 천간

제물을 차리는 제사상 위에 불을 켜놓은 모양의 글자로 '밝다, 남녘'이라는 뜻

丙子胡亂(병자호란), 丙種(병종)

丙	丙	丙	丙	丙

竝	부수 立	총획 10

아우를 병, 견주다, 함께

두 사람이 나란히 서 있는 모양으로 '견주다, 아우르다'는 뜻

竝進(병진), 竝行(병행), 竝合(병합)

竝	竝	竝	竝	竝

病	부수 疒	총획 10

병들 병, 앓는다, 근심하다

열이 나면서 점점 심해지는 병을 뜻하며, 병이 들어 '앓는다' 하여 '근심'의 뜻

病床(병상), 病勢(병세)

病	病	病	病	病

保	부수 人	총획 9

보전할 보, 맡다, 기르다

어린 아이는 잘 지키고 보호한다 하여 '맡다, 기르다'의 뜻

保管(보관), 保證(보증), 保護(보호)

保	保	保	保	保

報	부수 土	총획 12

갚을 보, 알리다, 대답하다

죄를 짓고 다스림을 받은 사람이라 하여 '갚음'의 뜻

報告書(보고서), 報答(보답), 報道(보도)

報	報	報	報	報

步	부수 止.	총획 7

걸음 보, 걷다

사람이 앞을 향해 두 발로 걸어가는 모양으로 '걷다'는 뜻

步兵(보병), 步調(보조), 步行(보행)

步	步	步	步	步

寶	부수 宀	총획 20

보배 보, 재보, 돈

집 안에 옥과 재화가 잔뜩 그릇에 담겨 있다 하여 '보배'의 뜻

寶石(보석), 寶位(보위)

寶	寶	寶	寶	寶

補	부수 衣	총획 12

기울 보, 돕다, 임관하다

찢어진 옷을 기워 잘 되게 한다 하여 '돕다'의 뜻

補給(보급), 補藥(보약)

補	補	補	補	補

普	부수 日	총획 12

넓을 보, 두루, 침침하다

햇볕이 구름에 가려져 그늘이 '넓다, 침침하다'는 뜻

普通(보통), 普遍(보편)

普	普	普	普	普

伏	부수 人	총획 6

엎드릴 복, 숨다, 절후

개가 사람 옆에 엎드려 사람의 눈치를 살핀다 하여 '숨다'의 뜻

屈伏(굴복), 伏兵(복병)

伏	伏	伏	伏	伏

譜	부수 言	총획 19

계보 보, 악보, 족보

혈연이나 사회에 대하여 두루 밝혀 적은 것이라 하여 '계보, 족보'의 뜻

系譜(계보), 樂譜(악보)

譜	譜	譜	譜	譜

復	부수 彳	총획 12

① 회복할 복 ② 다시 부

갔던 길을 되돌아온다 하여 '회복하다, 거듭, 다시'의 뜻

復舊(복구), 復活(부활), 復興(부흥)

復	復	復	復	復

福	부수 示 총획 14
	복 복, 착하다, 아름답다
	술과 제물을 신 앞에 바치고 빌면 '복'을 받게 된다는 뜻

길흉화복(길흉화복), 福利厚生(복리후생)

福	福	福	福	福

本	부수 木 총획 5
	근본 본, 밑, 뿌리
	나무의 밑 부분을 나타낸 모양으로 모든 일의 '근본'을 가리키는 뜻

本性(본성), 本業(본업), 本意(본의)

本	本	本	本	本

服	부수 月 총획 8
	옷 복, 좇다, 복종하다
	배에서는 사공의 지휘에 따라야 한다 하여 '복종'의 뜻

服用(복용), 服從(복종), 平常服(평상복)

服	服	服	服	服

奉	부수 大 총획 8
	받들 봉, 높이다, 녹
	두 손으로 물건을 떠받들고 있는 모양으로 '받들다'는 뜻

奉仕(봉사), 奉養(봉양), 奉老(봉로)

奉	奉	奉	奉	奉

腹	부수 肉 총획 13
	배 복, 마음
	몸 속의 오장을 감싸고 있는 '배'라는 뜻

腹案(복안), 腹子(복자), 腹中(복중)

腹	腹	腹	腹	腹

封	부수 寸 총획 9
	봉할 봉, 제후, 크다
	제후에게 땅을 주어 다스리게 했다 하여 '봉하다'의 뜻

封君(봉군), 封印(봉인), 同封(동봉)

封	封	封	封	封

複	부수 衣 총획 14
	겹칠 복, 복도, 거듭
	옷을 여러 겹 껴입었다 하여 '겹치다'의 뜻. 같은 일을 되풀이 한다 하여 '거듭'의 뜻

複利(복리), 複製(복제)

複	複	複	複	複

鳳	부수 鳥 총획 14
	봉황 봉, 봉세
	새들 가운데 으뜸가는 새가 '봉황새'라는 뜻

鳳凰(봉황)

鳳	鳳	鳳	鳳	鳳

峯	부수 山	총획 10

봉우리 봉, 매

산마루가 엇갈려 마주 선 '봉우리'라는 뜻

峯崖(봉애), 峯頂(봉정)

峯 峯 峯 峯 峯

附	부수 阜	총획 8

붙을 부, 가까이하다

큰 산 옆에 나지막한 언덕이 붙어있는 모양으로 '붙다, 가까이하다'는 뜻

附加(부가), 附錄(부록), 附着(부착)

附 附 附 附 附

蜂	부수 虫	총획 13

벌 봉

서로 바둥거리며 모여 사는 벌레가 '벌'이라는 뜻

蜂起(봉기), 蜂蜜(봉밀)

蜂 蜂 蜂 蜂 蜂

符	부수 竹	총획 11

부신 부, 들어맞다

대나무로 만든 물건을 주어 증거로 삼는다 하여 '부신'의 뜻

符同(부동), 符合(부합)

符 符 符 符 符

逢	부수 辵	총획 11

맞이할 봉, 만나다

길을 가다가 서로 만난다 하여 '맞이하다'의 뜻

逢變(봉변), 相逢(상봉)

逢 逢 逢 逢 逢

府	부수 广	총획 8

관청 부, 곳집, 고을

백성들의 일을 처리하여 주는 행정 구역 단위인 '관청, 고을'이라는 뜻

府庫(부고), 府君(부군)

府 府 府 府 府

付	부수 人	총획 5

줄 부, 청하다, 부치다

마디 촌은 손을 의미하며 사람이 손에 든 물건을 남에게 '준다'는 뜻

付送(부송), 付託(부탁)

付 付 付 付 付

腐	부수 肉	총획 14

썩을 부, 묵다, 낡다

곳간에 오래 둔 고기는 '썩는다'는 뜻

腐敗(부패), 切齒腐心(절치부심)

腐 腐 腐 腐 腐

副	부수 刀 총획 11
	버금 부, 다음, 쪼개다
	畐는 재물을 나타내기도 하는데 이를 나눈다 하여 '쪼개다'의 뜻

副官(부관), 副次的(부차적)

扶	부수 手 총획 7
	도울 부, 부축하다, 호위하다
	손으로 지아비를 부축하고 '돕는다'는 뜻

扶養(부양), 扶助(부조)

富	부수 宀 총획 12
	부자 부, 가멸, 넉넉하다
	병에 술이 가득 차듯이 집안에 재물이 많다 하여 '부자'의 뜻

富强(부강), 富益富(부익부), 貧富(빈부)

婦	부수 女 총획 11
	아내 부, 지어미, 며느리
	비를 들고 집안을 청소하는 여자라 하여 '아내'의 뜻

婦女子(부녀자), 婦德(부덕)

否	부수 口 총획 7
	① 아닐 부, 틀리다 ② 막힐 비
	'아니'라고 말한다는 뜻

否定(부정), 否認(부인), 否塞(비색), 否運(비운)

浮	부수 水 총획 10
	뜰 부, 떠다니다, 가깝다
	종자를 고를 때 나쁜 씨앗은 물위에 뜬다고 하여 '뜨다, 가볍다'의 뜻

浮浪(부랑), 浮沈(부침)

夫	부수 大 총획 4
	사내 부, 남편, 어조사
	상투가 풀리지 않게 상투에 동곳을 튼 '사내'라는 뜻. 장가 간 남자라 하여 '지아비'의 뜻

夫婦(부부), 大丈夫(대장부), 人夫(인부)

父	부수 父 총획 4
	아비 부, 아버지
	사람이 오른손에 막대기를 든 모양으로 권력을 쥔 한 가정의 가장이라 하여 '아버지'의 뜻

父系(부계), 父老(부로), 父母(부모)

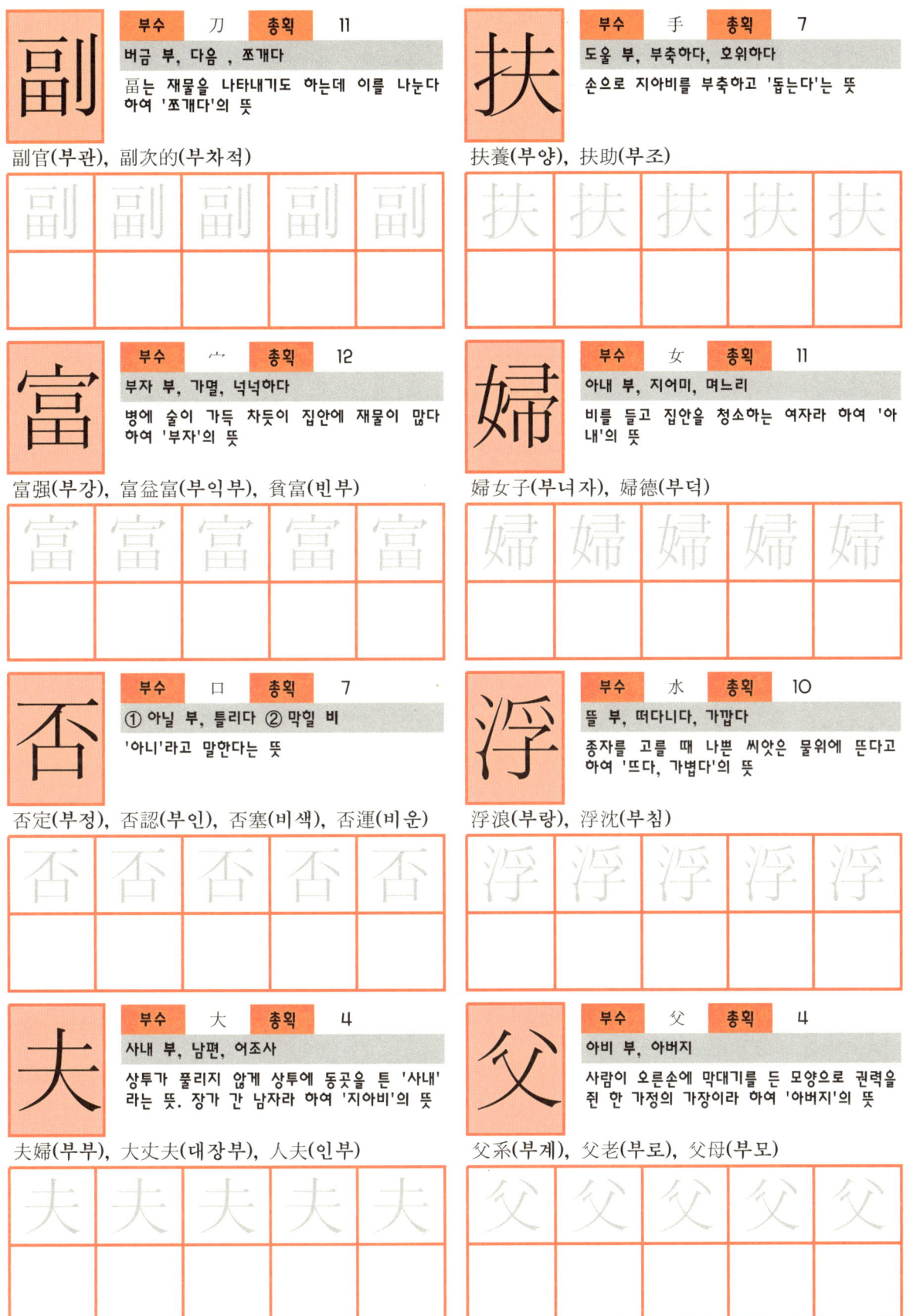

簿	**부수** 竹 **총획** 19
	장부 부, 문서
	대쪽을 넓게 다듬어서 많은 일들을 기록한다고 하여 '장부, 문서'의 뜻

簿記(부기), 簿錄(부록), 帳簿(장부)

簿	簿	簿	簿	簿

赴	**부수** 走 **총획** 9
	다다를 부, 알리다
	기대하고 있는 곳으로 달려 간다 하여 '다다르다'의 뜻

赴任(부임), 赴敵(부적)

赴	赴	赴	赴	赴

膚	**부수** 肉 **총획** 15
	살갗 부, 얇다
	범의 털 무늬가 전신을 감싸고 있듯 사람의 몸을 감싼 것이 '살갗'이라는 뜻

皮膚(피부)

膚	膚	膚	膚	膚

部	**부수** 邑 **총획** 11
	떼 부, 거느리다, 나누다
	여러 고을로 갈라 나누어 다스린다 하여 '나누다'의 뜻

部隊(부대), 部門(부문), 部長(부장)

部	部	部	部	部

負	**부수** 貝 **총획** 9
	짐질 부, 빚지다, 패하다
	사람이 재물을 '짊어진다'는 뜻. 남의 돈을 꾸었음을 나타내는 '빚지다'는 뜻

負擔(부담), 負約(부약), 負荷(부하)

負	負	負	負	負

北	**부수** 匕 **총획** 5
	① 북녘 북 ② 달아날 배
	서로 등을 져서 배반하는 것과 태양이 비치는 남녘의 반대 '북녘'이라는 뜻

北極(북극), 北上(북상), 敗北(패배)

北	北	北	北	北

賦	**부수** 貝 **총획** 14
	구실 부, 세금을 거두다
	돈을 거두어 군사를 먹여야 한다 하여 '구실, 세금'의 뜻

賦課(부과), 賦與(부여)

賦	賦	賦	賦	賦

分	**부수** 刀 **총획** 4
	나눌 분, 찢다, 신분
	칼로 쪼개어 '나눈다'는 뜻

分離(분리), 分別(분별), 分割(분할)

分	分	分	分	分

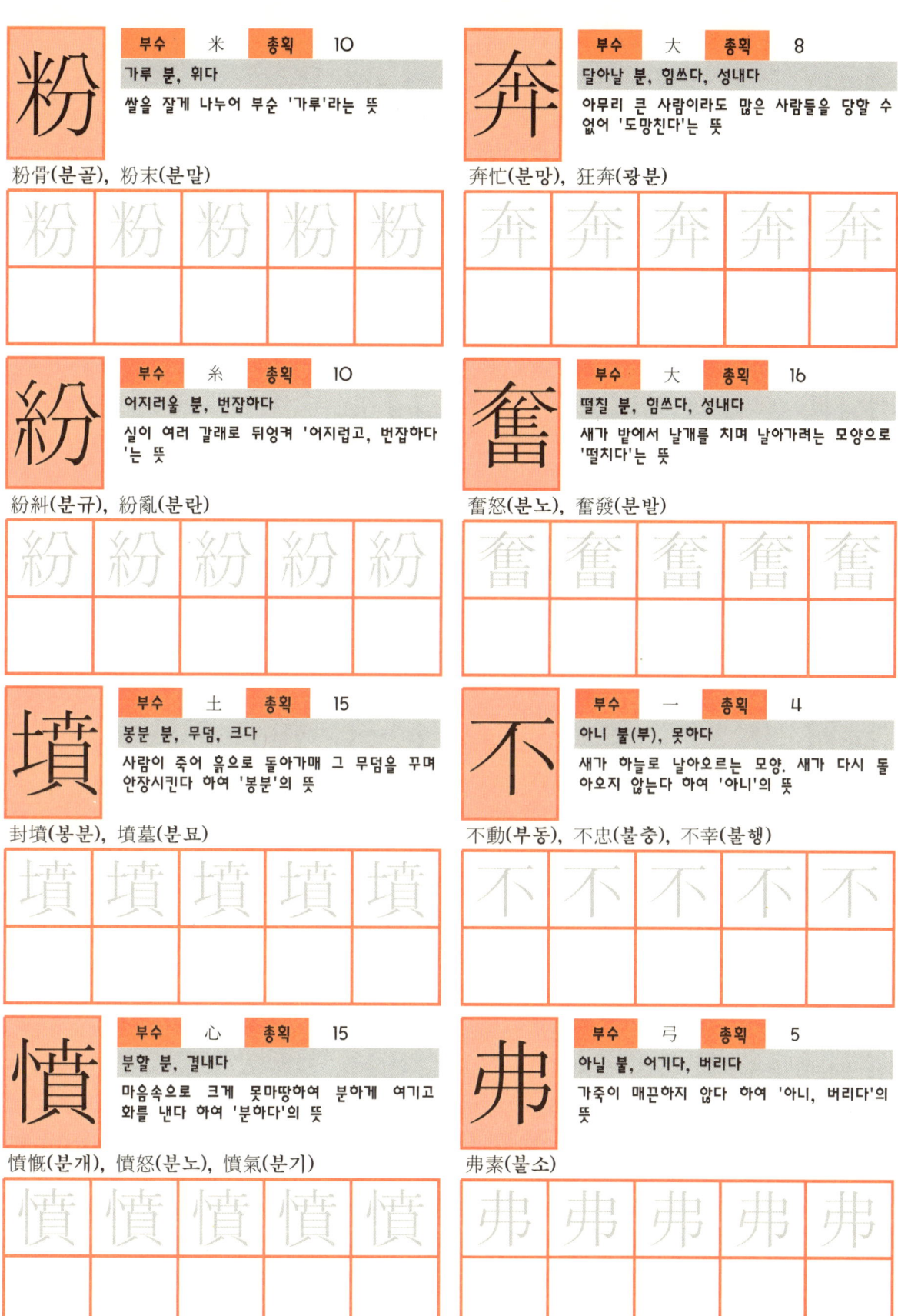

	부수	米	총획	10
粉

가루 분, 위다

쌀을 잘게 나누어 부순 '가루'라는 뜻

粉骨(분골), 粉末(분말)

粉	粉	粉	粉	粉

	부수	糸	총획	10
紛

어지러울 분, 번잡하다

실이 여러 갈래로 뒤엉켜 '어지럽고, 번잡하다'는 뜻

紛糾(분규), 紛亂(분란)

紛	紛	紛	紛	紛

	부수	土	총획	15
墳

봉분 분, 무덤, 크다

사람이 죽어 흙으로 돌아가매 그 무덤을 꾸며 안장시킨다 하여 '봉분'의 뜻

封墳(봉분), 墳墓(분묘)

墳	墳	墳	墳	墳

	부수	心	총획	15
憤

분할 분, 결내다

마음속으로 크게 못마땅하여 분하게 여기고 화를 낸다 하여 '분하다'의 뜻

憤慨(분개), 憤怒(분노), 憤氣(분기)

憤	憤	憤	憤	憤

	부수	大	총획	8
奔

달아날 분, 힘쓰다, 성내다

아무리 큰 사람이라도 많은 사람들을 당할 수 없어 '도망친다'는 뜻

奔忙(분망), 狂奔(광분)

奔	奔	奔	奔	奔

	부수	大	총획	16
奮

떨칠 분, 힘쓰다, 성내다

새가 밭에서 날개를 치며 날아가려는 모양으로 '떨치다'는 뜻

奮怒(분노), 奮發(분발)

奮	奮	奮	奮	奮

	부수	一	총획	4
不

아니 불(부), 못하다

새가 하늘로 날아오르는 모양. 새가 다시 돌아오지 않는다 하여 '아니'의 뜻

不動(부동), 不忠(불충), 不幸(불행)

不	不	不	不	不

	부수	弓	총획	5
弗

아닐 불, 어기다, 버리다

가죽이 매끈하지 않다 하여 '아니, 버리다'의 뜻

弗素(불소)

弗	弗	弗	弗	弗

| 부수 | 人 | 총획 | 7 |

佛

부처 불, 깨닫다, 비슷하다

도를 깨우쳐 생사의 번뇌를 초월하여 사욕에
얽매이지 않는 사람으로 '부처님'이라는 뜻

佛供(불공), 佛敎(불교)

| 부수 | 人 | 총획 | 12 |

備

갖출 비, 족하다, 방비하다

사람이 항상 화살 통에 화살을 갖추어 둔다
하여 '갖추다'의 뜻

備考(비고), 備忘錄(비망록), 備品(비품)

| 부수 | 手 | 총획 | 8 |

拂

떨칠 불, 어기다, 치르다

손으로 먼지 같은 것을 '털어버린다'는 뜻

拂式(불식), 拂下(불하)

| 부수 | 十 | 총획 | 8 |

卑

낮을 비, 천하다, 작다

술을 퍼내는 사람은 보잘것없이 천하다 하여
'낮다'의 뜻

卑怯(비겁), 卑劣(비열), 卑賤(비천)

| 부수 | 月 | 총획 | 8 |

朋

벗 붕, 무리

봉황새의 모양으로 봉황이 날면 뭇새가 이를
따르기 때문에 '벗'이라는 뜻

朋友(붕우), 朋黨(붕당), 朋輩(붕배)

| 부수 | 石 | 총획 | 13 |

碑

돌기둥 비, 비석

돌에 이름을 새겨 그 이름을 후세에까지 알리
도록 하는 '비석'이라는 뜻

墓碑(묘비), 碑石(비석)

| 부수 | 山 | 총획 | 11 |

崩

죽을 붕, 산 무너지다

산이 무너지니 사람들이 떼죽음을 당한다 하여
'죽는다, 무너지다'의 뜻

崩壞(붕괴), 崩御(붕어)

| 부수 | 女 | 총획 | 11 |

婢

계집종 비, 하녀

천한 여인이 종노릇을 한다 하여 '계집종'의
뜻

奴婢(노비), 婢僕(비복), 婢妾(비첩)

妃	부수 女 총획 6
	왕비 비, 짝, 짝 배
	자기의 계집이라 하여 '짝'의 뜻. 임금이 아내를 맞아들이는 짝이라 하여 '왕비'의 뜻

王妃(왕비), 妃嬪(비빈)

妃	妃	妃	妃	妃

批	부수 手 총획 7
	비평할 비, 때리다, 치다
	손으로 옮고 그름을 비교하여 판별한다고 하여 '비평하다'의 뜻

批判(비판), 批評(비평)

批	批	批	批	批

非	부수 非 총획 8
	아닐 비, 그르다, 나무라다
	새의 날개가 다른 방향으로 움직이는 모양으로 사물이 서로 '어긋나다, 아니다'는 뜻

非凡(비범), 非違(비위), 非情(비정)

非	非	非	非	非

秘	부수 禾 총획 10
	숨길 비, 신비롭다
	귀신은 반드시 보이지 않는다 하여 '신비롭다, 숨기다'의 뜻

秘訣(비결), 秘密(비밀), 秘話(비화)

秘	秘	秘	秘	秘

悲	부수 心 총획 12
	슬플 비, 염려하다
	마음이 좋지 않으면 '슬퍼진다'는 뜻

悲劇(비극), 悲觀(비관), 悲慘(비참)

悲	悲	悲	悲	悲

肥	부수 肉 총획 8
	살찔 비, 거름, 거름 주다
	몸에 살이 적당히 쪄서 기름지다 하여 '살찌다'의 뜻

肥大(비대), 肥料(비료)

肥	肥	肥	肥	肥

比	부수 比 총획 4
	견줄 비, 비교하다
	두 사람이 나란히 서 있는 모양으로 '견주다'라는 뜻

比肩(비견), 比較(비교), 比率(비율)

比	比	比	比	比

費	부수 貝 총획 12
	소비할 비, 쓰다, 비용
	돈을 아무렇게나 써서 없애 버린다 하여 '소비하다'의 뜻

費用(비용), 消費(소비)

費	費	費	費	費

飛

부수 飛　총획 9

날 비, 빠르다, 높다

새가 두 날개를 펴고 하늘 높이 나는 모양으로 '날다, 빠르다'는 뜻

飛報(비보), 飛語(비어), 飛行(비행)

頻

부수 頁　총획 16

자주 빈, 물가

물을 건널 때 생기는 물결처럼 얼굴을 자주 찡그려 주름진다 하여 '자주'의 뜻

頻度(빈도), 頻發(빈발), 頻蹙(빈축)

鼻

부수 鼻　총획 14

코 비, 처음, 손잡이

自자가 코를 뜻하였으나 자기라는 뜻이 되자, 콧물의 畁자를 받쳐 '코'라는 뜻

鼻孔(비공), 鼻音(비음), 吾鼻三尺(오비삼척)

氷

부수 水　총획 5

얼음 빙, 얼다

물이 얼어붙었다 하여 '얼음'의 뜻

氷山(빙산)

貧

부수 貝　총획 11

가난할 빈, 모자라다

돈을 헛되이 흩어 버려 '가난하다'는 뜻

貧困(빈곤), 貧弱(빈약)

聘

부수 耳　총획 13

부를 빙, 초빙하다, 장가들다

예의를 갖추어 정중히 부른다 하여 '초빙'의 뜻

聘母(빙모), 聘賢(빙현), 招聘(초빙)

賓

부수 貝　총획 14

손 빈, 공경하다, 복종하다

손님을 대접하여 선물을 한다 하여 '손님'의 뜻

來賓(내빈), 賓客(빈객)

事

부수 亅　총획 8

일 사, 섬기다

역사의 기록을 일로 삼는다 하여 '일'의 뜻. 윗사람을 잘 받든다 하여 '섬기다'의 뜻

事件(사건), 事務(사무), 事情(사정)

土	**부수** 土 **총획** 3
	선비 사, 사내, 벼슬
	하나를 배우면 열을 깨우치는 사람이 '선비'라는 뜻

士林(사림), 烈士(열사)

土	土	土	土	土

使	**부수** 人 **총획** 8
	부릴 사, 가령, 하여금
	윗사람이 아전에게 일을 시킨다 하여 '부리다'의 뜻

使命(사명), 使用(사용)

使	使	使	使	使

仕	**부수** 人 **총획** 5
	벼슬 사, 섬기다, 배우다
	학문을 익힌 사람으로 선비가 되어야 '벼슬'을 한다는 뜻

仕官(사관), 奉仕(봉사)

仕	仕	仕	仕	仕

司	**부수** 口 **총획** 5
	맡을 사, 벼슬, 엿보다
	임금에 대하여 밖에서 일을 맡아 보는 신하로 '벼슬아치'라는 뜻

上司(상사), 司察(사찰), 司會(사회)

司	司	司	司	司

似	**부수** 人 **총획** 7
	같을 사, 비슷하다, 본뜨다
	쟁기를 잡고 있는 농부들의 모습이 닮았다 하여 '비슷하다'의 뜻

似而非(사이비), 類似(유사)

似	似	似	似	似

詞	**부수** 言 **총획** 12
	말씀 사, 글
	말을 잇는 조사나 접속사였으나 뜻이 변하여 사물을 다스리는 '말, 글'이라는 뜻

詞林(사림), 詞律(사율), 詞藻(사조)

詞	詞	詞	詞	詞

史	**부수** 口 **총획** 5
	사기 사, 역사, 문인
	中자는 올바름을 나타내며 손으로 사실을 올바르게 기록하여 '역사'라는 뜻

史料(사료), 史學(사학), 歷史(역사)

史	史	史	史	史

四	**부수** 口 **총획** 5
	넉 사, 사방
	사방을 네 부분으로 나누는 모양으로 '넷'이라는 뜻

四方(사방), 四肢(사지), 四寸(사촌)

四	四	四	四	四

부수	宀	총획	15

寫

베낄 사, 그리다

까치가 자리를 잘 옮기듯 집에서 그림이나 글을 옮겨 '그리거나, 베낀다'는 뜻

寫物(사물), 寫本(사본), 寫眞(사진)

寫	寫	寫	寫	寫

부수	己	총획	3

巳

뱀 사, 여섯째 지지

뱀이 몸을 사리고 꼬리를 드리우고 있는 모양의 글자

巳時(사시)

巳	巳	巳	巳	巳

부수	寸	총획	6

寺

절 사, 마을, 관청

불교가 처음 들어왔을 때 관청에서 불법을 논한 까닭으로 '절'이라는 뜻

寺院(사원), 寺刹(사찰)

寺	寺	寺	寺	寺

부수	示	총획	8

祀

제사 사

젯상을 차려 놓고 동남쪽을 향해 '제사'를 올린다는 뜻

祀典(사전), 祀天(사천)

祀	祀	祀	祀	祀

부수	寸	총획	10

射

① 쏠 사 ② 맞힐 석

몸에서 화살이 떠난다 하여 '쏘다'의 뜻

射擊(사격), 射倖心(사행심)

射	射	射	射	射

부수	示	총획	8

社

모일 사, 땅 귀신, 사직

토지를 지키는 주신(主神)을 뜻하였으나 뒤에 이를 '모시는 집'이라는 뜻

社說(사설), 社會(사회)

社	社	社	社	社

부수	言	총획	17

謝

사례할 사, 거절하다, 빌다

활을 쏘듯이 분명하게 말을 하여 '사례하거나 거절한다'는 뜻

謝過(사과), 謝禮(사례)

謝	謝	謝	謝	謝

부수	巾	총획	10

師

스승 사, 군사, 전문가

많은 제자들에게 둘러싸여 가르치는 '스승'이라는 뜻

師團(사단), 師範(사범)

師	師	師	師	師

思	부수 心 총획 9
	생각할 사, 사모하다
	머릿속에 있는 생각에서 '사모함, 슬퍼함' 이라는 뜻

思考(사고), 思春期(사춘기)

思　思　思　思　思

斯	부수 斤 총획 12
	이 사, 어조사
	도끼로 베고 가른다 하여 사물을 가리키는 대명사의 뜻

斯文亂賊(사문난적)

斯　斯　斯　斯　斯

舍	부수 舌 총획 8
	집 사, 놓다, 버리다
	余는 나무로 지붕을 받친 모양으로 口는 호흡을 뜻하며, 천천히 숨을 쉬면서 쉬는 '집'이라는 뜻

舍廊(사랑), 舍利(사리), 舍兄(사형)

舍　舍　舍　舍　舍

査	부수 木 총획 9
	사실할 사, 조사하다, 뗏목
	나무를 겹쳐 엮어서 방책을 만들어 통행인을 '조사한다'는 뜻

內査(내사), 査察(사찰)

査　査　査　査　査

捨	부수 手 총획 11
	버릴 사, 베풀다
	못쓰게 된 것을 손으로 '내보낸다'는 뜻

取捨(취사), 喜捨(희사)

捨　捨　捨　捨　捨

死	부수 歹 총획 6
	죽을 사, 끊다, 마치다
	목숨이 다하여 앙상한 뼈로 화한다 하여 '죽음, 마치다'의 뜻

死境(사경), 死滅(사멸)

死　死　死　死　死

斜	부수 斗 총획 11
	비낄 사, 기울다
	말(斗) 속에 남아 있는 곡식을 쏟자니 말을 기울여야 한다고 하여 '기울다'의 뜻

傾斜(경사), 斜陽(사양)

斜　斜　斜　斜　斜

沙	부수 水 총획 7
	모래 사, 바닷가
	물이 줄어들어 적어지면 '모래'가 드러난다는 뜻

沙漠(사막), 沙鉢(사발), 白沙場(백사장)

沙　沙　沙　沙　沙

私 　부수 禾　총획 7
사정 사, 사사롭다
팔을 굽혀 볏단을 들어 자기 소유임을 나타내어 '사사롭다'는 뜻

私見(사견), 私心(사심)

私 私 私 私 私

賜 　부수 貝　총획 15
줄 사, 하사하다, 고맙다
임금이 신하의 마음을 바꾸게 하기 위하여 '하사하는' 재물이라는 뜻

賜金(사금), 賜藥(사약)

賜 賜 賜 賜 賜

絲 　부수 糸　총획 12
실 사, 거문고
누에의 입에서 뽑은 '명주실'이라는 뜻. 명주실 따위를 맨 '현악기'라는 뜻

絹絲(견사)

絲 絲 絲 絲 絲

辭 　부수 辛　총획 19
말 사, 글, 사양하다
죄를 다스리기 위하여 설명하는 '말, 글'이라는 뜻

辭典(사전), 辭意(사의), 辭絶(사절)

辭 辭 辭 辭 辭

蛇 　부수 虫　총획 11
뱀 사
보통 벌레와는 다르게 생긴 것이 '뱀'이라는 뜻

蛇足(사족), 龍頭蛇尾(용두사미)

蛇 蛇 蛇 蛇 蛇

邪 　부수 邑　총획 7
간사할 사
고을에 적장의 깃발이 꽂히자 간사한 무리들이 아첨한다 하여 '간사하다'의 뜻

邪戀(사련), 邪惡(사악), 邪慾(사욕)

邪 邪 邪 邪 邪

詐 　부수 言　총획 12
속일 사, 거짓
거짓말로는 잠깐 동안만 남을 '속일' 수 있다는 뜻

詐巧(사교), 詐欺(사기)

詐 詐 詐 詐 詐

削 　부수 刀　총획 9
깎을 삭, 약하다, 빼앗다
물건이 작아지도록 칼로 깎아낸다 하여 '깎다'의 뜻

削減(삭감), 削髮(삭발), 削奪(삭탈)

削 削 削 削 削

朔	부수 月 총획 10
	초하루 삭, 북쪽
	한 달이 지나고 새 달이 되어 그 달의 첫날이 되는 때가 '초하루'라는 뜻

朔莫(삭막), 朔風(삭풍)

朔	朔	朔	朔	朔

産	부수 生 총획 11
	낳을 산, 기르다
	남자 아이를 '낳는다'는 뜻. 물건을 만들어 내는 '산업'이라는 뜻

産苦(산고), 産氣(산기), 産地(산지)

産	産	産	産	産

索	부수 糸 총획 10
	① 동아줄 삭, 새끼줄 ② 찾을 색
	열 손가락이라 하여 두 손으로 실을 꼬아 만든 '밧줄'이라는 뜻

索莫(삭막), 索然(삭연), 索出(색출), 搜索(수색)

索	索	索	索	索

算	부수 竹 총획 14
	산가지 산, 셈하다
	대로 만든 산가지나 주판을 들고 계산한다 하여 '셈하다'의 뜻

算木(산목), 算數(산수), 算出(산출)

算	算	算	算	算

山	부수 山 총획 3
	메 산, 무덤
	연달아 있는 세 개의 산봉우리 모양의 글자

山林(산림), 山勢(산세), 山河(산하)

山	山	山	山	山

酸	부수 酉 총획 14
	실 산, 아프다, 원소이름
	술의 맛이 변하여 '시다'는 뜻. 뼈가 시다는 느낌으로 '아프다'는 뜻

酸素(산소), 酸化(산화), 辛酸(신산)

酸	酸	酸	酸	酸

散	부수 攴 총획 12
	흩을 산, 산보, 문채
	삼 껍질을 벗기려고 대를 치니 갈라지고 속대가 조각난다 하여 '흩어지다'의 뜻

散發(산발), 散步(산보), 散在(산재)

散	散	散	散	散

殺	부수 殳 총획 11
	① 죽일 살, 없애다 ② 감할 쇄
	풀을 베어 넘기듯이 나무 몽둥이로 산 것을 우려쳐 '죽인다'는 뜻

殺掠(살략), 殺伐(살벌), 殺到(쇄도)

殺	殺	殺	殺	殺

三	부수 一	총획 3

석 삼, 거듭

손가락 셋을 펼친 모양으로 한 일(一)을 세 번 그어 '셋'이라는 뜻

三光(삼광), 三權(삼권)

象	부수 豕	총획 12

코끼리 상, 형상

코끼리 모양을 그린다 하여 '형상'의 뜻

象牙(상아), 象徵(상징)

森	부수 木	총획 12

나무 빽빽할 삼, 심다

나무가 빽빽이 들어차기 위해서는 나무를 많이 '심어야 한다'는 뜻

森林(삼림), 森嚴(삼엄)

像	부수 人	총획 14

형상 상, 닮다, 본뜨다

사람이 그린 코끼리 모양이 진짜 코끼리와 닮았다 하여 '형상'의 뜻

肖像(초상), 現像(현상)

上	부수 一	총획 3

위 상, 앞, 오르다

땅을 한 일(一)자로 표시하고 그 위에 물건이 놓이는 형태에서 '위쪽'이라는 뜻

上京(상경), 上流(상류), 上策(상책)

賞	부수 貝	총획 15

상줄 상, 칭찬하다, 구경하다

공이 있는 사람을 가상히 여겨 재물을 내린다 하여 '상주다, 칭찬하다'의 뜻

賞罰(상벌), 賞春(상춘), 賞牌(상패)

傷	부수 人	총획 13

상할 상, 아프다, 해치다

사람이 몸을 다친다 하여 '아프다, 상하다'의 뜻

傷心(상심), 傷害(상해)

償	부수 人	총획 17

갚을 상, 보답하다, 속죄하다

공을 세운 사람에게 상을 주어 그 공에 '보답한다'는 뜻

償還(상환), 補償(보상)

商
| 부수 口 | 총획 11 |
| 장사 상, 헤아리다 | |

명백하게 밝혀 헤아린다 하여 '장사'의 뜻

商圈(상권), 商量(상량), 商術(상술)

商	商	商	商	商

嘗
| 부수 口 | 총획 14 |
| 맛볼 상, 일찍, 시험하다 | |

먼저 음식을 맛본다 하여 '맛본다, 시험하다'의 뜻

嘗試(상시), 臥薪嘗膽(와신상담)

嘗	嘗	嘗	嘗	嘗

喪
| 부수 口 | 총획 12 |
| 복 입을 상, 죽다, 잃다 | |

사람이 죽어 슬프게 운다 하여 '상사(喪事)'의 뜻

喪失(상실), 喪心(상심)

喪	喪	喪	喪	喪

裳
| 부수 衣 | 총획 14 |
| 아랫도리옷 상, 치마 | |

웃옷 아래 입는 옷이라 하여 '치마, 아랫도리옷'의 뜻

衣裳(의상), 紅裳(홍상)

裳	裳	裳	裳	裳

尙
| 부수 小 | 총획 8 |
| 오히려 상, 숭상하다, 높이다 | |

어떤 물체나 공기가 위로 향한다 하여 '높이다'의 뜻

尙古(상고), 尙存(상존), 崇尙(숭상)

尙	尙	尙	尙	尙

床
| 부수 广 | 총획 7 |
| 평상 상, 마루, 잠자리 | |

집 안에 놓는 나무 침대라 하여 '평상'의 뜻

起床(기상), 平床(평상)

床	床	床	床	床

常
| 부수 巾 | 총획 11 |
| 떳떳할 상, 항상, 보통 | |

사람은 늘 고상한 옷을 입는다 하여 '항상'의 뜻. 예법에 맞다 하여 '떳떳하다'의 뜻

常綠樹(상록수), 常理(상리)

常	常	常	常	常

桑
| 부수 木 | 총획 10 |
| 뽕나무 상, 동쪽 | |

따고 또 따도 잎이 자라나는 나무는 '뽕나무'라는 뜻

桑田碧海(상전벽해), 桑葉(상엽)

桑	桑	桑	桑	桑

相	부수 目 총획 9
	서로 상, 바탕, 모양
	나무 위에 올라가 보면 잘 보인다 하여 사람이 '서로' 보며 살핀다는 뜻

相逢(상봉), 相思(상사), 相助(상조)

相	相	相	相	相

祥	부수 示 총획 11
	상서로울 상, 조짐, 제사이름
	젯상에 양을 잡아 제물로 하여 하늘에 비니 '상서로운' 조짐이 보인다는 뜻

祥瑞(상서), 祥雲(상운)

祥	祥	祥	祥	祥

想	부수 心 총획 13
	생각할 상, 희망하다, 뜻하다
	상대를 마음속으로 그린다 하여 '생각하다, 희망하다'의 뜻

想念(상념), 想像(상상)

想	想	想	想	想

詳	부수 言 총획 13
	자세할 상, 상세하다
	양의 생김새를 자세히 말한다 하여 '상세하다'의 뜻

詳細(상세), 詳述(상술), 詳察(상찰)

詳	詳	詳	詳	詳

霜	부수 雨 총획 17
	서리 상, 세월, 엄하다
	이슬이 서로 얼어붙은 것이 '서리'라는 뜻

雪上加霜(설상가상)

霜	霜	霜	霜	霜

塞	부수 土 총획 13
	① 변방 새, 보루 ② 막을 색
	국토에 빈틈이 없도록 성을 쌓는다 하여 '보루, 변방'의 뜻

拔本塞源(발본색원), 丕塞(비색), 要塞(요새)

塞	塞	塞	塞	塞

狀	부수 犬 총획 8
	① 형상 상 ② 문서 장
	널빤지나 대문에 개가 오줌을 누는 모양으로 널리 '형상'이라는 뜻

狀態(상태), 狀況(상황), 狀元(장원), 行狀(행장)

狀	狀	狀	狀	狀

色	부수 色 총획 6
	빛 색, 낯, 색정
	사람의 감정이 얼굴에 나타나는 것이 들어맞듯 맞으므로 '안색'이라는 뜻

色盲(색맹), 色彩(색채)

色	色	色	色	色

生	부수 生 총획 5
	날 생, 살, 기르다
	풀의 싹이 땅 위에 나온 모양으로 '나다, 살다'의 뜻

生計(생계), 生氣(생기), 生活(생활)

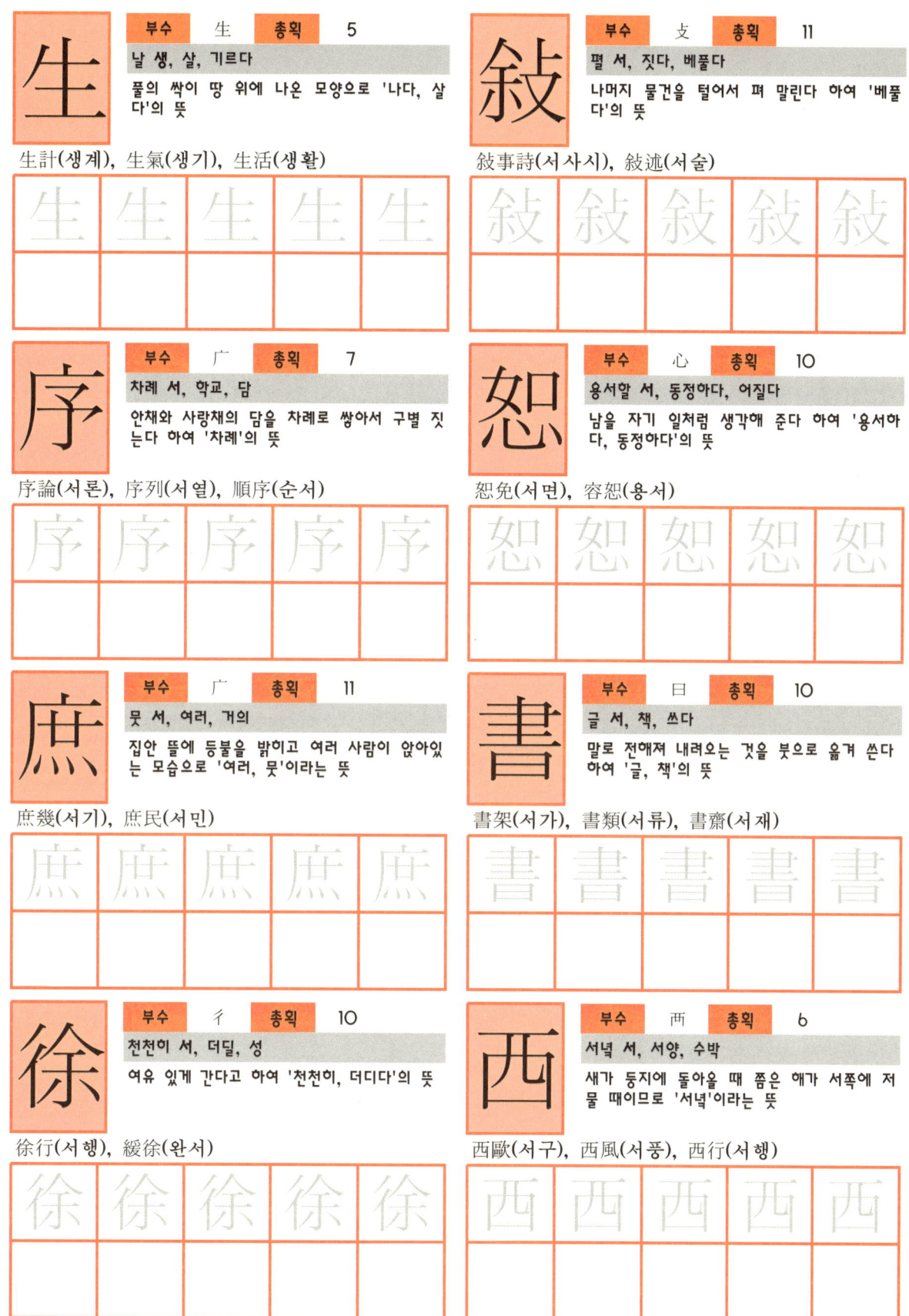

敍	부수 攴 총획 11
	펼 서, 짓다, 베풀다
	나머지 물건을 털어서 펴 말린다 하여 '베풀다'의 뜻

敍事詩(서사시), 敍述(서술)

序	부수 广 총획 7
	차례 서, 학교, 담
	안채와 사랑채의 담을 차례로 쌓아서 구별 짓는다 하여 '차례'의 뜻

序論(서론), 序列(서열), 順序(순서)

恕	부수 心 총획 10
	용서할 서, 동정하다, 어질다
	남을 자기 일처럼 생각해 준다 하여 '용서하다, 동정하다'의 뜻

恕免(서면), 容恕(용서)

庶	부수 广 총획 11
	뭇 서, 여러, 거의
	집안 뜰에 등불을 밝히고 여러 사람이 앉아있는 모습으로 '여러, 뭇'이라는 뜻

庶幾(서기), 庶民(서민)

書	부수 日 총획 10
	글 서, 책, 쓰다
	말로 전해져 내려오는 것을 붓으로 옮겨 쓴다 하여 '글, 책'의 뜻

書架(서가), 書類(서류), 書齋(서재)

徐	부수 彳 총획 10
	천천히 서, 더딜, 성
	여유 있게 간다고 하여 '천천히, 더디다'의 뜻

徐行(서행), 緩徐(완서)

西	부수 襾 총획 6
	서녘 서, 서양, 수박
	새가 둥지에 돌아올 때 쯤은 해가 서쪽에 저물 때이므로 '서녘'이라는 뜻

西歐(서구), 西風(서풍), 西行(서행)

暑	부수 日 총획 13
	더울 서, 더위, 여름철
	햇빛이 타오르는 불처럼 뜨겁게 쬐어 '덥다'는 뜻

避暑(피서), 寒暑(한서)

暑	暑	暑	暑	暑

席	부수 巾 총획 10
	자리 석, 펴다, 깔다
	여러 사람들이 깔고 앉는 돗자리라 하여 '자리'의 뜻

席捲(석권), 席次(석차), 座席(좌석)

席	席	席	席	席

署	부수 网 총획 14
	관청 서, 마을, 서명하다
	그물 코와 같이 서로 연관성을 가지도록 인원을 배치하는 '관청'이라는 뜻

署名(서명), 署長(서장)

署	署	署	署	署

昔	부수 日 총획 8
	옛 석, 어제
	포개어 쌓인 나날. 지난날이라 하여 '옛날'의 뜻

昔年(석년), 昔時(석시)

昔	昔	昔	昔	昔

緒	부수 糸 총획 15
	실마리 서, 나머지, 찾다
	실을 잡고 따라가면 그것이 나타난다 하여 '실마리'의 뜻

端緒(단서), 緒論(서론)

緒	緒	緒	緒	緒

惜	부수 心 총획 11
	아낄 석, 가엾다, 사랑하다
	사람은 옛날의 일을 마음으로 '아쉬워하고' 소중히 여긴다는 뜻

買占賣惜(매점 매석), 惜別(석별)

惜	惜	惜	惜	惜

夕	부수 夕 총획 3
	저녁 석, 저물다, 기울다
	달 월(月)에 한 획을 줄여 달이 뜨려고 할 무렵이라 하여 '저녁'의 뜻

夕陽(석양), 秋夕(추석)

夕	夕	夕	夕	夕

析	부수 木 총획 8
	쪼갤 석, 나누다, 무지개
	도끼로 나무를 쪼갠다 하여 '쪼개다, 나누다'의 뜻

分析(분석), 析別(석별)

析	析	析	析	析

石	부수 石 / 총획 5	善	부수 口 / 총획 12

石 | 부수 石 | 총획 5
돌 석, 단단하다
언덕 아래 굴러 있는 돌의 모양으로 '돌'이라는 뜻

金石之交(금석지교)

石 石 石 石 石

善 | 부수 口 | 총획 12
착할 선, 친하다, 잘하다
羊은 길상의 뜻으로 군자의 아름답고 바른말이라 하여 '착하다'의 뜻

善良(선량), 善惡(선악), 善處(선처)

善 善 善 善 善

釋 | 부수 采 | 총획 20
풀 석, 용서하다, 해석하다
사물을 분별하여 알아보기 쉽게 설명한다 하여 '풀다, 해석하다'의 뜻

釋然(석연), 釋尊(석존), 解釋(해석)

釋 釋 釋 釋 釋

宣 | 부수 宀 | 총획 9
베풀 선, 임금의 말
임금이 대궐에서 조서(詔書)를 펴 '알린다'는 뜻

宣敎(선교), 宣言(선언), 宣布(선포)

宣 宣 宣 宣 宣

仙 | 부수 人 | 총획 5
신선 선, 가볍게 날다
산에 숨어 살면서 불로장생의 도를 닦은 사람이라 하여 '신선'의 뜻

仙境(선경), 仙術(선술)

仙 仙 仙 仙 仙

旋 | 부수 方 | 총획 11
돌 선, 돌아오다
장수가 지휘하는 깃발을 따라 군사들이 '움직인다, 빙글빙글 돈다'는 뜻

旋風(선풍), 旋回(선회)

旋 旋 旋 旋 旋

先 | 부수 儿 | 총획 6
먼저 선, 앞서다, 옛
남보다 앞서 가는 사람이라 하여 '먼저'의 뜻

先見之明(선견지명), 先導(선도)

先 先 先 先 先

禪 | 부수 示 | 총획 17
사양할 선, 고요하다
제단에 홀로 꿇어앉아 신에게 제사를 드린다 하여 '고요하다, 좌선하다'의 뜻

禪位(선위), 禪坐(선좌), 禪會(선회)

禪 禪 禪 禪 禪

線	부수 糸	총획 15

줄 선, 실, 금

실패에 감긴 실이 샘물처럼 끊이지 않고 흘러 나온다 하여 '줄, 실, 금'의 뜻

線路(선로), 線索(선색), 線型(선형)

線	線	線	線	線

舌	부수 舌	총획 6

혀 설, 말

입 안에서 말을 할 때나 음식을 먹을 때 방패 와도 같은 구실을 하는 '혀'라는 뜻

舌戰(설전), 舌禍(설화)

舌	舌	舌	舌	舌

船	부수 舟	총획 11

배 선

짐을 싣고 늪이나 강을 건너다닐 수 있을 정 도의 '배'라는 뜻

船舶(선박), 船主(선주)

船	船	船	船	船

設	부수 言	총획 11

베풀 설, 찾다, 세우다

작업을 하도록 말로 뒷받침해 준다 하여 '베 풀다'의 뜻

設計(설계), 設問(설문)

設	設	設	設	設

選	부수 辵	총획 16

가릴 선, 뽑다, 세다

제사를 지내러 갈 유순한 사람을 골라 뽑는다 하여 '가리다, 뽑다'의 뜻

選擧(선거), 選擇(선택)

選	選	選	選	選

說	부수 言	총획 14

① 말씀 설 ② 달랠 세 ③ 기쁠 열

사람들이 이해하고 기뻐하도록 밝히는 '말, 설 명'이라는 뜻

說明(설명), 說客(세객), 說話(설화), 遊說(유세)

說	說	說	說	說

鮮	부수 魚	총획 17

고울 선, 생선, 싱싱하다

부드러운 양고기처럼 맛있는 '물고기'라는 뜻. 고운 생선은 '싱싱하다'는 뜻

鮮明(선명), 朝鮮(조선)

鮮	鮮	鮮	鮮	鮮

雪	부수 雨	총획 11

눈 설, 씻다

비(수증기)가 얼어서 내리면 빗자루로 쓰는 것 이 '눈'이라는 뜻

雪景(설경), 雪辱(설욕)

雪	雪	雪	雪	雪

涉	부수 水 총획 10
	건널 섭, 거칠다, 경과하다
	걸어서 물을 '건넌다'는 뜻

涉獵(섭렵), 涉外(섭외)

涉	涉	涉	涉	涉

盛	부수 皿 총획 12
	성할 성, 담다, 많다
	제사를 지낼 때 음식이 그릇에 가득하다 하여 '많다, 성하다'의 뜻

盛名(성명), 盛粧(성장), 盛行(성행)

盛	盛	盛	盛	盛

成	부수 戈 총획 7
	이룰 성, 마치다, 되다
	무성한 나무처럼 혈기가 왕성한 장정은 일을 잘 '완수한다'는 뜻

成功(성공), 成果(성과), 成就(성취)

成	成	成	成	成

姓	부수 女 총획 8
	성씨 성, 일가, 백성
	여자가 자식을 낳아 다른 사람과 구별하기 위해 붙이는 '성'이라는 뜻

姓名(성명), 姓銜(성함)

姓	姓	姓	姓	姓

城	부수 土 총획 10
	재 성, 성, 도읍
	국토를 지키고 나라를 이룩하기 위하여 높게 쌓은 '성'이라는 뜻

城郭(성곽), 城址(성지)

城	城	城	城	城

性	부수 心 총획 8
	성품 성, 색욕, 바탕
	사람이 태어날 때부터 가지고 있는 마음이라 하여 '성품'의 뜻

性格(성격), 性向(성향), 女性(여성)

性	性	性	性	性

誠	부수 言 총획 14
	정성 성, 진실, 미쁘다
	말한 바를 반드시 이루도록 공을 들인다 하여 '정성'의 뜻

誠實(성실), 誠心(성심), 誠意(성의)

誠	誠	誠	誠	誠

星	부수 日 총획 9
	별 성, 세월
	맑은 하늘에서 반짝반짝 빛나는 '별'이라는 뜻

星光(성광), 星霜(성상), 星座(성좌)

星	星	星	星	星

省	부수 目 총획 9
	①살필 성, 보다 ②줄일 생
	아주 적은 것까지 자세히 본다 하여 '살피다'의 뜻

省略(생략), 省墓(성묘), 省察(성찰)

勢	부수 力 총획 13
	권세 세, 기세, 위엄
	심은 초목이 힘차게 자라나는 형태에서 '기세, 형세'라는 뜻

勢道(세도), 勢力(세력), 時勢(시세)

聖	부수 耳 총획 13
	성인 성, 지존하다, 거룩하다
	어떤 일에나 잘 통하고 공평하며 거짓이 없는 '성인'이라는 뜻. '거룩하다'의 뜻

聖域(성역), 聖恩(성은), 聖殿(성전)

歲	부수 止 총획 13
	해 세, 세월, 나이
	한 곳에 머물러 추위와 적과 싸우다 보니 해가 바뀐다 하여 '해, 세월'의 뜻

歲暮(세모), 歲月(세월), 歲出(세출)

聲	부수 耳 총획 17
	소리 성, 말, 노래
	소리는 귀로 듣는다 하여 '소리'의 뜻

聲量(성량), 聲援(성원), 怨聲(원성)

洗	부수 水 총획 9
	씻을 세
	물에 씻어 새롭고 깨끗하게 한다 하여 '씻다, 깨끗하다'의 뜻

洗手(세수), 洗濯(세탁)

世	부수 一 총획 5
	인간 세, 세상, 평생
	인생의 전성기가 삼십년이라는 뜻이라 하여 '세대'의 뜻

世代(세대), 世襲(세습)

稅	부수 禾 총획 12
	세금 세, 구실
	곡식을 수확하게 된 기쁨을 신에게 감사드리기 위해 거둔다 하여 '세금, 구실'의 뜻

課稅(과세), 稅金(세금), 稅務(세무)

細	부수 糸	총획 11
	가늘 세, 세밀하다	
	누에에서 뽑은 실이 '가늘다'는 뜻	

細密(세밀), 細心(세심), 細度(세도)

細	細	細	細	細

昭	부수 日	총획 9
	① 밝을 소 ② 나타날 조	
	해가 나타나니 '밝다'는 뜻	

昭明(소명) 昭詳(소상)

昭	昭	昭	昭	昭

小	부수 小	총획 3
	작을 소, 좁다, 천하다	
	큰 물체에서 떨어져나간 불똥 주(丶) 세 개 (小)로 물건이 '작은' 모양의 글자	

大小(대소), 小盤(소반), 小心(소심)

小	小	小	小	小

所	부수 戶	총획 8
	바 소, 곳	
	문이 반쯤 열린 것처럼 나무가 도끼에 찍힌 '곳, 자국'이라는 뜻	

所感(소감), 所得(소득), 所聞(소문)

所	所	所	所	所

少	부수 小	총획 4
	젊을 소, 적다	
	물체의 일부분이 떨어져 나가 작아진다 하여 나이가 '젊다'는 뜻	

多少(다소), 少年(소년), 少壯(소장)

少	少	少	少	少

掃	부수 手	총획 11
	쓸 소, 쓸어 없애다	
	손에 비를 들고 땅을 쓸어 깨끗이 한다 하여 '쓸다'의 뜻	

掃除(소제), 掃蕩(소탕)

掃	掃	掃	掃	掃

召	부수 口	총획 5
	부를 소, 정하다	
	刀는 위엄을 나타내며 웃사람이 위엄있게 '부른다'는 뜻	

召集(소집), 召喚(소환)

召	召	召	召	召

消	부수 水	총획 10
	다할 소, 사라지다, 꺼지다	
	물이 점점 줄어들어 없어진다 하여 '꺼지다, 사라지다'의 뜻	

消滅(소멸), 消耗(소모), 消遙(소요)

消	消	消	消	消

燒	부수 火 총획 16
	불사를 소, 불붙다, 불 때다
	불꽃이 높이 오른다 하여 '불사르다, 불붙다'의 뜻

燒却(소각), 燒失(소실), 燒盡(소진)

燒	燒	燒	燒	燒

蔬	부수 艸 총획 15
	나물 소, 채소, 버섯
	심어서 가꾸어 먹는 '나물, 채소' 라는 뜻

蔬飯(소반), 蔬食(소식), 蔬菜(소채)

蔬	蔬	蔬	蔬	蔬

笑	부수 竹 총획 10
	웃을 소, 웃음
	대나무가 흔들리는 것이 몸을 비비꼬며 웃는 사람의 모양으로 '웃다, 웃음'이라는 뜻

微笑(미소), 笑劇(소극)

笑	笑	笑	笑	笑

蘇	부수 艸 총획 20
	깨어날 소, 차조기
	사람이 풀 위에 누워 쉬는 사이에 깜박 잠이 들었다가 곧 '깨어났다'는 뜻

蘇復(소복), 蘇生(소생), 蘇子(소자)

蘇	蘇	蘇	蘇	蘇

素	부수 糸 총획 10
	흴 소, 질박하다, 바탕
	빨아 넌 명주실이 '희다'는 뜻. 흰 빛은 모든 빛의 소재가 된다 하여 '바탕'의 뜻

素朴(소박), 素心(소심), 要素(요소)

素	素	素	素	素

訴	부수 言 총획 12
	하소연할 소, 송사하다
	억울함을 물리치려고 그 사정을 관청에 호소한다 하여 '하소연, 송사'의 뜻

訴訟(소송), 訴陳(소진)

訴	訴	訴	訴	訴

疏	부수 疋 총획 12
	성길 소, 상소, 소통하다
	아이가 나오려고 태가 뚫리고 발이 움직인다 하여 '소통'의 뜻

疏開(소개), 疏通(소통)

疏	疏	疏	疏	疏

騷	부수 馬 총획 20
	시끄러울 소, 풍류, 근심하다
	말이 벼룩에 물려 날뛴다 하여 '시끄럽다'의 뜻. 날뛰는 말에 다칠까 '근심한다'는 뜻

騷動(소동), 騷擾(소요), 騷音(소음)

騷	騷	騷	騷	騷

俗	부수 人 총획 9
	풍속 속, 버릇, 속되다
	사람들이 한 골짜기에 모여 살면 같은 풍속을 갖기 마련이다 하여 '풍속'의 뜻

俗談(속담), 俗人(속인)

俗 俗 俗 俗 俗

粟	부수 米 총획 12
	조 속, 벼, 오곡
	찧지 않은 모든 곡식 낱알을 뜻하며 특히 '좁쌀'이라는 뜻

米粟(미속)

粟 粟 粟 粟 粟

屬	부수 尸 총획 21
	① 붙을 속, 잇다 ② 부탁할 촉
	짐승이나 벌레의 꼬리가 등뼈에 이어져 있거나 '붙어 있다'는 뜻

屬國(속국), 屬望(촉망)

屬 屬 屬 屬 屬

續	부수 糸 총획 21
	잇당을 속, 잇다
	실의 이어짐이 물건을 사고 파는 것처럼 계속된다 하여 '잇다'의 뜻

續開(속개), 續出(속출)

續 續 續 續 續

束	부수 木 총획 7
	동일 속, 묶다, 약속하다
	나무를 다발로 묶는다 하여 '묶다'의 뜻

團束(단속), 束縛(속박) 約束(약속)

束 束 束 束 束

損	부수 手 총획 13
	덜 손, 상하다, 잃다
	손으로 둥근 동전을 헤아리다가 잃었다 하여 '덜다, 상하다'의 뜻

損傷(손상), 損益(손익)

損 損 損 損 損

速	부수 辵 총획 11
	빠를 속
	약속 시간을 지키려고 속히 간다 하여 '빠르다, 서두르다'의 뜻

速斷(속단), 速成(속성), 速戰速決(속전속결)

速 速 速 速 速

孫	부수 子 총획 10
	손자 손, 피하다, 겸손하다
	아들이 아버지에 이어 다시 그 아들에게 이어준 것이 '손자'라는 뜻

孫女(손녀), 孫婦(손부), 子孫(자손)

孫 孫 孫 孫 孫

率	부수 玄 총획 11
	① 거느릴 솔, 소탈하다 ② 비율 률
	새 그물의 모양으로 새가 그물에 걸리도록 몰이한다 하여 '거느리다'의 뜻

比率(비율), 率家(솔가), 率直(솔직), 確率(확률)

率 率 率 率 率

誦	부수 言 총획 14
	욀 송, 소리 내어 읽다
	물이 솟는 것처럼 글을 멈추지 않고 '소리내어 읽는다'는 뜻

誦功(송공), 誦讀(송독), 誦詩(송시)

誦 誦 誦 誦 誦

松	부수 木 총획 8
	솔 송, 소나무, 향풍
	나무 중에 잎이 사철 푸르고 널리 쓰이는 '소나무'라는 뜻

松林(송림), 松柏(송백), 松竹梅(송죽매)

松 松 松 松 松

送	부수 辶 총획 10
	보낼 송, 가지다, 주다
	떠나는 사람을 웃으면서 '보낸다'는 뜻

送金(송금), 送別(송별), 送致(송치)

送 送 送 送 送

頌	부수 頁 총획 13
	기릴 송, 칭송하다
	머리를 치장하고 마을 어귀에서 제사를 올린다 하여 '기리다, 칭송하다'의 뜻

頌德(송덕), 頌辭(송사), 頌祝(송축)

頌 頌 頌 頌 頌

刷	부수 刀 총획 8
	솔질할 쇄, 인쇄하다, 긁다
	천으로 몸의 더러운 것을 닦는 것처럼 칼로 '긁는다'하여 '인쇄'의 뜻

刷掃(쇄소), 刷新(쇄신), 印刷(인쇄)

刷 刷 刷 刷 刷

訟	부수 言 총획 11
	송사할 송, 시비하다
	옳고 그름을 관청에 호소하여 바로잡게 한다 하여 '송사'의 뜻

訟事(송사), 訟言(송언)

訟 訟 訟 訟 訟

鎖	부수 金 총획 18
	쇠사슬 쇄, 잠그다, 자물쇠
	자갯소리처럼 찰칵거리며 열렸다 닫혔다 하는 '자물쇠'라는 뜻

鎖國(쇄국), 鎖閉(쇄폐)

鎖 鎖 鎖 鎖 鎖

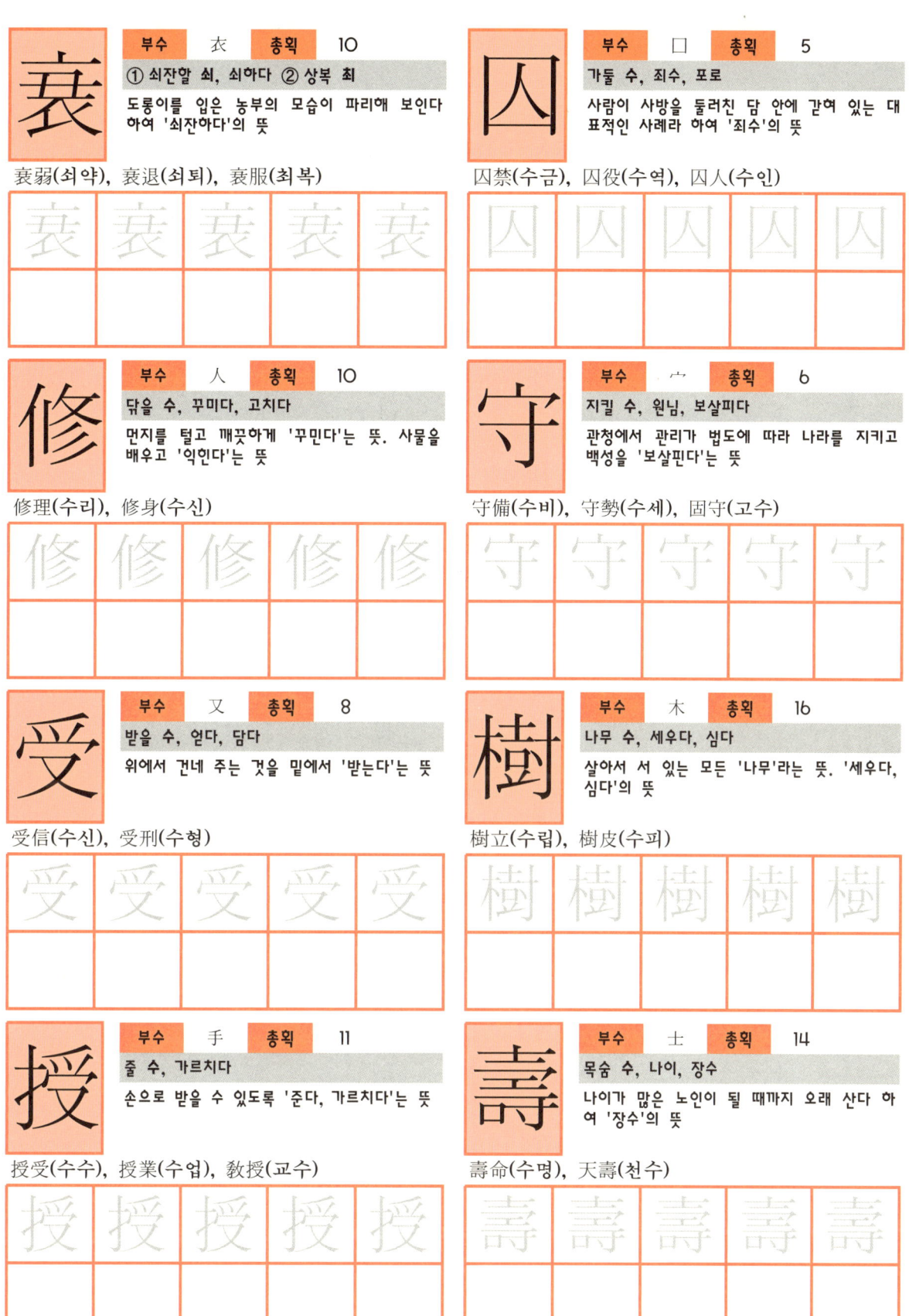

衰	부수 衣	총획 10
	① 쇠잔할 쇠, 쇠하다 ② 상복 최	
	도롱이를 입은 농부의 모습이 파리해 보인다 하여 '쇠잔하다'의 뜻	

衰弱(쇠약), 衰退(쇠퇴), 衰服(최복)

囚	부수 口	총획 5
	가둘 수, 죄수, 포로	
	사람이 사방을 둘러친 담 안에 갇혀 있는 대표적인 사례라 하여 '죄수'의 뜻	

囚禁(수금), 囚役(수역), 囚人(수인)

修	부수 人	총획 10
	닦을 수, 꾸미다, 고치다	
	먼지를 털고 깨끗하게 '꾸민다'는 뜻. 사물을 배우고 '익힌다'는 뜻	

修理(수리), 修身(수신)

守	부수 宀	총획 6
	지킬 수, 원님, 보살피다	
	관청에서 관리가 법도에 따라 나라를 지키고 백성을 '보살핀다'는 뜻	

守備(수비), 守勢(수세), 固守(고수)

受	부수 又	총획 8
	받을 수, 얻다, 담다	
	위에서 건네 주는 것을 밑에서 '받는다'는 뜻	

受信(수신), 受刑(수형)

樹	부수 木	총획 16
	나무 수, 세우다, 심다	
	살아서 서 있는 모든 '나무'라는 뜻. '세우다, 심다'의 뜻	

樹立(수립), 樹皮(수피)

授	부수 手	총획 11
	줄 수, 가르치다	
	손으로 받을 수 있도록 '준다, 가르치다'는 뜻	

授受(수수), 授業(수업), 敎授(교수)

壽	부수 士	총획 14
	목숨 수, 나이, 장수	
	나이가 많은 노인이 될 때까지 오래 산다 하여 '장수'의 뜻	

壽命(수명), 天壽(천수)

帥

| 부수 | 巾 | 총획 | 9 |

① 장수 수 ② 거느릴 솔

깃발을 높이 달고 많은 군사(自)를 거느리는 '장수'라는 뜻

帥先(솔선), 帥長(수장), 元帥(원수)

| 帥 | 帥 | 帥 | 帥 | 帥 |
| | | | | |

收

| 부수 | 攴 | 총획 | 6 |

거둘 수, 잡다

이삭에 얽혀 있는 낱알을 쳐서 떨구어 그 열매를 모아 '거둔다'는 뜻

收習(수습), 收穫(수확)

| 收 | 收 | 收 | 收 | 收 |
| | | | | |

秀

| 부수 | 禾 | 총획 | 7 |

빼어날 수, 무성하다

벼이삭이 통통하게 잘 여물어 무성하고 탐스럽고 좋다 하여 '빼어나다'의 뜻

秀麗(수려), 秀才(수재)

| 秀 | 秀 | 秀 | 秀 | 秀 |
| | | | | |

數

| 부수 | 攴 | 총획 | 15 |

① 셈할 수, 몇 ② 자주 삭

어리석은 사람이 회초리로 물건을 치면서 숫자를 '센다'는 뜻

數式(수식), 數脈(삭맥)

| 數 | 數 | 數 | 數 | 數 |
| | | | | |

愁

| 부수 | 心 | 총획 | 13 |

근심 수, 탄식하다

초목이 가을에 시들 듯이 마음이 시든다 하여 '근심, 시름'의 뜻

愁心(수심), 哀愁(애수)

| 愁 | 愁 | 愁 | 愁 | 愁 |
| | | | | |

殊

| 부수 | 歹 | 총획 | 10 |

죽일 수, 다르다, 뛰어나다

죄인의 목을 칼로 베니 붉은 피를 흘리며 죽는다 하여 '뛰어나다'의 뜻

殊技(수기), 殊常(수상), 殊勳(수훈)

| 殊 | 殊 | 殊 | 殊 | 殊 |
| | | | | |

手

| 부수 | 手 | 총획 | 4 |

손 수, 재주, 손수하다

다섯 손가락을 편 모양으로 '손, 잡다'는 뜻

手工(수공), 手配(수배)

| 手 | 手 | 手 | 手 | 手 |
| | | | | |

水

| 부수 | 水 | 총획 | 4 |

물 수, 평평하다, 고르다

물이 끊임없이 흐르고 있는 모양의 글자

水路(수로), 水陸(수륙), 水脈(수맥)

| 水 | 水 | 水 | 水 | 水 |
| | | | | |

獸

| 부수 | 犬 | 총획 | 19 |

짐승 수, 길짐승

산에 사는 짐승들이나 집에서 기르는 개 등을 통틀어 '짐승'이라는 뜻

禽獸(금수), 獸心(수심), 獸皮(수피)

獸	獸	獸	獸	獸

輸

| 부수 | 車 | 총획 | 16 |

실어낼 수, 지다

요구에 응하여 짐을 수레에 '실어 보낸다'는 뜻

輸送(수송), 輸出(수출)

輸	輸	輸	輸	輸

睡

| 부수 | 目 | 총획 | 13 |

졸 수, 잠자다

눈꺼풀을 아래로 내리감고 '졸다, 잠을 잔다'는 뜻

睡眠(수면), 睡鄉(수향)

睡	睡	睡	睡	睡

遂

| 부수 | 辵 | 총획 | 13 |

드디어 수, 이룩하다

뜻한 대로 모두 잘 되어간다 하여 '이루어지다'의 뜻

遂非(수비), 遂成(수성), 遂行(수행)

遂	遂	遂	遂	遂

誰

| 부수 | 言 | 총획 | 15 |

누구 수, 발어사

새의 말을 누가 알아들을 수 있느냐 하여 '누구'의 뜻

誰某(수모), 誰何(수하)

誰	誰	誰	誰	誰

隨

| 부수 | 阜 | 총획 | 16 |

따를 수, 맡기다

남의 뒤를 좇아간다 하여 '따르다'의 뜻

隨感(수감), 隨想(수상)

隨	隨	隨	隨	隨

雖

| 부수 | 隹 | 총획 | 17 |

비록 수, 벌레이름

파충류로서 외마디 소리를 내는 크고 괴이한 벌레는 해가 없다 하여 '비록'의 뜻

雖然(수연)

雖	雖	雖	雖	雖

需

| 부수 | 雨 | 총획 | 14 |

구할 수, 쓰다, 주저하다

비를 만나 머무르자 이에 비가 멈추기를 기다린다 하여 '구하다, 주저하다'의 뜻

需給(수급), 需要(수요), 需用(수용)

需	需	需	需	需

	부수	頁	총획	12
須

모름지기 수, 수염, 필요하다

머리에는 머리털이 나는 것과 같이 턱에 수염
이 나는 것은 '당연하다'는 뜻

須知(수지)

	부수	子	총획	11
孰

누구 숙, 어느, 무엇

좋은 약재를 쓴 한약을 잡수실 분은 누구인가?
하여 '누구, 어느'의 뜻

孰是孰非(숙시숙비)

	부수	首	총획	9
首

머리 수, 처음, 우두머리

머리는 몸의 맨 위에 있다 하여 '우두머리, 처
음'의 뜻

首肯(수긍), 首席(수석)

	부수	火	총획	15
熟

익을 숙, 낮익다, 익숙하다

어떤 음식이든 불로 '익힌다'는 뜻

熟考(숙고), 熟達(숙달), 熟練(숙련)

	부수	又	총획	8
叔

아재비 숙, 어리다, 주다

콩싹을 손으로 솎아 낸다는 뜻이며, 아버지의
동생이라 하여 '숙부'의 뜻

叔父(숙부), 叔姪(숙질)

	부수	宀	총획	11
宿

① 잘 숙, 지키다 ② 별 수

많은 사람들이 머물렀다 가는 집이라 하여 '자
다'의 뜻

宿泊(숙박), 宿願(숙원)

	부수	水	총획	11
淑

맑을 숙, 착하다, 사모하다

콩은 깨끗한 물에서 싹튼다 하여 '맑다, 착하
다'의 뜻

淑女(숙녀), 貞淑(정숙)

	부수	聿	총획	13
肅

엄숙할 숙, 엄하다, 공경하다

손에 수건을 들고 깊은 못에서 일할 때는 조
심해야 한다 하여 '엄숙하다'의 뜻

肅戒(숙계), 肅然(숙연)

巡	부수 巛 총획 7
	순행할 순, 두루 돌아보다
	냇물이 흘러가는 것처럼 백성의 생활을 '두루 돌아본다'는 뜻

巡禮(순례), 巡廻(순회)

巡	巡	巡	巡	巡

殉	부수 歹 총획 10
	따라죽을 순, 구하다
	죽은 사람을 따라서 죽는다 하여 '따라죽다'의 뜻

殉國(순국), 殉死(순사)

殉	殉	殉	殉	殉

盾	부수 目 총획 9
	방패 순, 벼슬이름
	창이나 칼날에서 눈을 보호하기 위해 쓰는 투구의 차양을 본뜬 모양으로 '방패'라는 뜻

矛盾(모순)

盾	盾	盾	盾	盾

瞬	부수 目 총획 17
	눈 깜박일 순, 잠깐
	무궁화 꽃은 잠깐 피었다 지기 때문에 눈과 합하여 '눈 깜박할 사이'라는 뜻

瞬間(순간), 瞬息(순식)

瞬	瞬	瞬	瞬	瞬

循	부수 彳 총획 12
	돌 순, 좇다, 차례
	군사가 방패를 들고 성곽을 돌며 지킨다 하여 '차례, 돌다'의 뜻

循例(순례), 循行(순행), 循環(순환)

循	循	循	循	循

純	부수 糸 총획 10
	순수할 순
	실같이 가늘게 돋아나는 새싹이 깨끗하다 하여 '순수하다'의 뜻

純朴(순박), 純然(순연), 純全(순전)

純	純	純	純	純

旬	부수 日 총획 6
	열흘 순, 고르다, 십년
	십간(十干)에 따라 갑(甲)에서 계(癸)에 이르는 '열흘'이라는 뜻

旬刊(순간), 旬朔(순삭)

旬	旬	旬	旬	旬

脣	부수 肉 총획 11
	입술 순
	옥둘레처럼 둥근 입술 사이로 별처럼 흰 이가 반짝이는 '입술'이라는 뜻

丹脣皓齒(단순호치), 脣舌(순설)

脣	脣	脣	脣	脣

順	부수 頁 총획 12
	순할 순, 차례, 따르다
	물이 흐르듯이 생각이 잘 떠올라 얼굴빛이 유순하게 보인다 하여 '순하다'의 뜻

順理(순리), 順從(순종), 順化(순화)

順	順	順	順	順

崇	부수 山 총획 11
	높을 숭, 공경하다
	높은 것은 우러러 보인다 하여 '공경하다'의 뜻

崇高(숭고), 崇拜(숭배), 崇尙(숭상)

崇	崇	崇	崇	崇

戌	부수 戈 총획 6
	개 술, 열한째 지지 수
	열한번째 지지. 戌의 해에 태어난 띠를 말하며 동물로는 '개'라는 뜻

戌年(술년), 戌時(술시)

戌	戌	戌	戌	戌

拾	부수 手 총획 9
	① 주울 습 ② 열 십
	손으로 물건을 주워 모은다 하여 '줍다'의 뜻

拾得(습득), 收拾(수습)

拾	拾	拾	拾	拾

術	부수 行 총획 11
	재주 술, 기술, 꾀
	삽주뿌리 같이 여러 갈래로 뻗은 거리라 하여 사람이 살아가는 '길, 방법'의 뜻

術法(술법), 術策(술책)

術	術	術	術	術

濕	부수 水 총획 17
	젖을 습, 축축하다, 근심하다
	누에고치에서 뽑은 실은 물에 잘 '젖는다'는 뜻

濕氣(습기), 濕疹(습진), 濕處(습처)

濕	濕	濕	濕	濕

述	부수 辵 총획 9
	지을 술, 말하다, 펴다
	생각한 바를 삽주뿌리 같이 굴곡지게 나아가며 '설명한다'는 뜻

述語(술어), 述懷(술회)

述	述	述	述	述

習	부수 羽 총획 11
	익힐 습, 배우다, 버릇
	새끼 새가 흰 털을 보이며 날아보려 연습한다 하여 '배우다'의 뜻

習慣(습관), 習得(습득), 習性(습성)

習	習	習	習	習

襲 | 부수 衣 | 총획 22
염습할 습, 엄습하다, 인하다
겹으로 된 옷을 죽은 사람에게 입힌다 하여 '염습하다'의 뜻

奇襲(기습), 襲擊(습격), 襲刺(습자)

承 | 부수 手 | 총획 8
이을 승, 받다, 받들다
임금의 명령을 이어받아 정사를 돕는다 하여 '이어받다'의 뜻

承繼(승계), 承諾(승낙), 承服(승복)

乘 | 부수 丿 | 총획 10
탈 승, 수레, 곱하다
사람이 두 발로 나무 위에 오른다 하여 '타다'의 뜻

乘客(승객), 乘馬(승마), 乘合(승합)

升 | 부수 十 | 총획 4
되 승, 오르다, 권하다
곡식을 고봉으로 된다 하여 '오르다'의 뜻

升級(승급), 斗升(두승)

僧 | 부수 人 | 총획 14
중 승
일찍이 속세의 사람이었으나 중이 되었다 하여 '중'의 뜻

僧侶(승려), 僧舞(승무)

昇 | 부수 日 | 총획 8
해 돋을 승, 오르다, 풍년들다
해가 '떠오른다'는 뜻. 떠오르는 해처럼 벼슬이나 지위가 '오름'이라는 뜻

昇進(승진), 昇華(승화)

勝 | 부수 力 | 총획 12
이길 승, 낫다, 맡다
스스로 참고 힘쓰면 이겨낼 수 있다 하여 '이기다'의 뜻

勝利(승리), 勝地(승지), 勝敗(승패)

始 | 부수 女 | 총획 8
비로소 시, 시작하다, 처음
여인의 뱃속에서 길러지는 아이는 생명의 시작이라 하여 '처음'의 뜻

始動(시동), 始終(시종), 始初(시초)

侍	부수 人 총획 8
	모실 시, 좋다, 가깝웁다
	사람이 귀인 곁에서 그를 섬긴다 하여 '모시다, 가깝게 하다'의 뜻

侍童(시동), 侍食(시식)

侍 侍 侍 侍 侍

市	부수 巾 총획 5
	저자 시, 시가, 흥성하다
	생활에 필요한 옷감을 사기 위해서 가야만 하는 곳이 '저자(시장)'라는 뜻

市街(시가), 市井(시정), 市況(시황)

市 市 市 市 市

時	부수 日 총획 10
	때 시, 철, 시간
	해가 규칙적으로 움직인다 하여 '때, 시간, 철'의 뜻

時代(시대), 時速(시속), 時節(시절)

時 時 時 時 時

施	부수 方 총획 9
	① 베풀 시, 좋아하는 모양 ② 옮길 이
	깃발이 펄럭이며 펼쳐진다 하여 '펴다, 베풀다'의 뜻

施賞(시상), 施設(시설), 施行(시행)

施 施 施 施 施

詩	부수 言 총획 13
	귀글 시, 시
	마음 속 깊이 들어 있는 뜻을 글로 운치 있게 표현한 글이라 하여 '시'의 뜻

詩歌(시가), 詩想(시상), 詩趣(시취)

詩 詩 詩 詩 詩

是	부수 日 총획 9
	옳을 시, 바르다, 곧다
	이 우주에서 가장 옳고 바른 것은 해라 하여 '옳다'의 뜻

是非(시비), 是正(시정), 如是(여시)

是 是 是 是 是

試	부수 言 총획 13
	시험할 시, 비교하다, 더듬다
	일정한 방식에 의하여 물어본다 하여 '시험하다'의 뜻

試圖(시도), 試作(시작)

試 試 試 試 試

矢	부수 矢 총획 5
	화살 시, 곧다, 베풀다
	화살의 모양으로 화살은 곧게 날아간다 하여 '곧다'의 뜻

矢力(시력), 矢石(시석), 矢心(시심)

矢 矢 矢 矢 矢

부수	示	총획	5

示

바칠 시, 보이다

젯상에 제물을 차려 놓고 신에게 '보인다'는 뜻

示範(시범), 示唆(시사), 示威(시위)

부수	木	총획	12

植

심을 식, 식물

나무나 식물을 곧게 세워 심는다 하여 '심다'의 뜻

植木(식목), 植物(식물), 植耳(식이)

부수	見	총획	12

視

볼 시, 살피다, 보이다

示는 남에게 보임. 見은 자기가 보는 것. 자세하게 잘 본다 하여 '살피다'의 뜻

視覺(시각), 視線(시선)

부수	言	총획	19

識

① 알 식, 보다 ② 기록할 지

전해져 오는 말을 진흙으로 된 담벼락에 새겨서 보고 알 수 있도록 '기록한다'는 뜻

識見(식견), 識別(식별), 標識(표지)

부수	弋	총획	6

式

법 식, 의식, 경계하다

죄인을 주살할 때나 장인이 기물을 만들 때에 법식을 따른다 하여 '법, 의식'의 뜻

儀式(의식), 式典(식전)

부수	食	총획	9

食

① 밥 식, 양식 ② 먹일 사

밥을 그릇에 두둑이 담은 모양으로 '밥, 먹다, 양식'이라는 뜻

食言(식언), 食前(식전)

부수	心	총획	10

息

숨쉴 식, 그치다, 살다

가슴 속의 숨이 코로부터 드나든다 하여 '숨쉬다'의 뜻

息警(식경), 息災(식재), 休息(휴식)

부수	食	총획	14

飾

꾸밀 식, 가선 두르다

사람이 식탁을 천으로 닦고 정리한다 하여 '꾸미다'의 뜻

修飾(수식), 粧飾(장식)

申	부수 田	총획 5

펼 신, 납, 성

양 손을 허리에 대고 몸을 편 모양으로 '펴다' 는 뜻

申告(신고)

申	申	申	申	申

愼	부수 心	총획 13

삼갈 신, 성

진지한 마음으로 언행을 조심한다 하여 '삼가 하다'의 뜻

愼慮(신려), 愼重(신중), 愼擇(신택)

愼	愼	愼	愼	愼

神	부수 示	총획 10

귀신 신, 영묘하다, 정신

번갯불은 신이 보여 주는 것이라 하여 '영묘 하다'의 뜻

神聖(신성), 神通(신통)

神	神	神	神	神

新	부수 斤	총획 13

새 신, 새롭다

도끼로 나무를 자른 뒤, 그 갈라진 자리에서 새싹이 돋아나 '새롭다'는 뜻

新刊(신간), 新鮮(신선), 新春(신춘)

新	新	新	新	新

伸	부수 人	총획 7

펼 신, 기지개 켜다

사람이 허리를 펴고 기지개를 켠다 하여 '펴 다, 기지개 켜다'의 뜻

伸寃(신원), 伸張(신장), 伸縮(신축)

伸	伸	伸	伸	伸

晨	부수 日	총획 11

새벽 신, 샛별, 별 진

별과 해가 교차할 무렵이라 하여 '새벽'의 뜻. 새벽에 뜨는 별이라 하여 '샛별'의 뜻

晨省(신성), 晨鐘(신종)

晨	晨	晨	晨	晨

信	부수 人	총획 9

믿을 신, 참되다, 소식

사람이 하는 말에는 믿음성이 있어야 한다 하여 '믿음'의 뜻

信念(신념), 信用(신용), 書信(서신)

信	信	信	信	信

臣	부수 臣	총획 6

신하 신, 백성, 두렵다

임금 앞에 몸을 구부리고 있는 신하의 모양으 로 '신하'라는 뜻

臣民(신민), 臣分(신분), 臣事(신사)

臣	臣	臣	臣	臣

身	부수 身	총획 7
	몸 신, 아이 배다	
	아이가 뱃속에서 움직이는 형상을 그려 '아이 배다'는 뜻	

身病(신병), 身元(신원), 運身(운신)

實	부수 宀	총획 14
	열매 실, 실제, 참되다	
	집 안에 돈 꾸러미가 가득 있다 하여 씨가 잘 여문 '열매'의 뜻	

實果(실과), 實利(실리), 眞實(진실)

辛	부수 辛	총획 7
	매울 신, 괴롭다	
	중죄를 범한 사람에게 혹독한 벌을 내린다 하여 '괴롭다, 맵다'의 뜻	

辛苦(신고), 辛辣(신랄)

審	부수 宀	총획 15
	살필 심, 자세히 밝히다	
	덮개로 가리어 분명하지 않은 것을 세밀하게 차례로 밝힌다 하여 '살피다'의 뜻	

審美(심미), 審查(심사)

失	부수 大	총획 5
	잃을 실, 그르치다	
	손에 쥐고 있던 물체가 손이 구부러져 떨어져 손실을 입었다 하여 '잃다'의 뜻	

失格(실격), 失手(실수), 失敗(실패)

尋	부수 寸	총획 12
	찾을 심, 보통, 발	
	어떻게 해야 법도에 맞게 다스리나 실마리를 찾아야 한다 하여 '찾다'의 뜻	

尋訪(심방), 尋常(심상), 尋人(심인)

室	부수 宀	총획 9
	집 실, 아내, 별이름	
	사람이 이르러 사는 '집'이라는 뜻. 집에만 있는 '아내'라는 뜻	

室居(실거), 室內燈(실내등), 室人(실인)

心	부수 心	총획 4
	마음 심, 염통, 생각	
	마음은 심장에서 우러나온다 하여 '생각'의 뜻	

心境(심경), 心亂(심란), 心情(심정)

	부수 水 총획 11
深	깊을 심, 으슥하다, 멀다
	물이 '깊다'는 뜻

深思(심사), 深夜(심야), 深淵(심연)

深	深	深	深	深

	부수 氏 총획 4
氏	성 씨, 각시
	산기슭에 튀어나와 있는 허물어져 가는 언덕 모양의 글자

氏名(씨 명), 氏族(씨 족)

氏	氏	氏	氏	氏

	부수 甘 총획 9
甚	심할 심, 더욱, 무엇
	부부가 맛있는 음식을 먹으니 즐거움이 더할 나위가 없다 하여 '심하다'의 뜻

甚急(심급), 甚美(심미), 甚深(심심)

甚	甚	甚	甚	甚

	부수 儿 총획 8
兒	아이 아, 아들
	정수리의 숨구멍이 아직 굳어지지 않고 머리만 크게 보이는 어린아이 모양의 글자

兒童(아동), 兒孫(아손), 兒孩(아해)

兒	兒	兒	兒	兒

	부수 十 총획 2
十	열 십, 완전하다, 네거리
	두 손을 엇갈리게 한다 하여 '열'의 뜻

十字路(십자로), 十中八九(십중팔구)

十	十	十	十	十

	부수 戈 총획 7
我	나 아, 우리
	손에 창을 들고 내 몸을 지킨다 하여 '나, 우리'의 뜻

我軍(아군), 自我(자아)

我	我	我	我	我

	부수 隹 총획 18
雙	쌍 쌍, 둘
	두 마리의 새를 손 위에 들고 있는 모양으로 '쌍, 짝'이라는 뜻

變化無雙(변화무쌍), 雙璧(쌍벽)

雙	雙	雙	雙	雙

	부수 食 총획 16
餓	주릴 아, 굶다
	양식이 떨어져 배를 주린다 하여 '굶다'의 뜻

餓鬼(아귀), 餓死(아사)

餓	餓	餓	餓	餓

牙	부수 牙	총획 4

어금니 아, 상아

아래 위의 어금니를 물고 있는 모양의 글자

牙城(아성), 牙爪(아조)

亞	부수 二	총획 8

① 버금 아, 작다 ② 누를 압

꼽추의 체격은 건강한 사내보다 못하다 하여 '버금가다'의 뜻

亞流(아류), 亞聖(아성)

芽	부수 艸	총획 8

싹 아

상아처럼 뾰족하게 돋아난 풀이라 하여 '싹'의 뜻

芽甲(아갑), 芽生(아생)

惡	부수 心	총획 12

① 악할 악, 더럽다 ② 미워할 오

추하게 생긴 사람을 대하는 심정이라 하여 '미워하다, 악하다'의 뜻

惡評(악평), 好惡(호오)

雅	부수 隹	총획 12

아담할 아, 바르다, 맑다

갈가마귀의 입 안 깊숙한 곳에서 나오는 울음소리가 아름답다 하여 '아담하다'의 뜻

雅淡(아담), 雅量(아량), 雅語(아어)

岳	부수 山	총획 8

큰 산 악, 아내의 부모

산 위의 산이라 하여 '높은 산'의 뜻

岳家(악가), 山岳(산악)

阿	부수 阜	총획 8

언덕 아, 아첨하다, 접두사

산의 한쪽 허리가 구부러진 곳이라 하여 굽은 '언덕'의 뜻

阿附(아부), 阿諛(아유)

樂	부수 木	총획 15

① 풍류 악 ② 즐거울 락 ③ 좋아할 요

크고 작은 악기로 연주하는 음악을 들으면 즐겁다 하여 '좋아하다'의 뜻

樂調(악조), 樂觀(낙관), 樂山樂水(요산요수)

安	부수 宀	총획 6

편안 안, 어찌, 성씨

여자가 집 안에 있으니 집안일을 돌보아 '편 안하다'는 뜻

安堵(안도), 安逸(안일)

安	安	安	安	安

案	부수 木	총획 10

책상 안, 생각하다, 고안

편안히 앉아서 책을 볼 수 있도록 만든 나무 라 하여 '책상'의 뜻

案件(안건), 案內(안내)

案	案	案	案	案

岸	부수 山	총획 8

언덕 안, 낭떠러지

산과 언덕이 파이고 깎여나갔다 하여 '낭떠러 지'의 뜻

岸壁(안벽), 沿岸(연안)

岸	岸	岸	岸	岸

眼	부수 目	총획 11

눈 안, 보다, 요점

둥글게 박힌 부분이라 하여 '눈'의 뜻

眼科(안과), 眼目(안목)

眼	眼	眼	眼	眼

雁	부수 隹	총획 12

기러기 안

때를 알고 예의바른 새로서 인(人)자 모양으 로 날아가는 새라하여 '기러기'의 뜻

雁足(안족), 雁陣(안진)

雁	雁	雁	雁	雁

顏	부수 頁	총획 18

얼굴 안, 색채, 빛

이마가 아름다운 선비라 하여 '얼굴'의 뜻

顏面(안면), 顏色(안색)

顏	顏	顏	顏	顏

謁	부수 言	총획 16

아뢸 알, 뵙다

임금의 물으심에 신하가 대답한다 하여 '아뢰 다'의 뜻

謁舍(알사), 謁見(알현)

謁	謁	謁	謁	謁

巖	부수 山	총획 23

① 바위 암, 험하다 ② 산굴 엄

산이 굳세게 버티고 서 있는 모양으로 바위가 많은 산은 '험하다'는 뜻

巖窟(암굴), 巖壁(암벽), 巖石(암석)

巖	巖	巖	巖	巖

暗	부수 日　총획 13
	어두울 암, 숨다
	해가 져서 앞은 보이지 않고 소리만 들릴 정도로 '어둡다'는 뜻

暗記(암기), 暗澹(암담), 暗殺(암살)

暗	暗	暗	暗	暗

殃	부수 歹　총획 9
	재앙 앙, 허물
	나쁜 일이 중간에서 불쑥 터졌다 하여 '재앙, 허물'의 뜻

災殃(재앙), 殃禍(앙화)

殃	殃	殃	殃	殃

壓	부수 土　총획 17
	누를 압, 진정하다, 짜다
	땅이 꺼지도록 '누른다'는 뜻

壓倒(압도), 壓力(압력), 彈壓(탄압)

壓	壓	壓	壓	壓

哀	부수 口　총획 9
	슬플 애, 서럽다, 민망하다
	옷깃으로 눈물을 씻으며 소리를 내어 운다 하여 '슬프다'의 뜻

哀乞(애걸), 哀悼(애도), 哀憐(애련)

哀	哀	哀	哀	哀

仰	부수 人　총획 6
	우러를 앙, 사모하다, 믿다
	왼쪽에 서 있는 사람을 무릎을 꿇은 오른쪽 사람이 본다 하여 '우러르다'의 뜻

仰告(앙고), 仰天大笑(앙천 대소)

仰	仰	仰	仰	仰

愛	부수 心　총획 13
	사랑 애, 즐기다, 아끼다
	상대에게 아낌없이 마음을 준다 하여 '사랑'의 뜻

愛人(애인), 愛情(애정), 愛妻(애처)

愛	愛	愛	愛	愛

央	부수 大　총획 5
	가운데 앙, 다하다, 넓다
	사람이 경계선 안에 들어가 있는 형상으로 '가운데'라는 뜻

央及(앙급), 中央(중앙)

央	央	央	央	央

涯	부수 水　총획 11
	물가 애, 가, 다하다
	물과 맞닿아 있는 언덕이라 하여 '물가, 가'의 뜻

斷涯(단애), 涯岸(애안)

涯	涯	涯	涯	涯

厄	부수 厂 총획 4
	재앙 액, 옹이
	사람이 벼랑 아래 무릎을 꿇고 앉아 있는 모양으로 '재앙'이라는 뜻

厄運(액운), 災厄(재액), 橫厄(횡액)

厄	厄	厄	厄	厄

耶	부수 耳 총획 9
	어조사 야, 아버지
	귀로 듣고도 잘 알아듣지 못하여 답답하다 하여 의문을 나타내는 어조사

耶蘇(야소), 耶孃(야양)

耶	耶	耶	耶	耶

額	부수 頁 총획 18
	이마 액, 수량, 편액
	사람의 머리 앞부분인 '이마'같이 잘 보이는 곳에 수량을 표시한다 하여 '액수'의 뜻

額面(액면), 額字(액자)

額	額	額	額	額

野	부수 里 총획 11
	들 야, 질박하다, 민간
	마을 사람들을 먹여 살려 주는 논과 밭이 있는 '들'이라는 뜻

野談(야담), 野望(야망), 野合(야합)

野	野	野	野	野

也	부수 乙 총획 3
	어조사 야, 또한
	땅 속에 칩거하고 있던 뱀이 땅을 뚫고 나오려는 모양의 글자

也無妨(야무방), 也有(야유), 也知(야지)

也	也	也	也	也

弱	부수 弓 총획 10
	약할 약, 어리다, 나이 젊다
	새끼새의 두 날개가 나란히 펼쳐진 모양으로 어린 새의 날개는 '약하다'는 뜻

弱骨(약골), 弱勢(약세), 弱者(약자)

弱	弱	弱	弱	弱

夜	부수 夕 총획 8
	밤 야, 어둡다, 쉬다
	해가 지면 또 밤이 오고 모든 생물이 잠을 잔다 하여 '밤'의 뜻

夜警(야경), 夜景(야경), 夜勤(야근)

夜	夜	夜	夜	夜

約	부수 糸 총획 9
	맺을 약, 약속하다, 대략
	실로 작은 매듭을 '맺는다' 하여 '약속'의 뜻

約款(약관), 約束(약속)

約	約	約	約	約

若	부수 艹 총획 9
	같을 약, 너, 만약
	손으로 골라내는 어린 싹의 모양이 비슷비슷하다 하여 '같다'의 뜻

若輩(약배), 若此(약차), 若何(약하)

若	若	若	若	若

陽	부수 阜 총획 12
	볕 양, 해, 환하다
	남쪽을 향한 언덕은 햇빛을 훨씬 더 받는다 하여 '볕, 해'의 뜻

陽乾(양건), 陽界(양계), 陽地(양지)

陽	陽	陽	陽	陽

藥	부수 艹 총획 19
	약 약
	약초나 풀뿌리 따위를 달여 먹고 병이 나아 즐겁다 하여 '약'의 뜻

藥果(약과), 藥方(약방)

藥	藥	藥	藥	藥

揚	부수 手 총획 12
	날릴 양, 올리다, 드러내다
	손으로 깃발을 하늘 높이 올린다 하여 '올리다, 날리다'의 뜻

揚揚(양양), 止揚(지양)

揚	揚	揚	揚	揚

壤	부수 土 총획 20
	부드러운 흙 양, 고운 흙
	농사짓기에 도움이 되는 부드럽고 고운 '흙'이라는 뜻

天壤之差(천양지차), 土壤(토양)

壤	壤	壤	壤	壤

楊	부수 木 총획 13
	버드나무 양, 사시나무
	펄럭이는 깃발처럼 바람에 하늘거리는 나무라 하여 '버드나무'의 뜻

楊柳(양류), 楊枝(양지)

楊	楊	楊	楊	楊

讓	부수 言 총획 24
	사양할 양, 겸손하다
	남이 도와준다는 것을 받지 않겠다고 말한다 하여 '사양하다'의 뜻

讓渡(양도), 讓步(양보)

讓	讓	讓	讓	讓

樣	부수 木 총획 15
	① 모양 양, 본 ② 도토리 상
	도토리 나무를 말하나, 밤과 비슷한 열매를 맺는다 하여 '모양, 본'의 뜻

樣式(양식), 樣態(양태)

樣	樣	樣	樣	樣

	부수 羊 총획 6
羊	양 양
	양 모양의 글자

羊角(양각), 羊毛(양모), 羊皮(양피)

羊	羊	羊	羊	羊

	부수 方 총획 8
於	① 어조사 어 ② 탄식하는 소리 오
	까마귀가 울며 날아가는 모양의 글자

於是乎(어시호), 於焉間(어언간), 於乎(오호)

於	於	於	於	於

	부수 水 총획 9
洋	큰 바다 양, 물결
	많은 양떼가 움직이고 있는 것처럼 출렁이고 있는 '넓은 바다'라는 뜻

洋食(양식), 洋藥(양약)

洋	洋	洋	洋	洋

	부수 言 총획 14
語	말씀 어, 말하다
	제각기 의견을 나타낸다 하여 '말씀, 말하다'의 뜻

語感(어감), 語彙(어휘)

語	語	語	語	語

	부수 食 총획 15
養	기를 양, 다스리다
	양에게 먹이를 주어 키운다 하여 '기르다, 다스리다'의 뜻

養老(양로), 養育(양육)

養	養	養	養	養

	부수 魚 총획 11
魚	물고기 어
	물고기 모양의 글자

魚網(어망), 魚肉(어육), 魚釣(어조)

魚	魚	魚	魚	魚

	부수 彳 총획 11
御	어거할 어, 말 몰다, 모시다
	마차를 몰고 가다 마차를 세우고 멍에를 푸는 직책이라 하여 '어거하다'의 뜻

御駕(어가), 御用(어용), 制御(제어)

御	御	御	御	御

	부수 水 총획 14
漁	고기 잡을 어, 탐내다
	물에 있는 고기를 잡는다 하여 '고기잡다'의 뜻

漁歌(어가), 漁撈(어로), 漁網(어망)

漁	漁	漁	漁	漁

億	부수 人 총획 15
	억 억, 편안하다
	사람은 만사가 뜻대로 되면 마음이 '편안하다'는 뜻. 수가 많다 하여 '억'의 뜻

億劫(억겁), 億代(억대), 億兆蒼生(억조창생)

億	億	億	億	億

言	부수 言 총획 7
	말씀 언, 말하다, 말
	스스로 생각한 바를 입으로 바르게 '말한다'는 뜻

言及(언급), 言明(언명)

言	言	言	言	言

憶	부수 心 총획 16
	생각할 억, 기억하다
	마음속에 그 뜻을 새겨 잊지 않고 생각한다 하여 '기억'의 뜻

記憶(기억), 憶念(억념)

憶	憶	憶	憶	憶

嚴	부수 口 총획 20
	엄할 엄, 공경하다
	높은 산에서 위엄 있게 호령한다 하여 '엄하다'의 뜻

嚴禁(엄금), 威嚴(위엄)

嚴	嚴	嚴	嚴	嚴

抑	부수 手 총획 7
	누를 억, 억누르다, 발어사
	손으로 도장을 눌러 찍는다 하여 '억누르다, 누르다'의 뜻

抑奸(억간), 抑留(억류)

抑	抑	抑	抑	抑

業	부수 木 총획 13
	업 업, 처음, 씩씩하다
	악기 틀 따위에 무늬를 새기는 것을 일삼는다 하여 '일, 업'의 뜻

業務(업무), 業報(업보), 業績(업적)

業	業	業	業	業

焉	부수 火 총획 11
	어찌 언, 어조사
	새 조에 속해야 할 글자. 의문사, 조사로 쓰임

焉敢生心(언감생심)

焉	焉	焉	焉	焉

予	부수 亅 총획 4
	나 여, 주다, 허락하다
	손으로 물건을 밀어 주는 모양으로 '주다'는 뜻

予一人(여일인), 予奪(여탈)

予	予	予	予	予

余	부수 人 총획 7
	나 여, 남다
	나무로 지붕을 받친 모양으로 지칭대명사인 '나'라는 뜻

余等(여등), 余輩(여배)

余	余	余	余	余

與	부수 臼 총획 14
	줄 여, 참여하다, 더불어
	두 사람이 손을 맞잡고 뜻을 주고받는다 하여 '주다, 참여하다, 더불어'의 뜻

與黨(여당), 與否(여부), 與奪(여탈)

與	與	與	與	與

餘	부수 食 총획 16
	남을 여, 만일
	음식을 남에게 줄 정도로 여유가 있다 하여 '남다'의 뜻

餘暇(여가), 餘念(여념), 餘恨(여한)

餘	餘	餘	餘	餘

輿	부수 車 총획 17
	수레 여, 가마, 여럿
	두 사람이 앞 뒤에서 들거나 메고 가는 수레라 하여 '가마'의 뜻

輿談(여담), 輿論(여론), 輿望(여망)

輿	輿	輿	輿	輿

如	부수 女 총획 6
	같을 여, 어찌, 만일
	여자는 부모, 남편, 자식의 말에 자기의 의견을 같이 한다 하여 '같다'의 뜻

如反掌(여반장), 如實(여실)

如	如	如	如	如

亦	부수 亠 총획 6
	또 역, 또한
	어른의 이쪽 저쪽에 팔이 있다 하여 '또, 또한'의 뜻

亦可(역가), 亦是(역시), 亦然(역연)

亦	亦	亦	亦	亦

汝	부수 水 총획 6
	너 여
	대등한 사람. 손아랫사람에 대한 2인칭 대명사

汝等(여등), 汝輩(여배)

汝	汝	汝	汝	汝

域	부수 土 총획 11
	지경 역, 구역, 나라
	사방이 둘러쌓인 땅을 창을 들고 지키는 곳이라 하여 '나라'의 뜻

域內(역내), 地域(지역)

域	域	域	域	域

	부수	彳	총획	7

役

부릴 역, 부역, 싸우다

창과 무기를 들고 싸움터로 나가게 한다 하여 '부리다, 싸우다'의 뜻

役事(역사), 役割(역할)

	부수	馬	총획	23

驛

역말 역, 정거장, 역참

옛날 먼 곳을 연락할 때 말을 갈아 탈 수 있도록 한 '역참, 정거장'이라는 뜻

驛馬(역마), 驛使(역사), 驛站(역참)

	부수	疒	총획	9

疫

염병 역, 전염하다

병이 이 사람 저 사람에게 옮겨 퍼지는 전염병이라 하여 '염병'의 뜻

疫病(역병), 疫疹(역진), 疫疾(역질)

	부수	辶	총획	10

逆

거스를 역, 어긋나다

서로 반대되는 곳으로 간다 하여 '거스르다, 어긋나다'의 뜻

逆境(역경), 逆心(역심)

	부수	日	총획	8

易

① 바꿀 역, 주역 ② 쉬울 이

도마뱀의 빛깔이 햇빛에 의하여 잘 변한다 하여 '바꾸다, 바뀌다'의 뜻

易理(역리), 易學(역학)

	부수	宀	총획	10

宴

잔치 연, 편안하다

늘그막에 집에서 여생을 보내고, 주연을 베풀어 즐긴다 하여 '편안하다, 잔치'의 뜻

宴禮(연례), 宴息(연식), 宴會(연회)

	부수	言	총획	20

譯

통변할 역, 번역하다

한 나라의 말을 다른 나라의 말이나 글로 바꾼다 하여 '통역, 번역'의 뜻

譯官(역관), 譯者(역자), 通譯(통역)

	부수	廴	총획	7

延

끌 연, 잇다, 맞다

발을 질질 끌며 걷는 모양으로 '끌다'는 뜻

延期(연기), 延命(연명), 延長(연장)

沿	부수 水	총획 8

물 따라 내려갈 연, 좋다

산 속의 물이 골짜기를 따라 흘러간다 하여 '물 따라 내려가다'의 뜻

沿道(연도), 沿岸(연안), 沿革(연혁)

沿 沿 沿 沿 沿

燃	부수 火	총획 16

불탈 연, 태우다

불살라 '태운다'는 뜻

燃料(연료), 燃燒(연소)

燃 燃 燃 燃 燃

鉛	부수 金	총획 13

납 연, 분

늪의 물빛처럼 푸르스름한 잿빛의 금속이라 하여 '납'의 뜻

鉛毒(연독), 鉛摘(연적), 鉛筆(연필)

鉛 鉛 鉛 鉛 鉛

煙	부수 火	총획 13

연기 연, 안개, 담배

아궁이에서 물건이 탈 때 나는 '연기'라는 뜻

煙氣(연기), 煙霧(연무), 煙草(연초)

煙 煙 煙 煙 煙

演	부수 水	총획 14

펼 연, 넓다, 익히다

물이 멀리 흐름을 말하며 생각한 바를 '넓게 펼친다'는 뜻

演劇(연극), 演壇(연단), 演說(연설)

演 演 演 演 演

燕	부수 火	총획 16

제비 연, 나라이름

부리를 벌리고 긴 날개를 펴고 꼬리가 두 갈 래로 갈라진 제비 모양의 글자

燕居(연거), 燕尾(연미)

燕 燕 燕 燕 燕

然	부수 火	총획 12

그럴 연, 불사르다, 그러나

개고기를 불에 그슬려 잡아먹는다 하여 '불사 르다'의 뜻

然諾(연낙), 然否(연부), 然而(연이)

然 然 然 然 然

硏	부수 石	총획 11

갈 연, 벼루, 연구하다

돌을 갈고 닦는다 하여 '갈다'의 뜻. 일이나 사물을 갈고 닦는다 하여 '연구하다'의 뜻

硏究(연구), 硏磨(연마), 硏修(연수)

硏 硏 硏 硏 硏

부수	石	총획	12

硯

벼루 연

잘 보면서 가는 돌이라 하여 '벼루'의 뜻

硯匣(연갑), 硯滴(연적)

硯	硯	硯	硯	硯

부수	火	총획	15

熱

더울 열, 쏠리다, 바쁘다

불길이 세차서 덥고 뜨겁다 하여 '덥다'의 뜻

熱氣(열기), 熱烈(열렬), 熱中(열중)

熱	熱	熱	熱	熱

부수	糸	총획	15

緣

인연 연, 가장자리

잘린 천의 끝 가장자리를 풀리지 않게 실로 잇는다 하여 '인연'의 뜻

緣邊(연변), 緣由(연유), 因緣(인연)

緣	緣	緣	緣	緣

부수	木	총획	9

染

물들 염, 물들이다

나무에서 뽑아낸 진에 여러 번 천을 담그어 '물을 들인다'는 뜻

感染(감염), 染色(염색)

染	染	染	染	染

부수	車	총획	11

軟

연할 연, 연약하다

수레가 덜컹거리지 않도록 밧줄로 바퀴를 감아 부드럽게 한다 하여 '연하다'의 뜻

軟骨(연골), 軟弱(연약)

軟	軟	軟	軟	軟

부수	火	총획	8

炎

불꽃 염, 덥다, 염증

불이 활활 타오르는 모양으로 '불꽃, 덥다'는 뜻

炎凉(염량), 炎症(염증), 炎天(염천)

炎	炎	炎	炎	炎

부수	心	총획	10

悅

기쁠 열, 즐겁다, 복종하다

마음이 기쁘고 '즐겁다'는 뜻

悅樂(열락), 喜悅(희열)

悅	悅	悅	悅	悅

부수	鹵	총획	24

鹽

소금 염

소금밭에서 흙이 섞여 들어가지 않도록 잘 보살펴 만든 염전이라 하여 '소금'의 뜻

鹽分(염분), 鹽田(염전), 鹽泉(염천)

鹽	鹽	鹽	鹽	鹽

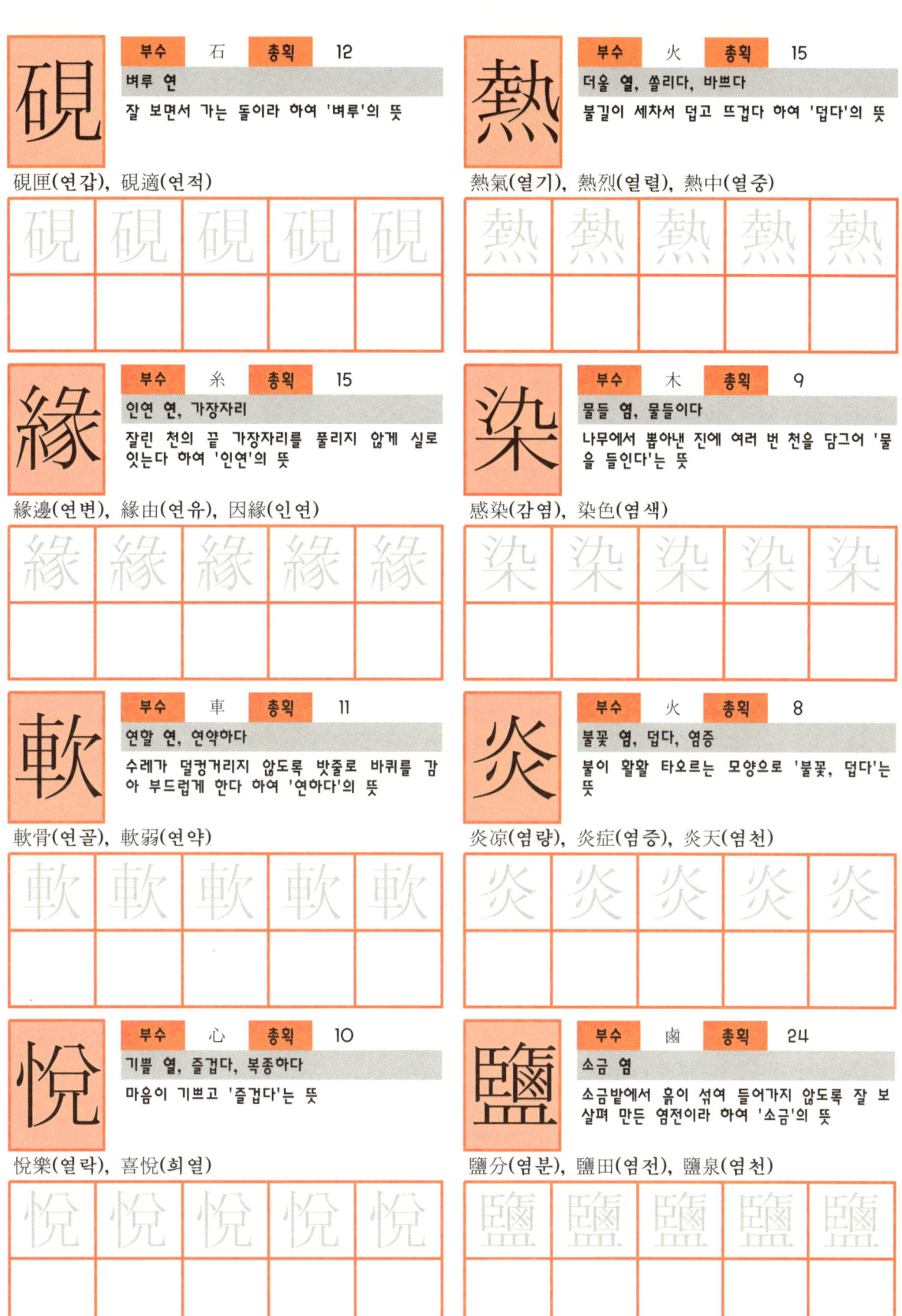

葉	부수 艸 총획 13
	① 잎 엽, 세대 ② 성 섭
	초목에 달려 있는 잎사귀라 하여 '잎'의 뜻

葉書(엽서), 葉煙草(엽연초), 葉茶(엽차)

葉	葉	葉	葉	葉

榮	부수 木 총획 14
	영화 영, 무성하다
	꽃이 아름답고 잎이 무성한 나무라 하여 '영화롭다'의 뜻

榮枯(영고), 榮光(영광), 榮利(영리)

榮	榮	榮	榮	榮

影	부수 彡 총획 15
	그림자 영, 초상, 형상
	햇빛에 물체의 모양이 그린 것처럼 드러나는 '그림자'라는 뜻

影像(영상), 影響(영향)

影	影	影	影	影

營	부수 火 총획 17
	경영할 영, 진
	화려하고 밝은 집안을 다스린다 하여 '경영'의 뜻

營業(영업), 營爲(영위)

營	營	營	營	營

映	부수 日 총획 9
	비칠 영, 밝다, 빛나다
	하늘 가운데 있는 햇빛을 받아 물체들이 서로 '비친다'는 뜻

反映(반영), 映像(영상)

映	映	映	映	映

永	부수 火 총획 5
	길 영, 오래다, 멀다
	물줄기가 합쳐지고 갈라지며 멀리 흘러간다 하여 '길다, 멀다'의 뜻

永劫(영겁), 永久(영구), 永遠(영원)

永	永	永	永	永

英	부수 艸 총획 9
	꽃부리 영, 재주가 뛰어나다
	초목이 아름답게 핀 꽃의 중심부인 '꽃부리'라는 뜻

英雄(영웅), 英才(영재)

英	英	英	英	英

泳	부수 水 총획 8
	헤엄칠 영, 무자맥질하다
	물속에서 몸을 길게 편 모양으로 '헤엄치다'는 뜻

水泳(수영), 泳涯(영애)

泳	泳	泳	泳	泳

詠	부수 言 총획 12
	읊을 영, 노래하다
	시가(詩歌)의 말을 길게 늘여 노래한다 하여 '읊다'의 뜻

詠吟(영음), 詠嘆(영탄)

詠	詠	詠	詠	詠

豫	부수 豕 총획 16
	미리 예, 참여하다, 기뻐하다
	코끼리는 죽을 때가 되면 정해진 곳에 미리가서 명을 마친다 하여 '미리'의 뜻

豫感(예감), 豫想(예상)

豫	豫	豫	豫	豫

迎	부수 辵 총획 8
	맞을 영, 만나다, 맞이하다
	오는 사람을 마중 나가 높이 우러러 '맞이한다'는 뜻

迎賓(영빈), 迎接(영접), 迎合(영합)

迎	迎	迎	迎	迎

銳	부수 金 총획 15
	날카로울 예, 빠르다
	창칼이 무엇을 꿰뚫을 수 있도록 '날카롭다'는 뜻

銳騎(예기), 銳利(예리), 銳敏(예민)

銳	銳	銳	銳	銳

藝	부수 艸 총획 19
	재주 예, 학문, 기술
	초목을 심어 훌륭하게 키우려면 기술이 필요하다 하여 '재주'의 뜻

藝能(예능), 藝名(예명)

藝	藝	藝	藝	藝

傲	부수 人 총획 13
	거만할 오, 즐기다
	사람을 항상 희롱하려고 하는 자는 '거만하다'는 뜻

傲氣(오기), 傲慢(오만)

傲	傲	傲	傲	傲

譽	부수 言 총획 21
	기릴 예(여), 명예, 즐기다
	여러 사람이 입을 모아 명성을 칭찬한다 하여 '기리다, 이름나게 하다'의 뜻

名譽(명예), 譽文(예문), 譽聲(예성)

譽	譽	譽	譽	譽

午	부수 十 총획 4
	낮 오, 남쪽 말(馬)
	막대기를 땅에 꽂고 그 그림자의 위치에 따라 시간을 잰다 하여 '한낮'의 뜻

午睡(오수), 正午(정오), 午餐(오찬)

午	午	午	午	午

부수	二	총획	4

五

다섯 오

二는 하늘과 땅. 음양이 합하면 오행(五行)
이 상생한다 하여 '다섯'의 뜻

五感(오감), 五行(오행)

五	五	五	五	五

부수	火	총획	10

烏

까마귀 오, 탄식하다, 검다

'까마귀'는 검기 때문에 눈을 알아보기 어려워
새 조(鳥)에서 획 하나를 뺀 것

烏衣(오의), 烏鵲(오작), 烏呼(오호)

烏	烏	烏	烏	烏

부수	口	총획	7

吾

나 오, 우리

손으로 자기를 가리키며 말한다 하여 '나, 우
리'의 뜻

吾國(오국), 吾徒(오도), 吾等(오등)

吾	吾	吾	吾	吾

부수	口	총획	13

嗚

탄식할 오, 노래소리

까마귀가 슬피 우는 소리라 하여 '탄식하다'의
뜻

嗚咽(오열), 嗚呼(오호)

嗚	嗚	嗚	嗚	嗚

부수	心	총획	10

悟

깨달을 오, 깨우치다

스스로 자기의 마음을 '깨닫고 뉘우친다'는 뜻

悟性(오성), 覺悟(각오)

悟	悟	悟	悟	悟

부수	女	총획	10

娛

즐거워할 오, 기쁘다

여자와 함께 떠들면서 놀게 되니 '즐겁다, 기
쁘다'는 뜻

娛樂(오락), 娛娛(오오), 娛嬉(오희)

娛	娛	娛	娛	娛

부수	木	총획	11

梧

벽오동나무 오, 버티다

우리가 악기 등 여러 재목으로 사용하는 '벽
오동나무'라는 뜻

梧桐(오동), 梧下(오하)

梧	梧	梧	梧	梧

부수	言	총획	14

誤

그르칠 오, 잘못, 틀리다

큰 소리로 장담하는 말은 사실과 다른 경우가
많다 하여 '그르치다, 틀리다'의 뜻

誤差(오차), 誤解(오해)

誤	誤	誤	誤	誤

汚	부수 水	총획 6
	더러울 오	
	물이 흘러갈수록 '더러워진다'는 뜻	

汚名(오명), 汚水(오수)

汚	汚	汚	汚	汚

溫	부수 水	총획 13
	따뜻할 온, 데우다, 부드럽다	
	'따뜻한' 물이라는 뜻	

溫順(온순), 溫柔(온유), 溫情(온정)

溫	溫	溫	溫	溫

屋	부수 尸	총획 9
	집 옥, 덮개	
	사람이 이르러 머무를 수 있는 곳이 '집'이라는 뜻	

屋內(옥내), 屋上(옥상), 屋外(옥외)

屋	屋	屋	屋	屋

翁	부수 羽	총획 10
	어르신네 옹, 늙은이, 장인	
	나이 많은 사람의 턱 아래 깃털처럼 수염이 난 모습에서 '늙은이, 어르신네'라는 뜻	

塞翁之馬(새옹지마), 翁姑(옹고), 翁主(옹주)

翁	翁	翁	翁	翁

獄	부수 犬	총획 14
	옥 옥, 소송	
	개 끼리 싸우듯 두 사람이 다투는 것을 재판해 벌 주는 집이라 하여 '감옥'의 뜻	

獄囚(옥수), 獄中(옥중)

獄	獄	獄	獄	獄

瓦	부수 瓦	총획 5
	기와 와, 질그릇, 실패	
	진흙을 구워서 만든 '기와, 질그릇' 모양의 글자	

弄瓦之慶(농와지경), 瓦家(와가), 瓦器(와기)

瓦	瓦	瓦	瓦	瓦

玉	부수 玉	총획 5
	옥 옥, 아름답다, 구슬	
	세 개의 구슬을 끈으로 꿴 모양의 글자	

玉帶(옥대), 玉篇(옥편)

玉	玉	玉	玉	玉

臥	부수 臣	총획 8
	누울 와, 굽히다	
	두려워서 사람이 엎드리고 있는 모양으로 '굽히다'는 뜻	

臥龍(와룡), 臥病(와병)

臥	臥	臥	臥	臥

完	부수 宀 총획 7
	완전할 완, 지키다, 튼튼하다
	집에서 으뜸이 되는 남자가 지은 집은 '튼튼하고 완전하다'는 뜻

完結(완결), 完璧(완벽), 完成(완성)

完	完	完	完	完

往	부수 彳 총획 8
	갈 왕, 옛, 이따금
	모든 생물이 세상에 나왔다가 죽어간다 하여 '가다, 옛'의 뜻

往年(왕년), 往復(왕복), 往往(왕왕)

往	往	往	往	往

緩	부수 糸 총획 15
	느릴 완, 늦추다, 늘어지다
	실을 잡아당기니 느슨하게 처진다 하여 '늘어지다, 늦추다'의 뜻

緩急(완급), 緩慢(완만), 緩衝(완충)

緩	緩	緩	緩	緩

外	부수 夕 총획 5
	바깥 외, 외국, 외가
	점은 아침에 쳐야지, 저녁에 치는 것은 '예외, 바깥'이라는 뜻

外界(외계), 外務(외무), 外勢(외세)

外	外	外	外	外

曰	부수 曰 총획 4
	가로 왈, 말하다, 이르다
	마음에 있는 생각을 말로 나타낸다 하여 '가로되, 말하다'의 뜻

曰可曰否(왈가왈부)

曰	曰	曰	曰	曰

畏	부수 田 총획 9
	두려워할 외, 놀라다
	귀신의 머리에 호랑이의 발을 닮은 괴물은 무섭고 '두렵다'는 뜻

畏敬(외경), 畏忌(외기), 畏心(외심)

畏	畏	畏	畏	畏

王	부수 玉 총획 4
	임금 왕, 임금노릇하다
	三은 천(天), 지(地), 인(人)을 상징하며, 이 세가지를 통치하는 '지배자'라는 뜻

王家(왕가), 王權(왕권), 王妃(왕비)

王	王	王	王	王

搖	부수 手 총획 13
	흔들 요, 흔들리다
	술병에 술이 있나 없나 손으로 '흔들어 본다'는 뜻

搖動(요동), 搖籃(요람)

搖	搖	搖	搖	搖

謠	부수 言　총획 17
	노래 요, 소문, 풍설
	말에 음정만 섞어 질그릇을 두들기며 부르는 곡 없는 '노래'라는 뜻

歌謠(가요), 謠俗(요속), 謠言(요언)

謠	謠	謠	謠	謠

浴	부수 水　총획 10
	목욕할 욕, 깨끗이하다
	골짜기에 흐르는 깨끗한 물로 '목욕한다'는 뜻

浴客(욕객), 浴童(욕동), 浴室(욕실)

浴	浴	浴	浴	浴

遙	부수 辵　총획 14
	멀 요, 거닐다
	질그릇으로 만든 병을 사려면 먼 곳까지 가야 한다 하여 '멀다, 거닐다'의 뜻

遙遠(요원), 遙度(요탁)

遙	遙	遙	遙	遙

欲	부수 欠　총획 11
	바랄 욕, 하고자 하다
	마음이 좁고 사리에 어두운 사람은 바라는 것이 많다 하여 '욕심'의 뜻

欲求(욕구)

欲	欲	欲	欲	欲

要	부수 襾　총획 9
	중요할 요, 구하다
	여자가 두 손으로 허리를 잡고 있는 모양으로 허리는 인체에서 '중요하다'는 뜻

要件(요건), 要綱(요강), 要求(요구)

要	要	要	要	要

慾	부수 心　총획 15
	욕심 욕, 탐내다, 욕정
	분수에 넘치게 욕심을 내는 마음이라 하여 '욕정, 탐내다'의 뜻

慾望(욕망), 慾心(욕심)

慾	慾	慾	慾	慾

腰	부수 肉　총획 13
	허리 요
	구부렸다 폈다 해야 할 몸의 요긴한 부분이 '허리'라는 뜻

腰折(요절), 腰椎(요추), 腰痛(요통)

腰	腰	腰	腰	腰

辱	부수 辰　총획 10
	욕 욕, 더럽히다, 욕되다
	별이 알려주는 농사철을 어기면 처벌을 받아 농부에게 욕이 간다 하여 '욕'의 뜻

侮辱(모욕), 辱說(욕설)

辱	辱	辱	辱	辱

勇	부수 力 총획 9
	날랠 용, 용기, 용맹하다
	물이 솟아오르듯 힘을 돋우면 행동이 '날래다, 용맹하다'는 뜻

勇敢(용감), 勇氣(용기), 勇猛(용맹)

勇	勇	勇	勇	勇

于	부수 二 총획 3
	어조사 우, 탄식하다
	어떤 장애로 인해 호흡 곤란으로 탄식하는 숨소리라 하여 '탄식하다'의 뜻

于今(우금), 于禮(우례)

于	于	于	于	于

庸	부수 广 총획 11
	떳떳할 용, 쓰다, 어리석다
	어떤 일을 새롭게 고쳐 바꾸어 소용에 이바지한다 하여 '쓰다'의 뜻

庸劣(용렬), 庸人(용인), 登庸(등용)

庸	庸	庸	庸	庸

宇	부수 宀 총획 6
	집 우, 하늘, 도량
	저 넓은 하늘이 땅을 덮고 있는 지붕이라 하여 '하늘, 천지사방'의 뜻

宇內(우내), 宇宙(우주)

宇	宇	宇	宇	宇

用	부수 用 총획 5
	쓸 용, 베풀다, 써
	옛날에는 점을 쳐서 맞으면 반드시 시행했다 하여 '쓰다'의 뜻

用途(용도), 用務(용무), 用意(용의)

用	用	用	用	用

偶	부수 人 총획 11
	우연 우, 배필, 만나다
	원숭이는 사람을 닮았다 하여 '우연'의 뜻

偶數(우수), 偶然(우연), 偶合(우합)

偶	偶	偶	偶	偶

容	부수 宀 총획 10
	얼굴 용, 넣다, 쉽다
	골짜기 같이 넓은 집에는 많은 물건을 넣을 수 있다 하여 '넣다'의 뜻

容貌(용모), 容恕(용서), 容易(용이)

容	容	容	容	容

遇	부수 辶 총획 13
	만날 우, 당하다, 대접하다
	짐승들이 돌아다니다가 우연히 만나듯이 길에서 뜻밖에 서로 '만난다'는 뜻

不遇(불우), 遇賊歌(우적가)

遇	遇	遇	遇	遇

부수	心	총획	13

愚

어리석을 우, 고지식하다

생각이 옳고 그름을 분별하지 못하고 원숭이처럼 '어리석고 고지식하다'는 뜻

愚見(우견), 愚弄(우롱), 愚昧(우매)

愚	愚	愚	愚	愚

부수	又	총획	4

友

벗 우, 친구, 우애

손을 포갠 모양으로 서로 '친하고 돕는다'는 뜻

友愛(우애), 友情(우정)

友	友	友	友	友

부수	心	총획	15

憂

근심할 우, 걱정하다

머릿속에 걱정이 많아 발걸음이 무겁다 하여 '근심하다'의 뜻

憂結(우결), 憂慮(우려), 憂愁(우수)

憂	憂	憂	憂	憂

부수	口	총획	5

右

오른쪽 우, 숭상하다

일을 하는데 오른손만으로 모자라 입으로 조언하며 돕는다 하여 '오른쪽'의 뜻

右邊(우변), 右側(우측), 右舷(우현)

右	右	右	右	右

부수	人	총획	17

優

넉넉할 우, 뛰어나다, 배우

뛰어난 사람은 행동이 신중하여 무겁게 보인다 하여 '넉넉하다, 뛰어나다'의 뜻

優待(우대), 優等(우등), 優雅(우아)

優	優	優	優	優

부수	尢	총획	4

尤

더욱 우, 허물, 탓하다

절름발이가 짐을 졌으니 오죽하랴 하여 '더욱'의 뜻

尤極(우극), 尤物(우물), 尤甚(우심)

尤	尤	尤	尤	尤

부수	又	총획	2

又

또 우, 다시

거듭을 뜻하는 세 손가락을 편 오른손 모양으로 자주 쓴다 하여 '다시'의 뜻

又賴(우뢰), 又重之(우중지)

又	又	又	又	又

부수	牛	총획	4

牛

소 우, 별이름

소의 뿔 모양의 특징을 살려 상징적으로 표현한 글자

牛角(우각), 牛步(우보), 牛黃(우황)

牛	牛	牛	牛	牛

	부수	羽	총획	6
깃 우, 새털, 돕다

새의 깃이나 날개 모양의 글자

羽翼(우익), 羽化而登仙(우화이등선)

羽	羽	羽	羽	羽

	부수	雨	총획	12
구름 운

비를 내리는 것은 수증기의 움직임이라 하여
'구름'의 뜻

雲集(운집), 雲海(운해)

雲	雲	雲	雲	雲

	부수	雨	총획	8
비 우, 비오다

하늘을 덮은 구름 사이로 물방울이 떨어지는
모양의 글자로 '비'라는 뜻

雨期(우기), 雨量(우량)

雨	雨	雨	雨	雨

	부수	辵	총획	13
운전할 운, 부리다, 나르다

병사들이 전차를 몰고 나아간다 하여 '운전하
다'의 뜻

運動(운동), 運搬(운반), 運營(운영)

運	運	運	運	運

	부수	邑	총획	11
우편 우, 역, 역말

지방으로 서신을 나를 때 사람이나 말이 쉬는
숙소를 말하며 '우편'이라는 뜻

郵送(우송), 郵便(우편)

郵	郵	郵	郵	郵

	부수	音	총획	19
운 운, 운치, 화하다

소리가 둥글고 고르게 잘 어울린다 하여 '운,
운치, 화하다'의 뜻

韻文(운문), 韻律(운율), 韻致(운치)

韻	韻	韻	韻	韻

	부수	二	총획	4
이를 운, 말하다

사람의 입에서 입김이 나오는 모양의 글자

云云(운운), 云謂(운위)

云	云	云	云	云

	부수	隹	총획	12
수컷 웅, 씩씩하다, 뛰어나다

새 중에서도 발톱 힘이 강한 '수컷'이라는 뜻

雄辯(웅변), 雄壯(웅장)

雄	雄	雄	雄	雄

元	부수 儿 총획 4
	으뜸 원, 처음, 근원
	인체의 맨 위를 머리라 하여 '으뜸, 처음'의 뜻

元氣(원기), 元旦(원단), 元利(원리)

元 元 元 元 元

願	부수 頁 총획 19
	원할 원, 바라다, 소원
	머리는 생각하는 근원이며, 생각하는 일이 잘 되기를 바란다 하여 '원하다'의 뜻

願望(원망), 願書(원서)

願 願 願 願 願

院	부수 阜 총획 10
	학교 원, 집, 절
	담장으로 튼튼하게 둘러싸인 집이라 하여 '학교, 관청'의 뜻

院長(원장), 院中(원중)

院 院 院 院 院

員	부수 口 총획 10
	관원 원, 수효, 둥글다
	돈을 헤아린다 하여 '수효'의 뜻. 돈을 다루는 사람이라 하여 '관원'의 뜻

員石(원석), 官員(관원), 員外(원외)

員 員 員 員 員

原	부수 厂 총획 10
	근원 원, 벌판, 용서하다
	바위 밑에서 솟아나오는 샘은 물의 '근본'이라는 뜻

原頭(원두), 原理(원리), 原因(원인)

原 原 原 原 原

圓	부수 囗 총획 13
	둥글 원, 둘레, 온전하다
	둘레가 '둥글다'는 뜻. 옛날에는 돈이 둥글다고 하여 화폐 단위의 뜻

圓盤(원반), 圓熟(원숙)

圓 圓 圓 圓 圓

源	부수 水 총획 13
	근원 원, 계속하다
	언덕 밑에서 나는 샘이 물의 '근원'이 되어 흐른다는 뜻

源流(원류), 源泉(원천)

源 源 源 源 源

怨	부수 心 총획 9
	원망할 원, 원수
	잠자리에서도 이리저리 뒹굴며 언짢게 생각한다 하여 '원망'의 뜻

怨望(원망), 怨恨(원한)

怨 怨 怨 怨 怨

園	부수 口 총획 13
	동산 원, 뜰, 능
	과일 나무에 과일이 주렁주렁 매달린 채 울타리에 둘러싸인 '동산'이라는 뜻

樂園(낙원), 園藝(원예)

越	부수 走 총획 12
	넘을 월, 넘기다, 건너다
	무기를 들고 경계선 너머로 달아난다 하여 '넘다, 건너다'의 뜻

越權(월권), 越等(월등)

遠	부수 辶 총획 14
	멀 원, 깊다, 심오하다
	걸어갈 길이 길다고 하여 '멀다'의 뜻

遠近(원근), 遠志(원지)

位	부수 人 총획 7
	벼슬 위, 위치, 방위
	사람이 일정한 자리에 선다 하여 '벼슬'의 뜻

位階(위계), 位置(위치)

援	부수 手 총획 12
	도울 원, 끌다
	위험에 빠진 사람을 손을 내밀어 구출해 준다 하여 '돕다'의 뜻

援用(원용), 援護(원호)

偉	부수 人 총획 11
	클 위, 거룩하다, 훌륭하다
	보통 사람보다 다른 사람이며 인격을 갖춘 '훌륭한' 사람이라는 뜻

偉大(위대), 偉力(위력), 偉容(위용)

月	부수 月 총획 4
	달 월, 한달
	초승달 모양의 글자

月刊(월간), 月賦(월부)

圍	부수 口 총획 12
	둘레 위, 틀리다, 애우다
	군사들이 둘러싸고 지키거나 공격하는 성의 '둘레'라는 뜻

範圍(범위), 圍繞(위요), 包圍(포위)

緯	부수 糸	총획 15
	씨 위, 씨줄, 씨금	
	실로 가죽을 가로로 꿰맸다 하여 '씨줄'의 뜻	

緯度(위도), 緯象(위상)

緯 緯 緯 緯 緯

偽	부수 人	총획 14
	거짓 위, 속이다, 가짜	
	사람이 천리에 따르지 않고 후천적으로 만든 일은 진리에 어긋나므로 '거짓'이라는 뜻	

偽善(위선), 偽裝(위장)

偽 偽 偽 偽 偽

違	부수 辵	총획 13
	어길 위, 잘못	
	군인이 서로 길을 어긋나게 걸어가 만나지 못한다 하여 '어기다'의 뜻	

違反(위반), 違約(위약), 違惑(위혹)

違 違 違 違 違

危	부수 卩	총획 6
	위태할 위, 무너지다	
	사람이 절벽 위에서 두려워 쩔쩔 매는 모양으로 '위태하다'는 뜻	

危懼(위구), 危險(위험)

危 危 危 危 危

衛	부수 行	총획 16
	호위할 위, 지키다	
	군인이 성의 주위를 서성거리며 성을 지킨다 하여 '호위, 지키다'의 뜻	

衛生(위생), 衛星(위성)

衛 衛 衛 衛 衛

委	부수 女	총획 8
	맡길 위, 쌓이다, 의젓하다	
	여자는 벼이삭같이 고개를 숙이고 모든 일을 남자에게 '맡긴다'는 뜻	

委任(위임), 委託(위탁)

委 委 委 委 委

爲	부수 爪	총획 12
	할 위, 행위, 만들다	
	원숭이의 재주로는 무엇이나 할 수 있다 하여 '하다'의 뜻	

爲道(위도), 爲民(위민), 爲始(위시)

爲 爲 爲 爲 爲

威	부수 女	총획 9
	위엄 위, 세력, 으르다	
	나이가 많고 세력이 있는 여자라 하여 시어머니의 '위엄'이란 뜻	

威信(위신), 威壓(위압), 威嚴(위엄)

威 威 威 威 威

慰	부수 心	총획 15
	위로할 위, 유쾌하다	
	마음이 편안해질 수 있도록 '위로한다'는 뜻	

慰勞(위로), 慰問(위문)

慰	慰	慰	慰	慰

儒	부수 人	총획 16
	선비 유, 유교, 광대	
	소용되고 갖추어야 할 도리를 설파하고 행하는 사람이 '선비'라는 뜻	

儒敎(유교), 儒林(유림)

儒	儒	儒	儒	儒

胃	부수 肉	총획 9
	밥통 위, 위	
	몸통에 음식이 들어 있는 망태라 하여 밥통인 '위'의 뜻	

胃癌(위암), 胃腸(위장), 胃痛(위통)

胃	胃	胃	胃	胃

唯	부수 口	총획 11
	오직 유, 허락하다	
	새가 외마디소리를 지르듯 짧게 말한다 하여 '오직'의 뜻	

唯一(유일), 唯我獨尊(유아독존)

唯	唯	唯	唯	唯

謂	부수 言	총획 16
	이를 위, 고하다, 일컫다	
	뱃속이 텅 빈 사람처럼 깊은 뜻이 없이 말을 바꾸어 말한다 하여 '이르다'의 뜻	

所謂(소위)

謂	謂	謂	謂	謂

惟	부수 心	총획 11
	생각할 유, 오직, 꾀하다	
	사람의 마음은 항상 높은 이상을 추구한다 하여 '생각하다, 오직'의 뜻	

惟獨(유독), 思惟(사유)

惟	惟	惟	惟	惟

乳	부수 乙	총획 8
	젖 유, 기르다, 젖먹이다	
	사람이나 날짐승이 자식이나 새끼를 낳아 '기른다'는 뜻	

乳母(유모), 乳酸(유산), 乳兒(유아)

乳	乳	乳	乳	乳

維	부수 糸	총획 14
	맬 유, 바, 오직	
	실로 새의 발을 매놓는다 하여 '메다'의 뜻	

維新(유신), 維持(유지)

維	維	維	維	維

幼	부수 幺	총획 5
	어릴 유, 어린아이	
	힘이 적고 약한 '어린 아이'라는 뜻	

幼年(유년), 幼兒(유아), 幼稚(유치)

有	부수 月	총획 6
	있을 유, 가지다, 과연	
	손에 고기가 들려 있다 하여 '가지다'의 뜻	

有名(유명), 有識(유식), 有人(유인)

幽	부수 幺	총획 9
	그윽할 유, 아득하다, 숨다	
	산 속의 작은 골짜기들은 그윽한 풍치가 있다 하여 '그윽하다'의 뜻	

幽明(유명), 幽玄(유현)

柔	부수 木	총획 9
	부드러울 유, 순하다	
	창의 자루로 쓰는 부드럽고 탄력성 있는 나무라 하여 '순하다'의 뜻	

柔順(유순), 柔靭(유인), 柔情(유정)

悠	부수 心	총획 11
	멀 유, 한가하다, 근심하다	
	마음에 여유가 있어 '한가하다'는 뜻. 마음이 상상의 세계를 난다 하여 '멀다'의 뜻	

悠久(유구), 悠然(유연)

由	부수 田	총획 5
	말미암을 유, 까닭	
	열매는 나뭇가지에서 비롯된다 하여 '말미암다'의 뜻	

由來(유래), 由緒(유서)

愈	부수 心	총획 13
	더욱 유, 낫다, 심하다	
	즐거운 마음으로 편히 쉬니 병이 점점 '나아진다'는 뜻	

愈愚(유우), 愈出愈怪(유출유괴)

油	부수 水	총획 8
	기름 유, 왕성하다	
	나무의 열매에서 짜낸 물은 '기름'이라는 뜻	

油田(유전), 油脂(유지)

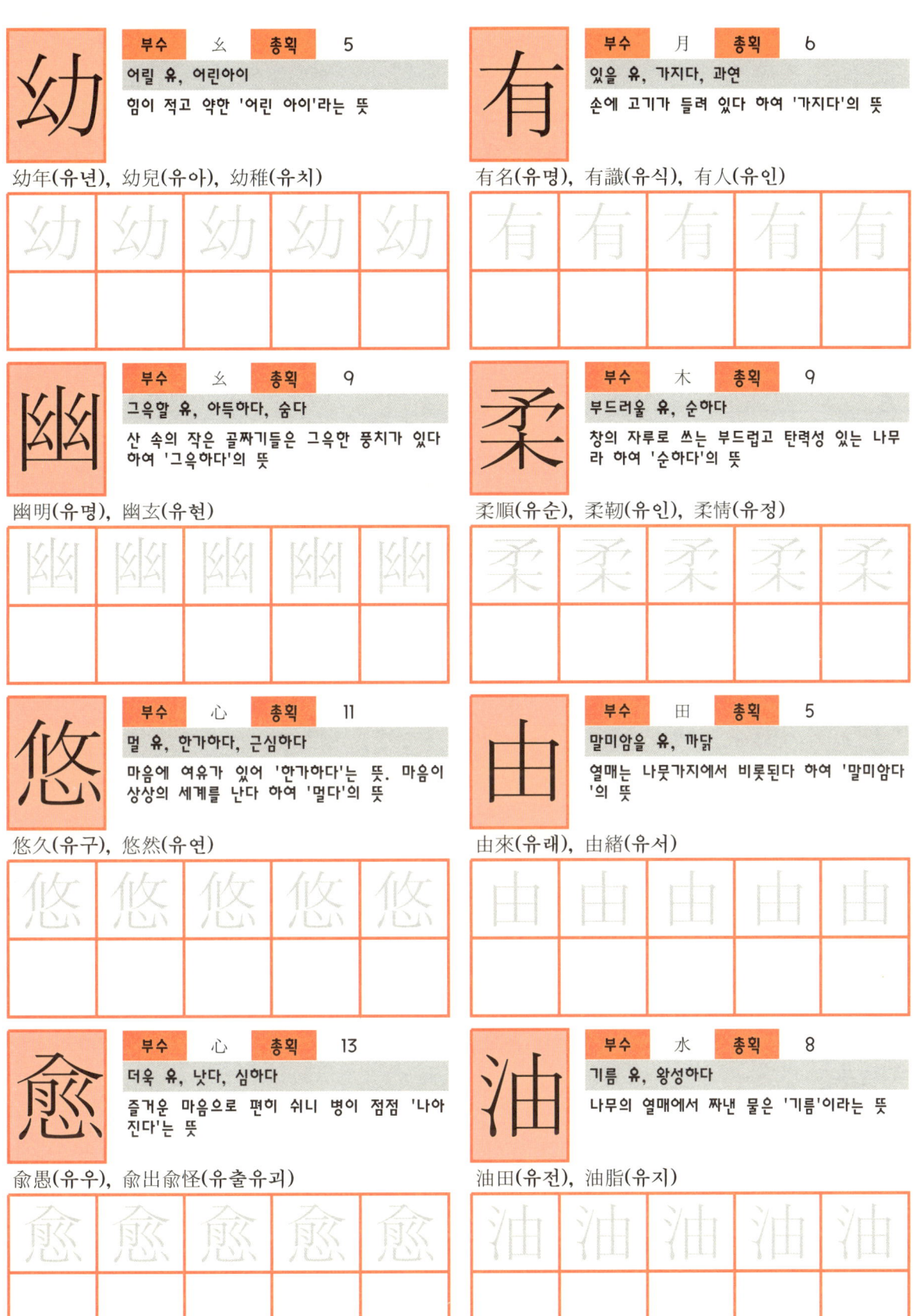

酉	부수 酉 총획 7
	닭 유, 열째 지지, 익다
	술은 닭이 둥우리에 들어갈 무렵인 저녁에 마신다 하여 12지의 열째인 '닭'의 뜻

酉時(유시), 乙酉(을유)

酉	酉	酉	酉	酉

遊	부수 辵 총획 13
	놀 유, 즐기다, 여행하다
	어린애가 깃발을 들고 다니며 뛰논다 하여 '놀다'의 뜻

遊覽(유람), 遊離(유리), 遊興(유흥)

遊	遊	遊	遊	遊

猶	부수 犬 총획 12
	오히려 유, 머뭇거리다
	마음속을 털어 놓는 것을 주저하는 성질이 있다 하여 '머뭇거리다'의 뜻

猶豫(유예), 猶子(유자), 猶兮(유혜)

猶	猶	猶	猶	猶

遺	부수 辵 총획 16
	끼칠 유, 남기다, 잃다
	길을 가다가 귀한 물건을 떨어뜨린다 하여 '잃다, 남기다'의 뜻

遺棄(유기), 遺言(유언)

遺	遺	遺	遺	遺

裕	부수 衣 총획 12
	넉넉할 유, 너그럽다
	옷이 커서 산골짜기처럼 여유가 있고 골이 진다 하여 '넉넉하다'의 뜻

裕寬(유관), 裕福(유복), 裕裕(유유)

裕	裕	裕	裕	裕

肉	부수 肉 총획 6
	고기 육, 살, 몸
	잘라낸 한 점의 고깃덩어리 모양의 글자

骨肉相爭(골육상쟁), 肉眼(육안)

肉	肉	肉	肉	肉

誘	부수 言 총획 14
	꾈 유, 당기다
	아름답고 그럴 듯한 말로 상대방을 '꾀어낸다'는 뜻

誘拐(유괴), 誘惑(유혹)

誘	誘	誘	誘	誘

育	부수 肉 총획 8
	기를 육
	아이가 어머니의 뱃속에서 태어난 모양으로 '자라다, 기르다'는 뜻

育成(육성), 育兒(육아), 育英(육영)

育	育	育	育	育

閏　부수 門　총획 12
윤달 윤, 윤위
윤달에는 왕이 문밖 출입을 하지 않았던 고대의 풍습에서 '윤달'이라는 뜻

閏年(윤년), 閏餘(윤여), 閏位(윤위)

閏 閏 閏 閏 閏

隱　부수 阜　총획 17
숨을 은, 은퇴하다, 아끼다
산에 가리어 보이지 않게 된다 하여 '숨기다'의 뜻

隱匿(은닉), 隱微(은미), 隱秘(은비)

隱 隱 隱 隱 隱

潤　부수 水　총획 15
윤택할 윤, 붇다, 적시다
물이 듬뿍 스며들어 축축하다 하여 '적시다, 윤택하다'의 뜻

潤氣(윤기), 潤滑(윤활)

潤 潤 潤 潤 潤

乙　부수 乙　총획 1
새 을, 둘째 천간
새의 가슴을 본뜬 글자

甲乙(갑을), 乙巳條約(을사조약)

乙 乙 乙 乙 乙

銀　부수 金　총획 14
은 은, 돈
흰 빛을 띤 쇠붙이의 하나인 '은'이라는 뜻

銀塊(은괴), 銀幕(은막), 銀環(은환)

銀 銀 銀 銀 銀

吟　부수 口　총획 7
읊을 음, 끙끙거리다
입 속으로 끙끙거리며 신음한다 하여 '읊다, 끙끙거리다'의 뜻

吟客(음객), 吟味(음미)

吟 吟 吟 吟 吟

恩　부수 心　총획 10
은혜 은, 신세, 사랑하다
진심으로 우러난 도움으로 말미암아 보답을 받게 된다 하여 '은혜, 사랑'의 뜻

恩人(은인), 恩寵(은총)

恩 恩 恩 恩 恩

陰　부수 阜　총획 11
그늘 음, 흐리다, 세월
산이나 언덕에 가려서 햇살이 들지 않는 '그늘'이라는 뜻

陰氣(음기), 陰謀(음모)

陰 陰 陰 陰 陰

淫	부수 水 총획 11
	음란할 **음**, 방탕하다
	물을 가까이 하면 빠지기 쉽다 하여 '정도를 넘다, 과하다'의 뜻

淫談(음담), 淫亂(음란)

淫	淫	淫	淫	淫

邑	부수 邑 총획 7
	고을 **읍**, 도읍, 근심하다
	경계선 안에 사람들이 살고 있는 '고을'이라는 뜻

邑內(읍내), 邑憐(읍련), 邑里(읍리)

邑	邑	邑	邑	邑

音	부수 音 총획 9
	소리 **음**, 음악, 소식
	말씀 언(言)의 口에 한 획을 더 그어 말소리에 마디가 있다 하여 '소리'의 뜻

音曲(음곡), 音聲(음성), 音義(음의)

音	音	音	音	音

應	부수 心 총획 17
	응할 **응**, 응당, 대답하다
	매가 주인의 보살핌에 꿩 등을 잡아 '보답한다'는 뜻

應諾(응낙), 應答(응답), 應當(응당)

應	應	應	應	應

飮	부수 食 총획 13
	마실 **음**, 물먹이다, 음료
	밥을 먹을 때와 같이 입을 벌리고 물이나 술 따위를 '마신다'는 뜻

飮料(음료), 飮食(음식), 飮酒(음주)

飮	飮	飮	飮	飮

衣	부수 衣 총획 6
	옷 **의**, 옷입다
	사람이 웃저고리를 입고 있는 모양의 글자

衣類(의류), 衣裳(의상), 衣食(의식)

衣	衣	衣	衣	衣

泣	부수 水 총획 8
	소리 없이 울 **읍**, 울다
	소리 없이 눈물을 흘리며 '운다'는 뜻

泣禱(읍도), 泣請(읍청), 泣涕(읍체)

泣	泣	泣	泣	泣

依	부수 人 총획 8
	따를 **의**, 비슷하다
	사람이 옷을 입어 몸을 보호한다 하여 '의지한다'의 뜻

依舊(의구), 依他(의타), 依託(의탁)

依	依	依	依	依

	부수 羊	총획 13
義	옳을 의, 맺다, 뜻	
	나의 마음씨를 양같이 착하게 가진다 하여 '바르다, 옳다'의 뜻	

義理(의리), 義憤(의분)

義	義	義	義	義

	부수 心	총획 13
意	뜻 의, 생각, 의미	
	말로 나타내고자 하는 마음속의 '생각'이라는 뜻	

意見(의견), 意思(의사)

意	意	意	意	意

	부수 人	총획 15
儀	거동 의, 모양, 법도	
	사람이 올바른 행동을 해야 한다 하여 '법도, 거동'의 뜻	

儀式(의식), 儀典(의전)

儀	儀	儀	儀	儀

	부수 矢	총획 7
矣	어조사 의, 말그치다	
	자신이 올바로 판단하기 위해 말을 멈추고 생각을 정리한다는 '결정'등의 어조사	

矣夫(의부), 矣哉(의재), 矣乎(의호)

矣	矣	矣	矣	矣

	부수 言	총획 20
議	논의할 의, 말하다	
	올바른 결론을 얻기 위하여 서로 말을 나눈다 하여 '의논하다, 꾀하다'의 뜻	

議決(의결), 議案(의안), 議題(의제)

議	議	議	議	議

	부수 疋	총획 14
疑	의심 의, 의심하다	
	아이의 걸음걸이가 똑바르지 못하여 쓰러지지 않을까 '의심한다'는 뜻	

疑懼(의구), 疑心(의심)

疑	疑	疑	疑	疑

	부수 宀	총획 8
宜	마땅할 의	
	宀와 組(고기를 담는 그릇, 도마)로 이루어진 글자. 신에게 기도드린다는 의미에서 '순리에 맞는 일'을 뜻	

宜當(의당), 適宜(적의)

宜	宜	宜	宜	宜

	부수 酉	총획 18
醫	의원 의, 병고치다	
	신음하는 환자의 상처를 술로 소독하고 치료하는 사람이 '의원'이라는 뜻	

醫師(의사), 醫院(의원)

醫	醫	醫	醫	醫

	부수 二 총획 2
二	두 이, 거듭
	一자 아래 다시 一을 받쳐 수효의 '둘'이라는 뜻

二等(이등), 二輪(이륜), 二心(이심)

二	二	二	二	二

	부수 貝 총획 12
貳	두 이, 버금
	두 번째로 돈을 지불한다 하여 '버금'의 뜻

貳相(이상), 貳心(이심)

貳	貳	貳	貳	貳

	부수 人 총획 5
以	써 이, 부터, 까닭
	사람이 쟁기를 써야만 밭을 갈 수 있다 하여 '부터, 까닭'의 뜻

以內(이내), 所以然(소이연)

以	以	以	以	以

	부수 禾 총획 11
移	옮길 이, 변하다, 모내다
	못자리에 있는 많은 모를 논에 옮겨 심는다하여 '옮기다, 모내다'의 뜻

移動(이동), 移植(이식), 移秧(이앙)

移	移	移	移	移

	부수 大 총획 6
夷	오랑캐 이, 멸하다, 상하다
	활을 든 사람, 동쪽에 있는 미개한 나라의 사람이라 하여 동쪽 '오랑캐'의 뜻

東夷(동이), 夷狄(이적)

夷	夷	夷	夷	夷

	부수 而 총획 6
而	말이을 이, 어조사, 너
	말이 수염 사이로 연이어 나온다 하여 문장 연결의 어조사로 쓰임

而今(이금), 而已(이이)

而	而	而	而	而

	부수 已 총획 3
已	이미 이, 그치다, 따름
	'잘라 끊다'의 뜻을 나타내는 조사

已甚(이심), 已往(이왕), 不得已(부득이)

已	已	已	已	已

	부수 耳 총획 6
耳	귀 이, 뿐
	귀에 관한 것 외에 '헤아리는 일, 알다, 자손에 관한 것'이라는 뜻

耳目(이목), 耳順(이순)

耳	耳	耳	耳	耳

異	부수 田 총획 12
	다를 이, 나누다, 괴상하다
	사람이 가면을 뒤집어 쓴 모양으로 다른 사람이 된 것 같다 하여 '다르다'의 뜻

異論(이론), 異邦人(이방인), 異彩(이채)

仁	부수 人 총획 4
	어질 인, 동정하다
	두 사람이 친하게 지냄을 뜻한다 하여 '어질다'의 뜻

仁善(인선), 仁慈(인자), 仁者(인자)

翼	부수 羽 총획 17
	날개 익, 돕다, 호위하다
	몸 양쪽에 붙은 각각의 날개가 서로 협조하며 난다 하여 '돕다'의 뜻

翼善(익선), 翼成(익성)

刃	부수 刀 총획 3
	칼날 인, 병장기, 미늘
	칼날을 가리키며, 날카롭게 날을 세운 '칼'이라는 뜻

刃傷(인상), 白刃(백인), 自刃(자인)

益	부수 皿 총획 10
	더할 익, 이익, 넘치다
	그릇 위로 물이 넘친다 하여 '더하다'의 뜻

利益(이익), 益友(익우), 益鳥(익조)

印	부수 卩 총획 6
	도장 인, 찍다
	정사를 맡은 사람이 그 도장을 손으로 '찍는다'는 뜻

印刷(인쇄), 印章(인장)

人	부수 人 총획 2
	사람 인, 인품, 남
	사람이 팔을 뻗치고 서 있는 모양의 글자

人類(인류), 人品(인품)

寅	부수 宀 총획 11
	동방 인, 삼가다, 세째 지지
	사람이 집안에서 두 손을 맞잡고 굳게 약속한다 하여 '삼가다'의 뜻

寅時(인시)

因	부수 口 총획 6
	인할 인, 까닭, 인연
	사람이 요에 누워 몸을 의지한다 하여 '인하다, 말미암아'의 뜻

因果(인과), 因習(인습), 因緣(인연)

因	因	因	因	因

認	부수 言 총획 14
	인정할 인, 허락하다, 알다
	남의 말을 참고 들어 그 내용을 알고 '허락한다'는 뜻

認可(인가), 認定(인정)

認	認	認	認	認

姻	부수 女 총획 9
	혼인 인, 아내, 인연
	여자가 남자에게 의지하고 살아가려고 시집을 간다 하여 '혼인, 아내'의 뜻

姻戚(인척), 姻通(인통)

姻	姻	姻	姻	姻

一	부수 一 총획 1
	한 일, 첫째, 오로지
	손가락 하나, 선 하나를 옆으로 그어 수효의 '하나'라는 뜻

一流(일류), 一理(일리), 一味(일미)

一	一	一	一	一

引	부수 弓 총획 4
	끌 인, 늘이다, 인도하다
	활사위에 화살을 메겨 끌어당긴다 하여 '이끌다, 늘이다'의 뜻

引導(인도), 引上(인상), 引率(인솔)

引	引	引	引	引

壹	부수 士 총획 12
	한 일, 오직, 합하다
	병 속에 좋은 것을 넣어 오로지 길한 마음을 품고 있다 하여 '오직, 하나'의 뜻

壹是(일시), 壹意(일의)

壹	壹	壹	壹	壹

忍	부수 心 총획 7
	참을 인, 잔인하다
	칼로 심장을 찌르는 듯한 아픔도 '참고 견딘다'는 뜻

忍耐(인내), 忍辱(인욕), 忍從(인종)

忍	忍	忍	忍	忍

日	부수 日 총획 4
	날 일, 해, 하루
	해 모양의 글자로 '해, 날, 하루'의 뜻

日課(일과), 日光(일광), 日夜(일야)

日	日	日	日	日

逸	부수 辶 총획 12
	편안할 일, 달리다, 숨다
	토끼가 도망쳐 숨으니 편안하게 되었다 하여 '달리다, 편안하다'의 뜻

安逸(안일), 逸德(일덕), 逸走(일주)

逸	逸	逸	逸	逸

入	부수 入 총획 2
	들 입, 넣다, 빠지다
	두 선이 합하여 어떤 물체 속으로 갈라진 아랫부분도 뒤따라 '들어간다'는 뜻

入閣(입각), 入口(입구), 入隊(입대)

入	入	入	入	入

壬	부수 士 총획 4
	아홉째 천간 임, 북방
	베틀의 날실을 감는 축 모양의 글자

壬年(임년), 壬人(임인)

壬	壬	壬	壬	壬

刺	부수 刀 총획 8
	① 찌를 자 ② 칼로 찌를 척
	가시나 칼은 모두 찌르는 것이기 때문에 '찌르다'는 뜻

刺客(자객), 刺殺(척살)

刺	刺	刺	刺	刺

任	부수 人 총획 6
	맡길 임, 믿다, 짐
	사람이 짐을 짊어지듯 책임을 진다 하여 '맡는다'의 뜻

任命(임명), 任務(임무), 任意(임의)

任	任	任	任	任

姉	부수 女 총획 8
	누이 자, 맏누이
	다 자란 손 위의 '누이'라는 뜻

姉妹(자매)

姉	姉	姉	姉	姉

賃	부수 貝 총획 13
	품팔이 임, 품삯, 빌리다
	맡은 일을 한 댓가로 받는 돈이라 하여 '품삯'의 뜻

賃金(임금), 賃貸(임대), 賃借(임차)

賃	賃	賃	賃	賃

者	부수 老 총획 9
	놈 자, 사람, 어조사
	화로 속에 나무가 불타고 있는 모양의 글자로 '놈, 것'이라는 뜻

論者(논자)

者	者	者	者	者

姿	부수 女 총획 9
	맵시 자, 모습, 성품
	여자들이 차례로 늘어앉아 있는 모습이라 하여 '맵시'의 뜻

姿勢(자세), 姿態(자태)

姿 姿 姿 姿 姿

慈	부수 心 총획 13
	사랑 자, 착하다, 어머니
	어미 새가 새끼를 품어 키우듯 어머니의 자애스런 마음이라 하여 '사랑'의 뜻

慈母(자모), 慈善(자선), 慈愛(자애)

慈 慈 慈 慈 慈

資	부수 貝 총획 13
	재물 자, 자본, 근본
	사람이 목숨 다음으로 소중하게 여기는 것이 '돈이나 재물'이라는 뜻

資金(자금), 資源(자원), 資質(자질)

資 資 資 資 資

子	부수 子 총획 3
	아들 자, 사람, 알다
	어린아이가 두 팔을 벌리고 있는 모양의 글자

子婦(자부), 子孫(자손), 冊子(책자)

子 子 子 子 子

恣	부수 心 총획 10
	방자할 자, 제멋대로 하다
	자기보다 못하다고 생각하는 마음이라 하여 '방자함'의 뜻

恣心(자심), 放恣(방자)

恣 恣 恣 恣 恣

字	부수 子 총획 6
	글자 자, 기르다, 자(字)
	아들이 집안의 계통을 이어가듯 '글자'도 기본자를 바탕으로 만들어졌다는 뜻

字句(자구), 字義(자의), 字解(자해)

字 字 字 字 字

玆	부수 玄 총획 10
	검을 자, 이에
	검을 현을 나란히 놓아 아주 '검고 어두움'의 뜻

若玆(약자), 今玆(금자)

玆 玆 玆 玆 玆

紫	부수 糸 총획 11
	자주빛 자
	실이 지닌 색깔이 바로 이것이다 하고 감탄할 만한 색이 '자주빛'이라는 뜻

紫錦(자금), 紫水晶(자수정), 紫雲(자운)

紫 紫 紫 紫 紫

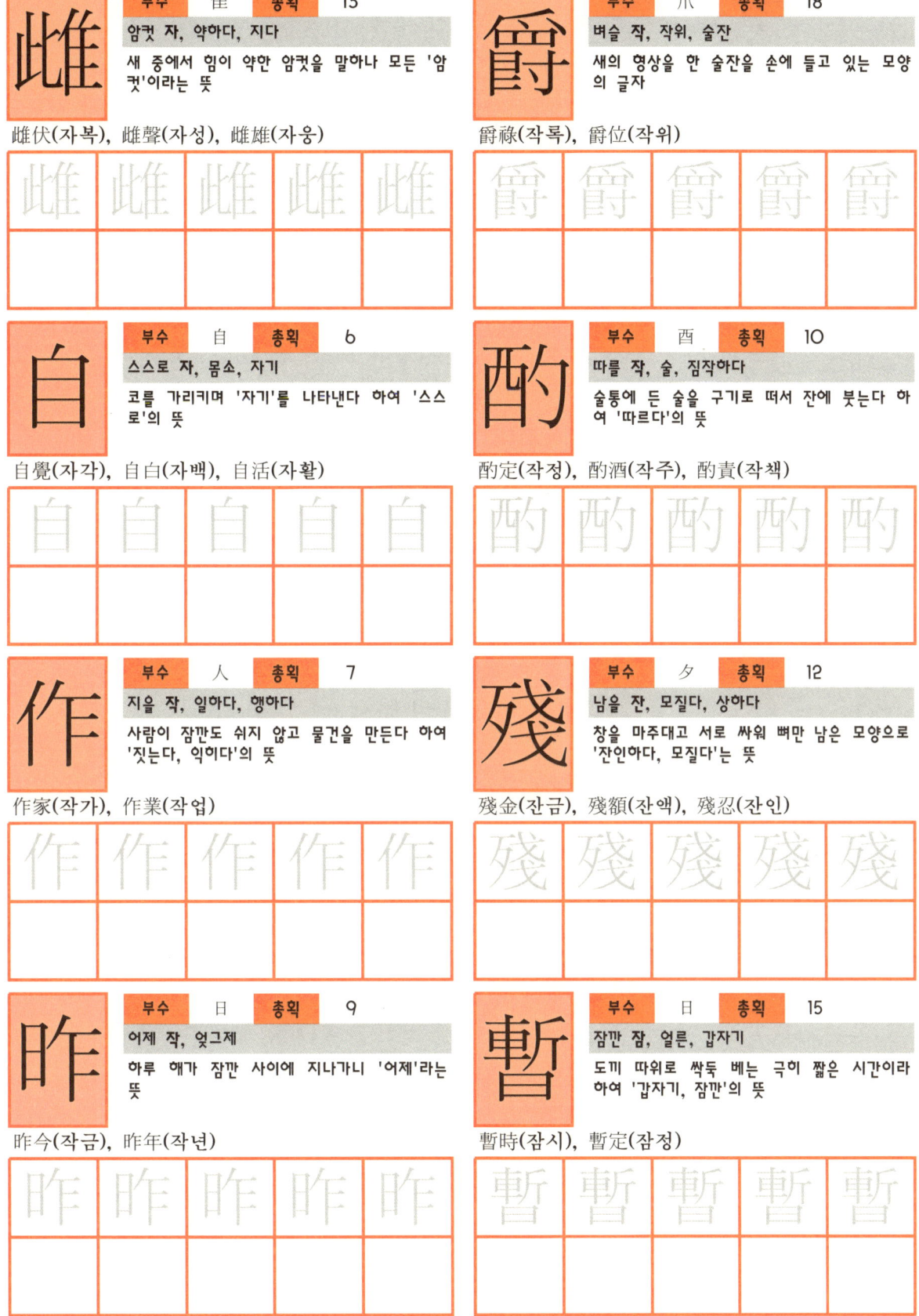

| 부수 | 隹 | 총획 | 13 |

雌 암컷 자, 약하다, 지다

새 중에서 힘이 약한 암컷을 말하나 모든 '암컷'이라는 뜻

雌伏(자복), 雌聲(자성), 雌雄(자웅)

| 부수 | 爪 | 총획 | 18 |

爵 벼슬 작, 작위, 술잔

새의 형상을 한 술잔을 손에 들고 있는 모양의 글자

爵祿(작록), 爵位(작위)

| 부수 | 自 | 총획 | 6 |

自 스스로 자, 몸소, 자기

코를 가리키며 '자기'를 나타낸다 하여 '스스로'의 뜻

自覺(자각), 自白(자백), 自活(자활)

| 부수 | 酉 | 총획 | 10 |

酌 따를 작, 술, 짐작하다

술통에 든 술을 구기로 떠서 잔에 붓는다 하여 '따르다'의 뜻

酌定(작정), 酌酒(작주), 酌責(작책)

| 부수 | 人 | 총획 | 7 |

作 지을 작, 일하다, 행하다

사람이 잠깐도 쉬지 않고 물건을 만든다 하여 '짓는다, 익히다'의 뜻

作家(작가), 作業(작업)

| 부수 | 歹 | 총획 | 12 |

殘 남을 잔, 모질다, 상하다

창을 마주대고 서로 싸워 뼈만 남은 모양으로 '잔인하다, 모질다'는 뜻

殘金(잔금), 殘額(잔액), 殘忍(잔인)

| 부수 | 日 | 총획 | 9 |

昨 어제 작, 엊그제

하루 해가 잠깐 사이에 지나가니 '어제'라는 뜻

昨今(작금), 昨年(작년)

| 부수 | 日 | 총획 | 15 |

暫 잠깐 잠, 얼른, 갑자기

도끼 따위로 싹둑 베는 극히 짧은 시간이라 하여 '갑자기, 잠깐'의 뜻

暫時(잠시), 暫定(잠정)

	부수 水 총획 15
潛	잠길 잠, 감추다
	물속에 몰래 숨어 몸을 '감춘다'는 뜻

潛居(잠거), 潛結(잠결), 潛水(잠수)

潛	潛	潛	潛	潛

	부수 土 총획 12
場	마당 장, 곳, 때
	햇빛이 잘 드는 양지 바른 땅이라 하여 '마당' 의 뜻

登場(등장), 場面(장면)

場	場	場	場	場

	부수 虫 총획 24
蠶	누에 잠
	목구멍에서 실을 빼내는 벌레라 하여 '누에'의 뜻

蠶食(잠식), 蠶室(잠실)

蠶	蠶	蠶	蠶	蠶

	부수 肉 총획 13
腸	창자 장
	햇살에 깃발이 꾸불꾸불한 모양으로 몸속에 꾸불꾸불하게 들어 있는 '창자'라는 뜻

腸斷(장단), 胃腸(위장)

腸	腸	腸	腸	腸

	부수 隹 총획 18
雜	섞일 잡, 어수선하다
	여러 색깔의 천을 모아서 만든 옷은 얼룩덜룩 하다 하여 '섞이다'의 뜻

雜居(잡거), 雜費(잡비), 雜話(잡화)

雜	雜	雜	雜	雜

	부수 士 총획 7
壯	장할 장, 굳세다, 씩씩하다
	나무를 조각 낼 수 있는 사내는 '장사'라는 뜻

壯烈(장렬), 宏壯(굉장), 壯觀(장관)

壯	壯	壯	壯	壯

	부수 一 총획 3
丈	어른 장, 길이, 지팡이
	열 십은 손을 가리키며 손에 지팡이를 든 '어른'이란 뜻

丈家(장가), 丈夫(장부), 丈席(장석)

丈	丈	丈	丈	丈

	부수 艸 총획 11
莊	장중할 장, 장엄하다
	초목이 크게 자라 무성하다 하여 '장엄하다, 장중하다'의 뜻

莊嚴(장엄), 莊重(장중)

莊	莊	莊	莊	莊

裝	부수 衣	총획 13
	꾸밀 장, 치장하다, 차리다	
	옷을 훌륭하게 차려 입는다 하여 '꾸미다, 치장하다'의 뜻	

裝備(장비), 裝飾(장식), 裝置(장치)

臟	부수 肉	총획 22
	오장 장	
	몸속에 감추어져 있는 내장을 통틀어 '오장'이라는 뜻	

臟器(장기), 臟腑(장부)

將	부수 寸	총획 11
	장수 장, 장차, 거느리다	
	신에게 많은 제물을 차려 놓고 법도 있게 많은 씨족을 거느린다 하여 '장수'의 뜻	

將校(장교), 將來(장래)

牆	부수 뉘	총획 17
	담 장, 사모하다	
	나무 조각을 세워서 막은 높은 '담장'이란 뜻	

牆壁(장벽), 牆屋(장옥)

奬	부수 犬	총획 15
	권면할 장, 칭찬하다, 돕다	
	장차 큰 인물이 되라고 '권면한다'는 뜻	

勸奬(권장), 奬勵(장려), 奬學金(장학금)

章	부수 立	총획 11
	글 장, 맑다, 표하다	
	十은 수가 일단락 지어짐을 나타내며, 음악의 한 단락, 글이 일단락된 '장'의 뜻	

章句(장구), 章理(장리), 章程(장정)

藏	부수 艹	총획 18
	감출 장, 곳집, 간직하다	
	풀로 곡식 따위를 덮어 감추거나 '간직한다'는 뜻	

藏匿(장닉), 藏書(장서), 藏中(장중)

障	부수 阜	총획 14
	막힐 장, 막다, 거리끼다	
	음악에 있어 장과 장이 구별되듯이 언덕이 가로 막혀 있다 하여 '막히다'의 뜻	

障距(장거), 障壁(장벽), 障害(장해)

부수	長	총획	8

長

길 장, 어른, 오래다

수염과 머리카락이 긴 노인이 지팡이를 짚고 있는 모양으로 '길다, 어른'이라는 뜻

長久(장구), 長年(장년), 長大(장대)

부수	米	총획	12

粧

단장할 장

곱게 분장하여 몸을 단정하게 한다 하여 '단장'의 뜻

粧刀(장도), 粧冊(장책)

부수	巾	총획	11

帳

휘장 장, 장막, 장부

추위나 햇빛을 막기 위해 길게 둘러친 '휘장, 장막'이라는 뜻

帳幕(장막), 帳簿(장부)

부수	艸	총획	13

葬

장사 장, 장사지내다

옛날에 죽은 사람을 풀로 덮거나 풀이 무성한 들에 묻었다 하여 '장사'의 뜻

葬禮(장례), 葬事(장사)

부수	弓	총획	11

張

베풀 장, 벌리다, 성

활시위를 길게 잡아당겨 '벌린다'는 뜻. '베풀다'의 뜻

張本(장본), 主張(주장)

부수	冂	총획	6

再

두 번 재, 거듭, 다시

쌓아놓은 재목 위에 거듭 쌓는다하여 '두 번, 거듭'의 뜻

再建(재건), 再考(재고), 再起(재기)

부수	手	총획	12

掌

손바닥 장, 맡다

손의 거의 전부를 차지하고 있는 것이 '손바닥'이라는 뜻

掌匣(장갑), 掌握(장악), 分掌(분장)

부수	口	총획	9

哉

어조사 재, 비롯하다

戈는 끊어진다는 뜻이 있어 입으로 하는 말이 끊어지는데 쓰는 어조사로 쓰임

嗚呼通哉(오호통재), 哉生明(재생명)

栽	부수 木 총획 10
	심을 재, 토담틀
	연장으로 흙을 파서 나무를 심고 뿌리에 흙을 북돋아 '가꾼다'는 뜻

栽培(재배), 栽盆(재분)

栽	栽	栽	栽	栽

才	부수 手 총획 3
	재주 재, 재간
	초목이 싹이 자라나듯 사람의 능력도 클 수 있다 하여 '재주'의 뜻

才能(재능), 才德(재덕), 才色(재색)

才	才	才	才	才

裁	부수 衣 총획 12
	마를 재, 헤아리다
	옷감을 본에 맞추어 잘라 마른다 하여 '자르다, 결단'의 뜻

裁斷(재단), 裁量(재량), 裁判(재판)

裁	裁	裁	裁	裁

材	부수 木 총획 7
	재목 재, 감, 재주
	집을 지을 때의 바탕이 되는 나무라 하여 '재목'의 뜻

材料(재료), 材木(재목), 人材(인재)

材	材	材	材	材

載	부수 車 총획 13
	실을 재, 해
	𢦏는 덧방(덧댄나무)의 뜻으로 덧방을 댄 수레에 짐을 '싣는다'는 뜻

載路(재로), 載拜(재배), 載積(재적)

載	載	載	載	載

財	부수 貝 총획 10
	재물 재, 보배, 뇌물
	삶의 바탕이 되는 돈이나 재물을 쌓은 '재산'이라는 뜻

財物(재물), 財産(재산)

財	財	財	財	財

在	부수 土 총획 6
	있을 재, 존재하다
	새싹이 흙에 뿌리를 박고 있다는 뜻으로 널리 땅 위에 물건이 '존재한다'는 뜻

在京(재경), 在物(재물), 在任(재임)

在	在	在	在	在

災	부수 火 총획 7
	재앙 재, 천벌, 횡액
	물과 불로 인하여 모든 '재앙이 생긴다'는 뜻

災殃(재앙), 災厄(재액), 災害(재해)

災	災	災	災	災

爭	부수 爪 총획 8
	다툴 쟁, 간하다
	위와 아래에서 손으로 물건을 잡고 서로 잡아 당기며 '다툰다'는 뜻

爭權(쟁권), 爭議(쟁의), 爭取(쟁취)

著	부수 艹 총획 13
	① 나타날 저, 짓다 ② 붙을 착
	대나무로 만든 것에 글을 적었다 하여 '나타 내다'의 뜻

自家撞著(자가당착), 著名(저명), 著書(저서)

低	부수 人 총획 7
	낮을 저, 값싸다, 숙이다
	사람이 몸을 구부리거나 머리를 낮춘다 하여 '낮다, 숙이다'의 뜻

低級(저급), 低廉(저렴), 低俗(저속)

貯	부수 貝 총획 12
	쌓을 저, 저장하다
	재물을 '쌓아둔다'는 뜻. 돈을 모아두는 '저축' 이라는 뜻

貯金(저금), 貯水(저수), 貯蓄(저축)

抵	부수 手 총획 8
	막을 저, 당하다, 거스리다
	덤벼오는 적을 잡아 낮은 곳으로 '밀쳐 버린 다'는 뜻

抵當(저당), 抵抗(저항)

寂	부수 宀 총획 11
	고요할 적, 죽다
	어린 아이가 집에 혼자 있으니 '조용하고 쓸 쓸하다'는 뜻

寂寞(적막), 寂滅(적멸), 靜寂(정적)

底	부수 广 총획 8
	밑 저, 구석, 이르다
	돌 바위 아래의 낮은 곳이 '밑'이라는 뜻

底意(저의), 徹底(철저)

摘	부수 手 총획 14
	딸 적, 들추어낸다
	손으로 과일의 꼭지를 '딴다'는 뜻. 손으로 나 무뿌리를 뽑아 '들추어 낸다'는 뜻

摘發(적발), 摘要(적요)

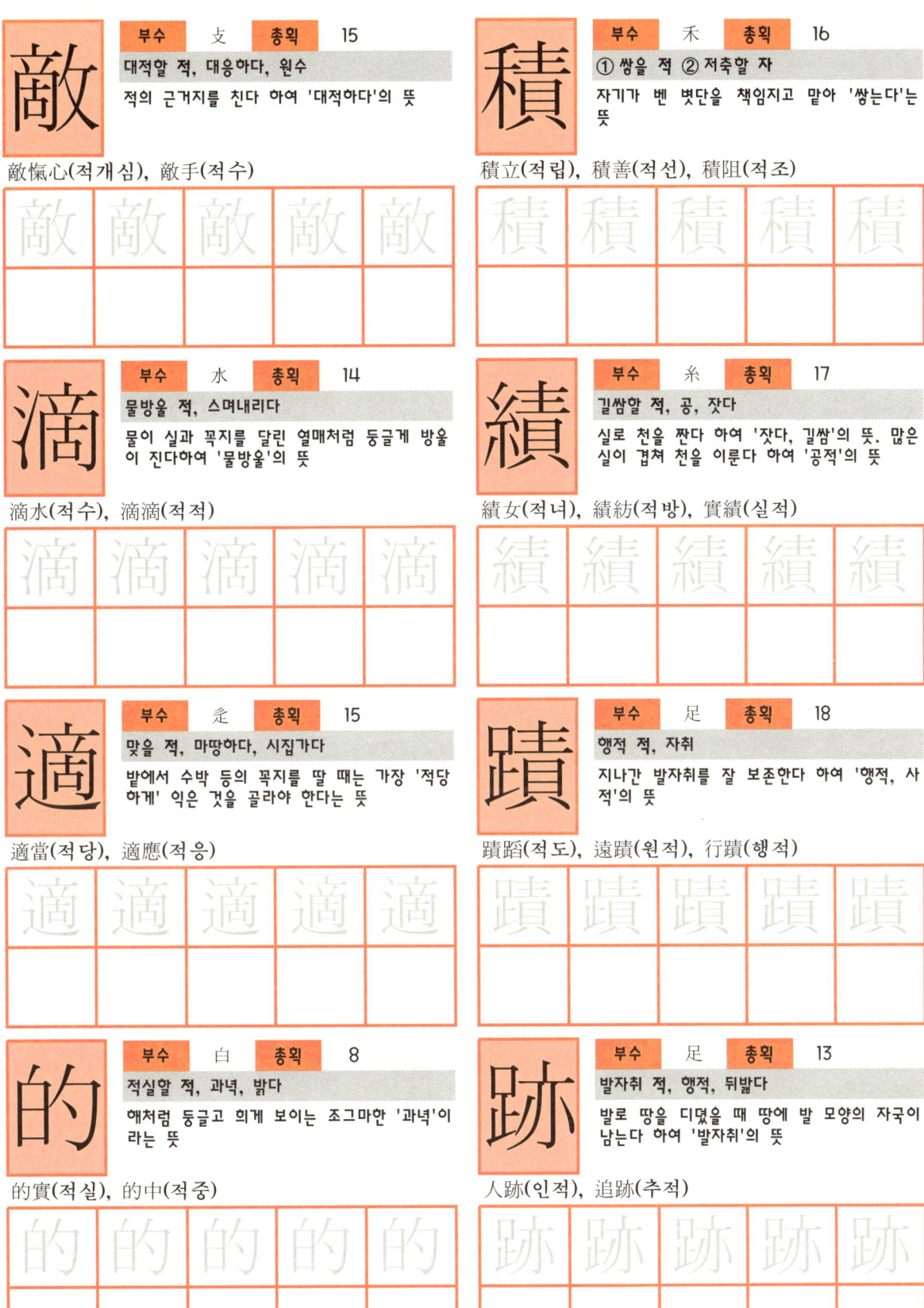

敵
부수 攴 총획 15
대적할 적, 대응하다, 원수
적의 근거지를 친다 하여 '대적하다'의 뜻
敵愾心(적개심), 敵手(적수)

積
부수 禾 총획 16
① 쌓을 적 ② 저축할 자
자기가 벤 볏단을 책임지고 맡아 '쌓는다'는 뜻
積立(적립), 積善(적선), 積阻(적조)

滴
부수 水 총획 14
물방울 적, 스며내리다
물이 실과 꼭지를 달린 열매처럼 둥글게 방울이 진다하여 '물방울'의 뜻
滴水(적수), 滴滴(적적)

績
부수 糸 총획 17
길쌈할 적, 공, 잣다
실로 천을 짠다 하여 '잣다, 길쌈'의 뜻. 많은 실이 겹쳐 천을 이룬다 하여 '공적'의 뜻
績女(적녀), 績紡(적방), 實績(실적)

適
부수 辶 총획 15
맞을 적, 마땅하다, 시집가다
밭에서 수박 등의 꼭지를 딸 때는 가장 '적당하게' 익은 것을 골라야 한다는 뜻
適當(적당), 適應(적응)

蹟
부수 足 총획 18
행적 적, 자취
지나간 발자취를 잘 보존한다 하여 '행적, 사적'의 뜻
蹟蹈(적도), 遠蹟(원적), 行蹟(행적)

的
부수 白 총획 8
적실할 적, 과녁, 밝다
해처럼 둥글고 희게 보이는 조그마한 '과녁'이라는 뜻
的實(적실), 的中(적중)

跡
부수 足 총획 13
발자취 적, 행적, 뒤밟다
발로 땅을 디뎠을 때 땅에 발 모양의 자국이 남는다 하여 '발자취'의 뜻
人跡(인적), 追跡(추적)

笛	부수 竹	총획 11
	저 적, 피리	
	대나무를 다듬어 소리를 내게 한다 하여 '피리'의 뜻	

鼓笛隊(고적대), 笛怜(적령)

笛	笛	笛	笛	笛

專	부수 寸	총획 11
	오로지 전, 마음대로 하다	
	실을 감는 물레는 규칙적으로 한쪽으로만 돌아간다 하여 '오로지'의 뜻	

專決(전결), 專心(전심)

專	專	專	專	專

賊	부수 貝	총획 13
	도둑 적, 해치다	
	흉기를 가지고 남의 재물을 훔치는 '도둑'이라는 뜻	

賊軍(적군), 賊徒(적도), 賊傷(적상)

賊	賊	賊	賊	賊

傳	부수 人	총획 13
	전할 전, 잇다, 전기	
	실이 풀려가듯 달려가는 역마를 말하며, 사람이 역마를 타고 소식을 '전한다'는 뜻	

傳記(전기), 傳染(전염), 傳統(전통)

傳	傳	傳	傳	傳

赤	부수 赤	총획 7
	붉을 적, 비다	
	크게 타는 불은 그 빛이 '붉다'는 뜻. 불에 타서 '아무것도 없다'는 뜻	

赤裸裸(적나라), 赤貧(적빈)

赤	赤	赤	赤	赤

轉	부수 車	총획 18
	구를 전, 옮기다, 굴리다	
	수레바퀴가 실패같이 돌아간다 하여 '구르다'의 뜻	

轉嫁(전가), 轉轉(전전)

轉	轉	轉	轉	轉

籍	부수 竹	총획 20
	서적 적, 호적, 문서	
	대쪽 같은 것을 빌어 사람 이름을 적는다 하여 '문서, 호적'의 뜻	

籍沒(적몰), 籍帳(적장), 籍籍(적적)

籍	籍	籍	籍	籍

典	부수 八	총획 8
	법 전, 경전, 맡다	
	책상 위의 책을 말함. 책은 사람에게 소중하며 언행에 규범이 된다 하여 '법'의 뜻	

典當(전당), 典法(전법)

典	典	典	典	典

前	부수 刀 총획 9
	앞 전, 옛, 먼저
	칼로 나무를 베어 배를 만들어 앞으로 나아가는 방향이라 하여 '앞'의 뜻

前方(전방), 前兆(전조), 前後(전후)

前	前	前	前	前

錢	부수 金 총획 16
	돈 전
	금속으로 창이나 칼처럼 깎아 만들었던 옛날 돈을 말함. '동전'의 뜻

錢主(전주), 錢形(전형)

錢	錢	錢	錢	錢

展	부수 尸 총획 10
	펼 전, 살피다, 나아가다
	비단 옷을 입고 팔 다리를 펴서 몸매를 자랑한다 하여 '펼치다, 나아가다'의 뜻

展開(전개), 展望(전망), 展示會(전시회)

展	展	展	展	展

全	부수 人 총획 6
	온전할 전, 갖추다, 모두
	많은 구슬 중에서 가장 순수하고 빼어난 구슬이라 하여 '완전'의 뜻

全滅(전멸), 全部(전부), 全燒(전소)

全	全	全	全	全

田	부수 田 총획 5
	밭 전, 사냥하다
	가로와 세로로 구획된 농토를 위에서 본 모양의 글자

田畓(전답), 田園(전원), 田地(전지)

田	田	田	田	田

電	부수 雨 총획 13
	번개 전, 전기
	비가 올 때 빛을 내는 '번개, 전기'의 뜻

電光(전광), 電源(전원), 電波(전파)

電	電	電	電	電

戰	부수 戈 총획 16
	싸울 전, 무서워 떤다
	무기를 들고 서로 '싸운다'는 뜻. 전쟁이 일어나면 백성들이 '무서워 떤다'는 뜻

戰勢(전세), 戰慄(전율), 戰爭(전쟁)

戰	戰	戰	戰	戰

折	부수 手 총획 7
	꺾을 절, 타협하다, 꾸짖다
	손에 든 도끼로 물건을 찍는다 하여 '꺾다'의 뜻

骨折(골절), 折半(절반), 折腰(절요)

折	折	折	折	折

節	부수 竹 총획 15
	마디 절, 예절, 절개
	대나무가 자라나감에 따라 생겨나는 '마디'이며, 간격이 일정하다 하여 '절개'의 뜻

節槪(절개), 節度(절도), 節約(절약)

店	부수 广 총획 8
	가게 점, 주막, 점포
	집에 물건을 벌려 놓고 팔고 사는 곳이 '가게'라는 뜻

商店(상점), 店員(점원), 店鋪(점포)

絶	부수 糸 총획 12
	끊을 절, 절귀, 으뜸
	칼로 실을 '끊는다'는 뜻

絶景(절경), 絶交(절교)

點	부수 黑 총획 17
	점찍을 점, 검사하다
	먹물이 튀어 얼룩이 졌다 하여 '점찍다'의 뜻

點檢(점검), 點心(점심), 點火(점화)

切	부수 刀 총획 4
	① 끊을 절, 새기다 ② 온통 체
	칼질을 하여 여럿으로 나누며, 모두 자른다 하여 '온통'의 뜻

切斷(절단), 切除(절제), 切親(절친)

漸	부수 水 총획 14
	흐를 점, 점점, 나아가다
	물은 칼로 베어도 끊어지지 않고 '흐른다'는 뜻

漸加(점가), 漸近(점근), 漸移(점이)

占	부수 卜 총획 5
	차지할 점, 점치다
	'점을 치고' 난 뒤 점괘의 길흉을 말한다는 뜻

占據(점거), 占術(점술)

接	부수 手 총획 11
	사귈 접, 잇다, 맞다
	여자 하인이나 첩이 주인을 위해 손님을 접대 하여 '사귄다'는 뜻

接受(접수), 接戰(접전)

蝶	부수 虫 총획 15
	나비 접
	날개가 엷은 벌레가 '나비'라는 뜻

蝶翎(접령), 蝶舞(접무)

蝶 蝶 蝶 蝶 蝶

訂	부수 言 총획 9
	바로잡을 정, 정하다
	쐐기나 못을 쳐서 비뚤어진 것을 바로잡듯이 잘못을 말로 지적해 '고친다'라는 뜻

訂交(정교), 訂正(정정), 訂定(정정)

訂 訂 訂 訂 訂

丁	부수 一 총획 2
	고무래 정, 장정, 일꾼
	고무래, 못 모양의 글자

丁艱(정간), 丁年(정년), 丁寧(정녕)

丁 丁 丁 丁 丁

頂	부수 頁 총획 11
	정수리 정, 꼭대기
	머리 꼭대기인 '정수리'라는 뜻

頂上(정상), 頂點(정점)

頂 頂 頂 頂 頂

亭	부수 亠 총획 9
	정자 정, 곧다, 역마을
	많은 사람들이 모여드는 높이 세운 '정자'라는 뜻

亭子(정자)

亭 亭 亭 亭 亭

廷	부수 廴 총획 7
	조정 정, 법정, 공평하다
	신하들이 조정에 나아가 줄을 서서 임금의 말을 듣던 뜰이라 하여 '조정'의 뜻

宮廷(궁정), 廷吏(정리), 朝廷(조정)

廷 廷 廷 廷 廷

停	부수 人 총획 11
	머무를 정, 늦어지다
	사람이 정자 안에 들어가 잠시 머무른다 하여 '정지하다'의 뜻

停留(정류), 停止(정지), 停車(정차)

停 停 停 停 停

庭	부수 广 총획 10
	뜰 정, 집안, 곧다
	비를 맞지 않도록 지붕을 이은 조정의 작은 뜰이라 하여 집의 '뜰'이라는 뜻

家庭(가정), 庭園(정원)

庭 庭 庭 庭 庭

井	부수 二 총획 4
	우물 정, 취락, 정자꼴
	井자 형으로 짠 우물 난간 안에 두레박이 달려 있는 모양으로 '우물'이라는 뜻

市井(시정), 井里(정리), 井水(정수)

井	井	井	井	井

政	부수 攴 총획 8
	정사 정, 바르게 하다
	회초리를 들어서 바르게 이끎. 백성들을 바르게 이끄는 '정사'라는 뜻

政務(정무), 政治(정치)

政	政	政	政	政

定	부수 宀 총획 8
	정할 정, 그치다, 편안하다
	집안에 물건을 바르게 놓는다 하여 어떤 자리를 '정하다'의 뜻

定員(정원), 定義(정의)

定	定	定	定	定

整	부수 攴 총획 16
	가지런히 할 정, 정돈하다
	흩어진 것을 다발로 묶고 앞뒤를 쳐서 '가지런히 정돈한다'는 뜻

整頓(정돈), 整然(정연), 整地(정지)

整	整	整	整	整

正	부수 止 총획 5
	바를 정, 정월
	사람이 땅에 발을 딛고 똑바로 서 있다 하여 '바르다'의 뜻

正直(정직), 正初(정초)

正	正	正	正	正

情	부수 心 총획 11
	뜻 정, 사랑, 사실
	소나무가 항상 고결하고 푸르듯 사람의 마음은 변함이 없다 하여 '사랑'의 뜻

情談(정담), 情勢(정세), 情熱(정열)

情	情	情	情	情

征	부수 彳 총획 8
	칠 정, 가다, 찾다
	앞으로 나아가 정의로 바로잡는다 하여 '치다, 가다'의 뜻

征途(정도), 征服(정복)

征	征	征	征	征

精	부수 米 총획 14
	정할 정, 자세하다
	쌀알이 푸른빛이 나도록 '깨끗하다'는 뜻. '정신'의 뜻

精誠(정성), 精神(정신)

精	精	精	精	精

靜
부수 青　총획 16
고요할 정, 편안하다
붉고 푸른색으로 엇갈려 칠한 단청은 조용한 분위기를 준다 하여 '고요하다'의 뜻

靜脈(정맥), 靜寂(정적), 靜虛(정허)

制
부수 刀　총획 8
지을 제, 억제하다, 금하다
제멋대로 자란 나뭇가지를 잘라 무성하게 되는 것을 '억제한다'는 뜻

制毒(제독), 制定(제정), 制限(제한)

淨
부수 水　총획 11
깨끗할 정, 맑다
물이 속까지 들여다 보이듯이 맑다고 하여 '깨끗하다'의 뜻

淨潔(정결), 淨書(정서), 淨化(정화)

製
부수 衣　총획 14
지을 제, 만들다, 마르다
옷감을 치수에 맞게 잘라서 옷을 만든다 하여 '마르다'의 뜻. 널리 물건을 '만들다'의 뜻

製菓(제과), 製圖(제도), 製作(제작)

程
부수 禾　총획 12
헤아릴 정, 법
볏단을 차례대로 고르며 얼마나 수확이 되었는가를 '헤아린다'는 뜻

程度(정도), 程試(정시)

堤
부수 土　총획 12
방죽 제, 둑, 막다
방죽에 둑을 쌓을 때는 그 중심에 흙을 넣고 쌓아야 한다 하여 '방죽, 둑'의 뜻

堤防(제방)

貞
부수 貝　총획 9
곧을 정, 바르다
깨끗한 마음으로 점을 치고 그 값을 낸다 하여 '곧다'의 뜻

貞潔(정결), 貞白(정백)

提
부수 手　총획 12
끌 제, 들다, 내놓다
손으로 사물을 바르게 들어낸다 하여 '끌다, 들다'의 뜻

提供(제공), 提起(제기), 提携(제휴)

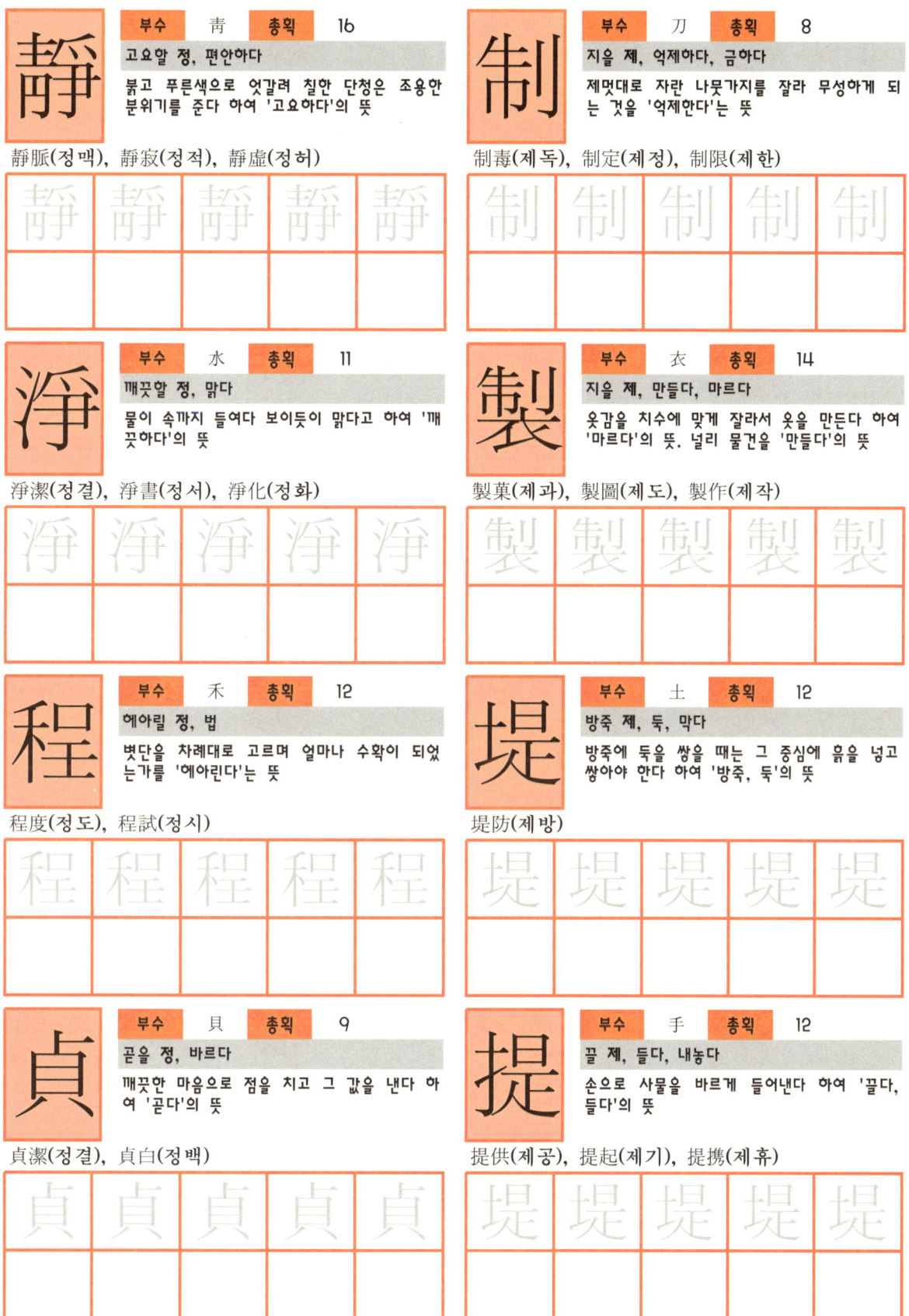

題	부수 頁	총획 18

제목 제, 머리말

중국에서 노예를 구별하려고 이마에 낸 표적을 말하며, 책의 구별을 위한 '제목'의 뜻

題目(제목), 題言(제언), 表題(표제)

題	題	題	題	題

齊	부수 齊	총획 14

가지런할 제, 다스리다

벼나 보리의 이삭이 패여 그 이삭 끝이 가지런한 모양으로 '가지런하다'라는 뜻

齊等(제등), 齊民(제민), 齊聖(제성)

齊	齊	齊	齊	齊

帝	부수 巾	총획 9

임금 제, 제왕, 천신

하늘에 제사를 지낼 때 제수를 올려놓은 제사상의 모양으로 '제왕, 천신'이라는 뜻

帝國(제국), 帝王(제왕)

帝	帝	帝	帝	帝

濟	부수 水	총획 17

건널 제, 구하다, 정하다

여럿이서 같이 물을 '건넌다'는 뜻. 물에 빠진 사람을 '구제한다'는 뜻

濟生(제생), 濟世(제세)

濟	濟	濟	濟	濟

弟	부수 弓	총획 7

아우 제, 제자, 공평하다

막대기에 가죽 끈을 내리감은 모양으로 형제 간의 순서를 나타내는 '아우'라는 뜻

弟嫂(제수), 弟子(제자), 師弟(사제)

弟	弟	弟	弟	弟

祭	부수 示	총획 11

제사 제, 제사지내다

고기를 손으로 제단에 올려놓고 신에게 '제사를 지낸다'는 뜻

祭器(제기), 祭物(제물), 祭天(제천)

祭	祭	祭	祭	祭

第	부수 竹	총획 11

차례 제, 과거, 집

대쪽에 글을 써서 순서대로 엮는다 하여 '차례'의 뜻

第一(제일), 第次(제차), 第宅(제택)

第	第	第	第	第

際	부수 阜	총획 14

가 제, 때, 사귀다

옛날에는 제사를 언덕과 언덕이 닿는 사이에서 지냈다 하여 '가'의 뜻

際可(제가), 際涯(제애)

際	際	際	際	際

除	부수 阜	총획 10

덜 제, 버리다, 나눗셈

집의 계단을 청결하게 하려면 쓰레기를 제거
해야 한다 하여 '버리다, 없애다'의 뜻

除去(제거), 除煩(제번), 除法(제법)

除	除	除	除	除

助	부수 力	총획 7

도울 조, 유익하다, 세금

힘을 쓰는 일에 또 힘을 더한다 하여 '돕다'
의 뜻

助力(조력), 助味(조미), 助長(조장)

助	助	助	助	助

諸	부수 言	총획 16

① 모두 제, 여러 ② 김치 저, 장아찌

말을 잘하는 여러 사람이라 하여 '모든'의 뜻

諸君(제군), 諸說(제설), 諸兄(제형)

諸	諸	諸	諸	諸

祖	부수 示	총획 10

조상 조, 할아비

제단에 제물을 많이 쌓아놓고 제사를 지내는
대상은 '조상'이라는 뜻

祖國(조국), 祖上(조상)

祖	祖	祖	祖	祖

兆	부수 儿	총획 6

조짐 조, 점괘, 조

거북이의 등껍질을 태워 거기에 나타난 균열
상을 보고 점쳤기 때문에 '조짐'이라는 뜻

兆朕(조짐), 徵兆(징조)

兆	兆	兆	兆	兆

租	부수 禾	총획 10

구실 조, 세금, 쌓다

농사를 지어 거두어들인 벼를 바친다 하여 '세
금'의 뜻

租稅(조세), 租錢(조전)

租	租	租	租	租

弔	부수 弓	총획 4

조상할 조, 서럽다

옛날 장례에는 사람이 활을 가지고 가서 '조
상한다'는 뜻

弔客(조객), 弔問(조문)

弔	弔	弔	弔	弔

組	부수 糸	총획 11

짤 조, 구성하다

많은 실을 합쳐 천을 '짠다'는 뜻

組成(조성), 組版(조판)

組	組	組	組	組

操	부수 手 총획 16
	지조 조, 부리다, 절개
	지저귀는 새를 손으로 쫓아낸다 하여 떠들썩한 일을 손을 써 '조정한다'는 뜻

操心(조심), 操業(조업), 操縱(조종)

潮	부수 水 총획 15
	조수 조, 밀물, 나타나다
	바닷물이 아침 저녁으로 달의 인력에 의하여 들어왔다 나갔다 하여 '조수'의 뜻

潮流(조류), 潮風(조풍)

燥	부수 火 총획 17
	마를 조, 녹이다, 초조하다
	물건을 불에 쬐어 '말린다'는 뜻

燥渴(조갈), 燥急(조급), 燥熱(조열)

條	부수 木 총획 11
	곁가지 조, 조목
	흔들리는 나뭇가지라 하여 '곁가지'의 뜻. 나뭇가지가 갈라져 나갔다 하여 '조목'의 뜻

條理(조리), 條約(조약)

早	부수 日 총획 6
	이를 조, 일찍, 새벽
	태양이 동쪽에서 뜨기 시작하는 '이른 아침'이란 뜻

早晚間(조만간), 早熟(조숙)

照	부수 火 총획 13
	비출 조, 비치다, 대조하다
	불빛이 밝음을 나타내어 '비치다, 빛나다'는 뜻

照明(조명), 照査(조사), 照會(조회)

朝	부수 月 총획 12
	아침 조, 조정, 조회
	해가 떠오르는데 서쪽 하늘에는 아직 달이 떠 있는 '아침'이라는 뜻

朝刊(조간), 朝夕(조석) 朝會(조회)

調	부수 言 총획 15
	고를 조, 뽑다, 조사하다
	말이 두루 잘 어울려 '고르다'는 뜻. 말이 세밀하다 하여 '조사'의 뜻

調味(조미), 調査(조사), 調整(조정)

造	부수 辵	총획 11
	지을 조, 이루다, 만들다	
	앞에 나아가 일할 것을 알린다는 뜻. 일한다 하여 '만들다'의 뜻	

造林(조림), 造營(조영), 造花(조화)

造	造	造	造	造

鳥	부수 鳥	총획 11
	새 조	
	꼬리가 긴 '새'라는 뜻	

鳥瞰圖(조감도), 鳥獸(조수)

鳥	鳥	鳥	鳥	鳥

族	부수 方	총획 11
	겨레 족, 일가, 무리	
	군기 밑에 화살이 많이 있다는 뜻. 같은 종류가 모였다 하여 '겨레, 무리'의 뜻	

族譜(족보), 族屬(족속), 族長(족장)

族	族	族	族	族

足	부수 足	총획 7
	① 발 족 ② 과할 주	
	사람의 허벅다리에서부터 발가락까지 모양의 글자로 '발'의 뜻	

足部(족부), 足跡(족적), 足恭(주공)

足	足	足	足	足

存	부수 子	총획 6
	있을 존, 묻다, 살피다	
	연약한 어린아이가 살아 있음을 불쌍히 여겨 '보살핀다'는 뜻	

存亡(존망), 存問(존문), 存恤(존휼)

存	存	存	存	存

尊	부수 寸	총획 12
	높을 존, 공경하다	
	술병을 법도에 맞추어 제사상, 웃사람에게 바친다 하여 '공경하다, 높이다'의 뜻	

尊敬(존경), 尊待(존대), 尊重(존중)

尊	尊	尊	尊	尊

卒	부수 十	총획 8
	군사 졸, 마치다, 다하다	
	낮은 계급의 복장을 한 병졸. 병졸은 싸우다가 죽기 때문에 '마치다, 죽다'의 뜻	

卒迫(졸박), 卒業(졸업)

卒	卒	卒	卒	卒

拙	부수 手	총획 8
	졸할 졸, 못나다, 나	
	손이 나가서 하는 일이 남보다 뒤떨어진다 하여 '못나다, 졸렬하다'의 뜻	

拙劣(졸렬), 拙速(졸속)

拙	拙	拙	拙	拙

부수	宀	총획	8

宗

마루 종, 으뜸, 사당

조상의 혼백을 모시는 집. 사당이나 종묘는 겨레의 '으뜸'이 된다 하여 '높다'의 뜻

宗家(종가), 宗主(종주)

부수	糸	총획	11

終

마칠 종, 다하다

사계절의 마지막인 겨울까지 실을 실패에 다 감았다 하여 '마치다, 끝내다'의 뜻

終結(종결), 終乃(종내), 終末(종말)

부수	彳	총획	11

從

좇을 종, 따르다, 조용하다

사람의 뒤를 따라간다 하여 '좇다, 따르다'의 뜻

從軍(종군), 從業(종업), 從前(종전)

부수	金	총획	20

鐘

쇠북 종, 인경

쇠로 만들어 치는 종소리가 아이의 울음소리와 같다 하여 이루어진 뜻

鐘閣(종각), 鐘銘(종명), 鐘鼎文(종정문)

부수	糸	총획	17

縱

세로 종, 놓다, 늘어지다

실이 뒤를 좇아 길게 늘어진다 하여 '늘어지다, 세로'의 뜻

縱貫(종관), 縱隊(종대), 縱橫(종횡)

부수	工	총획	5

左

왼 좌, 돕다, 낮추다

목수가 손에 자(工)를 들고 일을 할 때 왼손이 오른손을 '돕는다'는 뜻

左言(좌언), 左右(좌우), 左側(좌측)

부수	禾	총획	14

種

씨앗 종, 종류, 심다

씨앗은 물에 넣어 가라앉는 것을 고른다 하여 '종류'의 뜻

種類(종류), 種別(종별)

부수	人	총획	7

佐

도울 좌, 버금

사람의 왼쪽 팔이 오른쪽 팔을 '돕는다'는 뜻

佐命(좌명), 補佐(보좌)

坐	부수 土 총획 7
	앉을 좌, 대질하다
	땅 위에 두 사람이 서로 마주보고 '앉아 있다'는 뜻

坐像(좌상), 坐視(좌시)

坐	坐	坐	坐	坐

住	부수 人 총획 7
	머무를 주, 거처하다
	사람이 일정한 곳에 주(主)로 사는 것을 가리켜 '거처하다, 머물다'는 뜻

住居(주거), 住所(주소)

住	住	住	住	住

座	부수 广 총획 10
	자리 좌, 위치, 지위
	집 안에 앉은 사람. 앉은 자리에 따라 신분의 높고 낮음이라 하여 '위치, 지위'의 뜻

座談(좌담), 座席(좌석), 座中(좌중)

座	座	座	座	座

柱	부수 木 총획 9
	기둥 주, 버티다, 괴다
	집을 버티게 하는데 주(主)가 되는 나무라 하여 '기둥'의 뜻

柱石(주석), 電柱(전주), 支柱(지주)

柱	柱	柱	柱	柱

罪	부수 网 총획 13
	허물 죄, 죄
	법망에 걸려든 그릇된 짓. 법을 어긴 '죄'라는 뜻

罪狀(죄상), 罪囚(죄수), 罪刑(죄형)

罪	罪	罪	罪	罪

注	부수 水 총획 8
	물댈 주, 흐르다, 풀이하다
	물의 줄기를 뜻하나 '물을 댄다'는 뜻

注力(주력), 注入(주입), 注解(주해)

注	注	注	注	注

主	부수 丶 총획 5
	주인 주, 임금, 주체
	법의 등불은 한 집. 가족의 중심 위치를 차지한다 하여 '주인'의 뜻

主幹(주간), 主觀(주관)

主	主	主	主	主

周	부수 口 총획 8
	두루 주, 둘레, 주밀하다
	입을 잘 써 할 말을 다 한다 하여 '두루'의 뜻

周到(주도), 周邊(주변)

周	周	周	周	周

	부수 巛 총획 6
州	고을 주, 삼각주
	내를 가운데 두고 떨어져 있는 '땅'이라는 뜻

州郡(주군)

	부수 木 총획 6
朱	붉을 주, 성
	소나무나 잣나무의 중간쯤(一)에나 있는 고갱이(丿)가 대체로 '붉다'는 뜻

朱丹(주단), 朱子學(주자학)

	부수 水 총획 9
洲	섬 주, 물가, 물
	물이 흐르는 가운데 있는 땅이라 하여 '섬, 물'의 뜻

洲島(주도), 洲嶼(주서), 洲渚(주저)

	부수 木 총획 10
株	그루 주, 그루터기
	나무의 밑바탕이 되는 뿌리라 하여 '그루터기'의 뜻. 자본의 바탕인 '주식'의 뜻

株券(주권), 株主(주주)

	부수 宀 총획 8
宙	집 주, 하늘, 무한한 시간
	宀은 넓은 하늘을 덮는 지붕. 由는 널리 퍼짐이라는 뜻. '하늘'과 땅 사이의 공간이라는 뜻

宇宙(우주)

	부수 舟 총획 6
舟	배 주
	통나무 배 모양의 글자

舟車(주거), 舟遊(주유), 舟行(주행)

	부수 日 총획 11
晝	낮 주, 대낮, 한낮
	밤과 낮을 구분(畫)하고 해가 빛나는 '낮'이라는 뜻

晝間(주간), 晝夜(주야)

	부수 走 총획 7
走	달릴 주, 달음질하다
	땅에 발을 딛고 '달려간다'는 뜻

走技(주기), 走力(주력), 走者(주자)

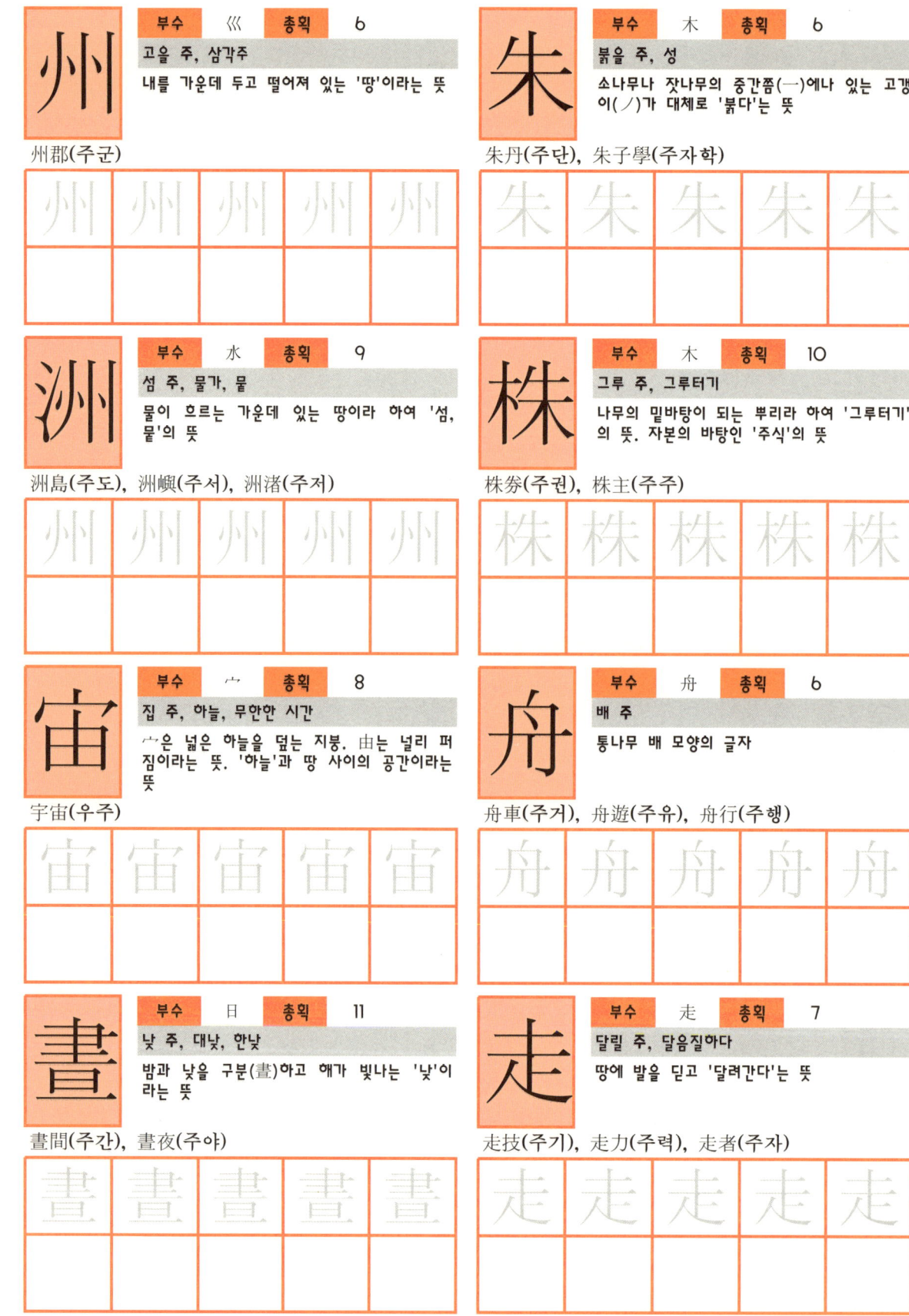

酒	부수 酉 총획 10
	술 주
	술병에 들어 있는 물은 '술'이라는 뜻

酒客(주객), 酒量(주량), 酒興(주흥)

酒 酒 酒 酒 酒

遵	부수 辵 총획 16
	좇을 준, 행하다, 지키다
	웃사람을 공경하고 뒤따른다 하여 '좇다, 행하다'의 뜻

遵法(준법), 遵守(준수), 遵行(준행)

遵 遵 遵 遵 遵

竹	부수 竹 총획 6
	대 죽
	대나무 잎이 아래로 드리워진 모양의 글자

竹竿(죽간), 竹簡(죽간)

竹 竹 竹 竹 竹

中	부수 丨 총획 4
	가운데 중, 안쪽, 맞다
	사물의 한가운데를 꿰뚫는 모양으로 '가운데'라는 뜻

中食(중식), 中外(중외), 中止(중지)

中 中 中 中 中

俊	부수 人 총획 9
	준걸 준, 크다
	재주가 뛰어난 사람은 행동이 의젓하다는 뜻

俊傑(준걸), 俊德(준덕), 俊馬(준마)

俊 俊 俊 俊 俊

仲	부수 人 총획 6
	중개 중, 버금, 다음
	형과 아우의 사이인 가운뎃자리, '둘째'라는 뜻

仲介(중개), 仲媒(중매)

仲 仲 仲 仲 仲

準	부수 水 총획 13
	평평할 준, 고르다
	수명이 평평함을 기준으로 하여 모든 일을 공평한 표준으로 삼는다는 뜻

準據(준거), 準備(준비), 準行(준행)

準 準 準 準 準

重	부수 里 총획 9
	무거울 중, 거듭하다
	사람이 등에 무거운 짐을 지고선 모양의 글자

重要(중요), 重點(중점), 重厚(중후)

重 重 重 重 重

衆	부수 血 총획 12
	무리 중, 많다
	혈통이 같은 사람들이 한 '무리'를 이룬다 하여 '많음'의 뜻

衆口(중구), 衆論(중론), 衆智(중지)

增	부수 土 총획 15
	더할 증, 점점, 많다
	흙을 거듭 쌓으니 점점 더 '많아진다'는 뜻

增減(증감), 增大(증대)

則	부수 刀 총획 9
	① 곧 즉 ② 법칙 칙, 본받다
	재물을 공평하게 나누려면 일정한 '법칙'이 있어야 한다는 뜻

規則(규칙), 原則(원칙)

憎	부수 心 총획 15
	미워할 증, 미움
	섭섭한 마음이 거듭되어 '미워하게 된다'는 뜻

愛憎(애증), 憎惡(증오), 憎怨(증원)

卽	부수 卩 총획 9
	곧 즉, 이제, 나아가다
	고소한 냄새가 나는 밥상머리에 앉으면 곧 수저를 들게 된다 하여 '곧'의 뜻

卽刻(즉각), 卽席(즉석), 卽興(즉흥)

贈	부수 貝 총획 19
	더할 증, 주다, 선사하다
	돈이나 재물을 주어 생활에 보탬이 되게 한다 하여 '주다, 더하다, 선사하다'의 뜻

贈與(증여), 贈呈(증정)

曾	부수 日 총획 12
	거듭 증, 일찍, 곧
	물 담은 그릇에 떡시루를 얹어 김이 오름. 떡시루에 켜켜로 놓인 떡처럼 '겹쳐지다'는 뜻

未曾有(미증유), 曾員(증원), 曾祖(증조)

症	부수 疒 총획 10
	병 증세 증
	어떤 병인가를 바로 알아낸다 하여 '병 증세'의 뜻

症狀(증상), 症勢(증세)

蒸

| 부수 | 艸 | 총획 | 14 |

찔 증, 덥다

옷의 재료인 삼의 껍질을 벗기기 위해 삶는다 하여 '찌다'의 뜻

蒸氣(증기). 蒸發(증발)

地

| 부수 | 土 | 총획 | 6 |

땅 지, 곳, 바탕

큰 뱀이 꿈틀거리듯 땅의 굴곡된 형상이라 하여 '땅'의 뜻

地帶(지대), 地方(지방), 地位(지위)

證

| 부수 | 言 | 총획 | 19 |

증거 증, 증명하다

여러 사람이 잘 보이는 곳에 올라가 사실대로 말한다 하여 '증거, 증명하다'의 뜻

證據(증거). 證書(증서)

池

| 부수 | 水 | 총획 | 6 |

못 지

물이 많이 고여 있는 곳이라 하여 '연못'의 뜻

池塘(지당), 池畔(지반), 池亭(지정)

之

| 부수 | 丿 | 총획 | 4 |

갈 지, 의, 이

싹이 흙을 뚫고 나오는 모양의 글자로 싹은 돋아서 자란다 하여 '가다'의 뜻

之東之西(지동지서)

志

| 부수 | 心 | 총획 | 7 |

뜻 지, 적다, 기록하다

마음이 지향하여 가는 바, '뜻'이라는 뜻

志士(지사), 志操(지조)

只

| 부수 | 口 | 총획 | 5 |

다만 지, 말그치다

입에서 나오는 말이 흩어져서 말의 여운이 있다는 뜻

只今(지금), 只尺(지척), 但只(단지)

誌

| 부수 | 言 | 총획 | 14 |

기록할 지, 기록, 사기

말한 것을 적어둔다 하여 '기록하다'의 뜻. 역사적인 사실을 적은 '사기'의 뜻

誌代(지대), 誌面(지면), 誌上(지상)

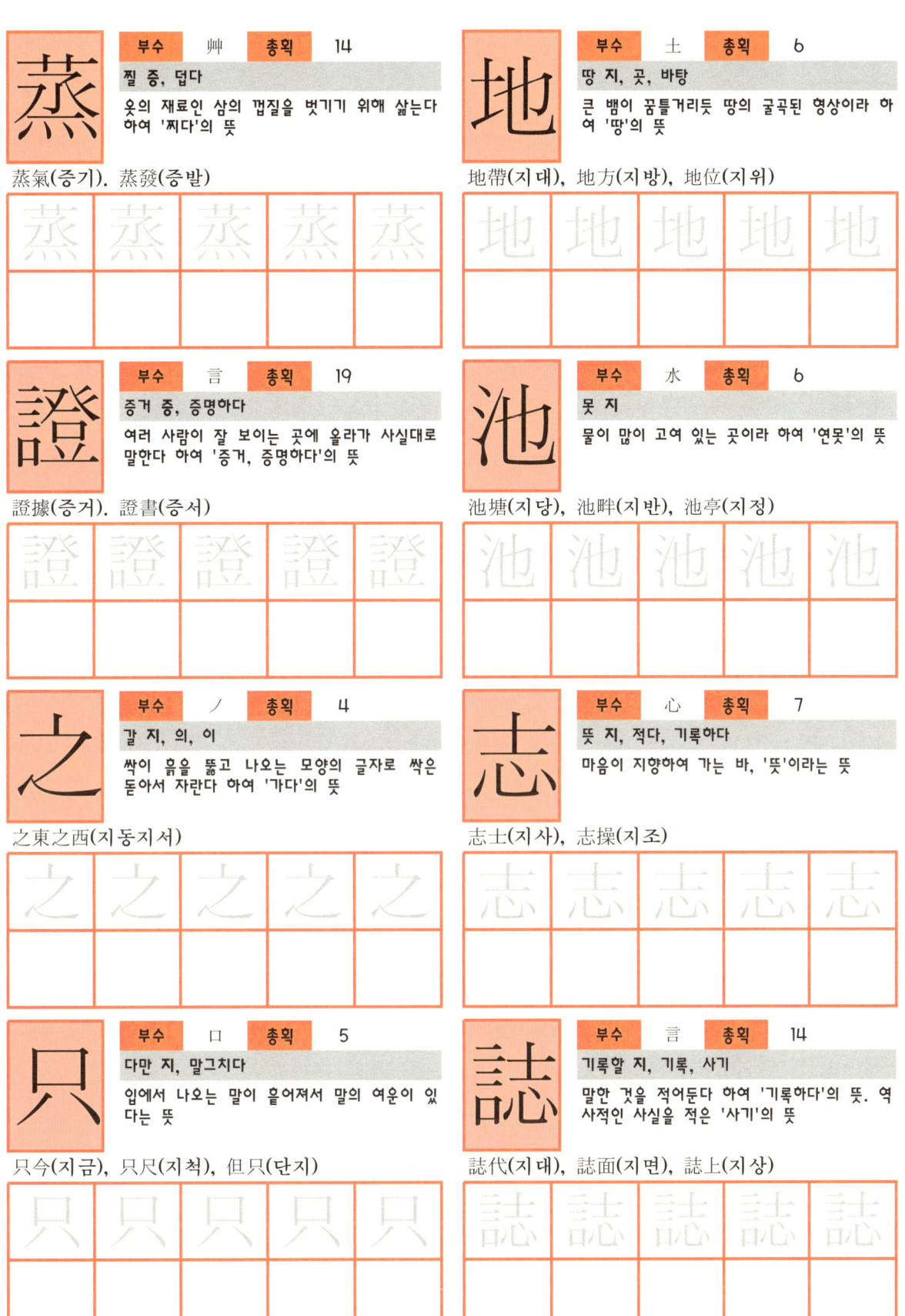

持	부수 手 총획 9
	가질 지, 잡다, 지니다
	관청에서 내보낸 공문서를 손에 소중히 '지니고 있다'는 뜻

持久(지구), 持論(지론)

持	持	持	持	持

知	부수 矢 총획 8
	알 지, 깨닫다, 생각하다
	사람들이 하는 말을 듣고 화살처럼 빠르게 '깨닫고 안다'는 뜻

知見(지견), 知己(지기)

知	知	知	知	知

指	부수 手 총획 9
	손가락 지, 가리키다, 뜻
	손으로 가리켜서 모든 '뜻'을 나타낸다는 뜻

指示(지시), 指摘(지적), 指向(지향)

指	指	指	指	指

智	부수 日 총획 12
	지혜 지, 슬기
	사리를 밝게 안다 하여 '슬기, 지혜'의 뜻

知能(지능), 智術(지술), 智勇(지용)

智	智	智	智	智

支	부수 支 총획 4
	지탱할 지, 헤아리다
	십자 모양의 대나무 가지를 손에 쥔 모양으로 가지를 '받치고 있다'는 뜻

支流(지류), 支援(지원)

支	支	支	支	支

止	부수 止 총획 4
	그칠 지, 막다, 발
	사람의 발목 아래의 모양으로 걸음을 멈춘다 하여 '그치다, 머무르다'의 뜻

止水(지수), 止宿(지숙)

止	止	止	止	止

枝	부수 木 총획 8
	가지 지, 흩어지다, 버티다
	나무의 줄기에서 갈라져 나간 것이라 하여 '나뭇가지'의 뜻

幹枝(간지), 枝葉(지엽)

枝	枝	枝	枝	枝

紙	부수 糸 총획 10
	종이 지, 편지
	나무에서 나온 섬유질로 실같이 얽히듯 하여 만든 '종이'라는 뜻

紙上(지상), 紙幣(지폐)

紙	紙	紙	紙	紙

至	부수 至	총획 6

이를 지, 지극하다

화살이 땅에 꽂혀 있는 모양으로 화살이 먼데서 날아와 멈춘다 하여 '이르다'의 뜻

至極(지극), 至急(지급), 至當(지당)

至	至	至	至	至

職	부수 耳	총획 18

직분 직, 직책, 맡다

들은 말을 창이나 칼로 새겨 기록하는 것을 '직업으로 삼다'의 뜻

職權(직권), 職業(직업), 職責(직책)

職	職	職	職	職

遲	부수 辵	총획 16

더딜 지, 늦다, 기다리다

코뿔소가 천천히 걸어가는 모습에서 '늦다, 더디다'의 뜻

遲刻(지각), 遲延(지연), 遲滯(지체)

遲	遲	遲	遲	遲

辰	부수 辰	총획 7

별 신(진), 다섯째 지지

초목이 자라는 삼월에 집 위로 농사짓는 시기를 알려 주는 별자리라 하여 '별'의 뜻

生辰(생신), 日辰(일진), 辰宿(진수), 辰時(진시)

辰	辰	辰	辰	辰

直	부수 目	총획 8

① 곧을 직, 바르다 ② 값 치

열 개의 눈으로 보면 아무리 감출래야 감출 수 없다 하여 '바르게 본다'의 뜻

直球(직구), 直心(직심)

直	直	直	直	直

振	부수 手	총획 10

떨칠 진, 구원하다

별이 항상 운행하듯이 손도 항상 움직여 일을 성취한다 하여 '떨치다'의 뜻

振動(진동), 振撫(진무), 振子(진자)

振	振	振	振	振

織	부수 糸	총획 18

짤 직

창날이 마주치는 듯한 소리를 내면서 실로 베를 '짠다'는 뜻

織物(직물), 織造(직조)

織	織	織	織	織

珍	부수 玉	총획 9

보배 진, 진귀하다

훌륭한 구슬은 흔하지 않고 '진귀하다'는 뜻

珍貴(진귀), 珍珠(진주), 珍品(진품)

珍	珍	珍	珍	珍

盡 부수 皿 총획 14 다할 진, 마치다, 모두 그릇 속에 물이 다하여 속이 비었다 하여 '마치다'의 뜻 盡力(진력), 盡心(진심), 盡源(진원)	**陣** 부수 阜 총획 10 진칠 진, 진지, 베풀다 언덕을 의지하여 병차들을 세워 진을 친다 하여 '베풀다'의 뜻 陣頭(진두), 陣地(진지), 陣痛(진통)
眞 부수 目 총획 10 참 진, 진실하다, 정신 도를 닦아 신선이 되어 하늘로 올라간다는 뜻. 도인은 진인이라 하여 '참'의 뜻 眞價(진가), 眞理(진리), 眞面目(진면목)	**陳** 부수 阜 총획 11 베풀 진, 벌이다, 진술하다 흙을 소복이 쌓아올린 두렁의 뜻으로 '밭두렁'이라는 뜻 陳腐(진부), 陳謝(진사), 陳情(진정)
鎭 부수 金 총획 18 진압할 진, 누르다, 수자리 쇳덩어리 같이 무거운 것으로 누른다 하여 '진압하다'의 뜻 鎭撫(진무), 鎭壓(진압), 鎭火(진화)	**姪** 부수 女 총획 9 조카 질 형수에게서 낳은 자녀, 여자 '조카'라는 뜻. 남자 조카는 생(甥) 叔姪(숙질), 姪女(질녀), 姪行(질항)
進 부수 辵 총획 12 나아갈 진, 오르다, 올리다 새가 날아 올라가듯 앞으로 거침없이 간다 하여 '나아가다'의 뜻 進級(진급), 進路(진로), 進步(진보)	**疾** 부수 疒 총획 10 병 질, 빠르다, 미워하다 병의 증세가 쏜 화살처럼 빠르게 나타난다 하여 '병 증세'의 뜻 疾病(질병), 疾走(질주), 疾患(질환)

秩	부수 禾 총획 10
	차례 질, 녹, 관직
	벼를 실수가 없도록 차례차례 쌓는다 하여 '차례, 질서'의 뜻

秩高(질고), 秩序(질서), 秩次(질차)

秩	秩	秩	秩	秩

徵	부수 彳 총획 15
	부를 징, 거두다, 가락 치
	미천하게 숨어 있어도 세상에 알려져 '부름을 받는다'는 뜻

徵兵(징병), 徵兆(징조)

徵	徵	徵	徵	徵

質	부수 貝 총획 10
	바탕 질, 볼모, 품성
	돈이나 재물은 인간의 생활을 영위하는 바탕이라 하여 '바탕, 물질'의 뜻

質量(질량), 質責(질책)

質	質	質	質	質

懲	부수 心 총획 19
	혼날 징, 징계하다
	마음이 옳지 못한 자를 불러 죄를 추궁하고 '징계한다'는 뜻

膺懲(응징), 懲戒(징계), 懲惡(징악)

懲	懲	懲	懲	懲

執	부수 土 총획 11
	잡을 집, 가지다, 벗
	세상이 놀랄 죄를 지은 사람을 '붙잡는다'는 뜻

執權(집권), 執務(집무), 執行(집행)

執	執	執	執	執

且	부수 一 총획 5
	또 차, 우선, 구차하다
	신전에 제기를 몇 개 얹어 놓은 모양으로 '또'라는 뜻

且置(차치), 苟且(구차)

且	且	且	且	且

集	부수 隹 총획 12
	모을 집, 모이다, 이루다
	많은 새가 나무 위에 앉아 있는 형상으로 '모으다, 모이다'는 뜻

集約(집약), 集中(집중), 集合(집합)

集	集	集	集	集

借	부수 人 총획 10
	빌 차, 빚, 돕다
	백성이 나라의 땅을 오래 '빌어' 경작한다는 뜻

借款(차관), 借用(차용)

借	借	借	借	借

差	부수 工　총획 10
	① 어긋날 차, 병 낫다 ② 측날 치
	식물이 좌우로 늘어져 있으나 그 길이가 똑같지 않고 '어긋난다'는 뜻

差度(차도), 差別(차별)

差	差	差	差	差

着	부수 羊　총획 11
	붙을 착, 도착하다, 옷입다
	젓가락(著)의 뜻이며, 젓가락은 음식에 닿는다 하여 '붙다'의 뜻

着工(착공), 着服(착복), 着想(착상)

着	着	着	着	着

次	부수 欠　총획 6
	다음 차, 버금, 차례
	사람이 지쳐 하품을 하며 첫째를 단념하고 둘째로 뒤쳐진다 하여 '다음, 버금'의 뜻

次期(차기), 次位(차위), 次回(차회)

次	次	次	次	次

錯	부수 金　총획 16
	① 섞일 착, 그르치다 ② 둘 조
	밤에는 금이나 구리를 잘 분간하지 못하여 '혼동하게 된다'는 뜻

錯亂(착란), 錯雜(착잡), 錯意(조의)

錯	錯	錯	錯	錯

此	부수 止　총획 6
	이 차, 이것, 그치다
	사람이 서로 나란히 '멈춘다'는 뜻. 자기로부터 가까운 곳의 지시 대명사 '이'라는 뜻

此般(차반), 此日彼日(차일피일)

此	此	此	此	此

贊	부수 貝　총획 19
	도울 찬, 찬성하다, 기리다
	모임에 나가 금품을 행사에 찬조한다 하여 '돕다, 기리다'의 뜻

贊同(찬동), 贊成(찬성), 贊助(찬조)

贊	贊	贊	贊	贊

捉	부수 手　총획 10
	잡을 착, 사로잡다
	달아나려는 도둑의 발목을 손으로 '움켜 잡는다'는 뜻

捉來(착래), 捉筆(착필), 捕捉(포착)

捉	捉	捉	捉	捉

讚	부수 言　총획 26
	기릴 찬, 돕다
	말로 좋은 점을 칭찬하며 돕는다 하여 '기리다, 돕다'의 뜻

讚頌(찬송), 讚揚(찬양), 讚歎(찬탄)

讚	讚	讚	讚	讚

察 부수 宀 총획 14
살필 찰, 상고하다
집에서 지내게 되는 제사상을 정성껏 돌본다 하여 '살피다'의 뜻
視察(시찰), 察知(찰지)

倉 부수 人 총획 10
곳집 창, 창고
사람이 먹는 곡식을 넣어 두는 '곳집' 모양의 글자
倉庫(창고), 倉卒(창졸)

參 부수 厶 총획 11
① 참여할 참, 더불다 ② 셋 삼
사람의 머리 위에서 삼태성이 오리온 성좌와 더불어 빛난다 하여 '참여하다'의 뜻
參見(참견), 參拜(참배), 參席(참석)

創 부수 刀 총획 12
비로소 창, 시작하다
곳집을 지을 때 연장을 써야 함. 집을 지을 때는 곧 시작한다 하여 '비로소'의 뜻
創立(창립), 創傷(창상), 創造(창조)

慘 부수 心 총획 14
참혹할 참, 슬프다, 애쓰다
마음이 여러 가닥으로 찢어질 듯 참혹한 광경이라 하여 '슬프다, 애쓰다'의 뜻
慘景(참경), 慘憺(참담), 慘酷(참혹)

滄 부수 水 총획 13
푸를 창, 차다, 큰 바다
곳집에 물건이 가득히 쌓이듯이 물이 가득히 고이면 '푸르게' 보인다는 뜻
滄茫(창망), 滄熱(창열)

慙 부수 心 총획 15
부끄러워할 참
가슴을 도려내고 싶도록 '부끄러워한다'는 뜻
無慙(무참), 慙恨(참한), 慙悔(참회)

蒼 부수 艸 총획 14
푸를 창, 무성하다, 백성
풀을 베어 쌓은 더미가 푸른빛으로 보인다 하여 '푸르다'의 뜻
蒼空(창공), 蒼白(창백), 蒼然(창연)

昌	부수 日 총획 8
	창성할 창, 햇빛, 착하다
	해처럼 영원히 전하여질 아름다운 말이라 하여 '창성하다'의 뜻

昌言(창언), 昌平(창평)

昌	昌	昌	昌	昌

債	부수 人 총획 13
	빚 채, 빚지다
	사람은 책임을 지고 남에게 진 빚을 갚아야 한다 하여 '빚'의 뜻

債權(채권), 債務(채무)

債	債	債	債	債

唱	부수 口 총획 11
	노래할 창, 인도하다, 가곡
	입을 크게 벌려 우렁차게 부르는 '노래'라는 뜻

唱歌(창가), 唱導(창도)

唱	唱	唱	唱	唱

彩	부수 彡 총획 11
	채색 채, 광채, 무늬
	털붓으로 여러 가지 빛깔을 아름답게 채색한 '무늬'라는 뜻

彩文(채문), 彩色(채색), 光彩(광채)

彩	彩	彩	彩	彩

暢	부수 日 총획 14
	펼 창, 화창하다, 통하다
	널리 공포하여 빛나게 한다 하여 '펴다, 통하다'의 뜻

暢達(창달), 暢茂(창무), 和暢(화창)

暢	暢	暢	暢	暢

採	부수 手 총획 11
	캘 채, 가려내다
	손으로 나뭇잎을 따거나 뿌리 따위를 '캔다'는 뜻

採鑛(채광), 採掘(채굴), 採用(채용)

採	採	採	採	採

窓	부수 穴 총획 11
	지게문 창, 창문
	벽에 구멍을 내어 밝은 빛을 받아들이는 것이 '창문'이라는 뜻

窓門(창문), 窓紙(창지)

窓	窓	窓	窓	窓

菜	부수 艸 총획 12
	나물 채
	심어서 기른 풀을 캔다 하여 '채소, 나물'의 뜻

採根(채근), 菜毒(채독), 菜蔬(채소)

菜	菜	菜	菜	菜

부수	冂	총획	5

冊

책 책, 병부, 문서

종이가 발명되기 전, 대쪽에 글을 써서 가죽 끈으로 엮어 맨 '책' 모양의 글자

冊封(책봉), 冊床(책상), 冊張(책장)

冊	冊	冊	冊	冊

부수	心	총획	11

悽

슬퍼할 처, 애통하다

남편을 잃은 아내의 마음이 몹시 슬프다 하여 '애통하다'의 뜻

悽絶(처절), 悽慘(처참)

悽	悽	悽	悽	悽

부수	竹	총획	12

策

꾀 책, 대쪽, 채찍

대나무로 만든 채찍을 뜻하며, 채찍질은 머리를 써야 한다 하여 '꾀'의 뜻

策動(책동), 策略(책략), 策定(책정)

策	策	策	策	策

부수	虍	총획	11

處

곳 처, 살다, 있다

걸음을 멈추고 걸상에 걸터앉아 쉬는 곳이라 하여 '사는 곳'의 뜻

處理(처리), 處世(처세), 處遇(처우)

處	處	處	處	處

부수	貝	총획	11

責

꾸짖을 책, 책임, 요구하다

빌린 돈을 갚으라고 가슴을 가시로 찌르는 것처럼 '꾸짖는다'하여 '책임'의 뜻

責望(책망), 責務(책무), 責善(책선)

責	責	責	責	責

부수	尸	총획	4

尺

자 척, 짧다, 가깝다

손목에서 팔꿈치까지의 거리를 나타내며, '자, 가깝다'는 뜻

尺度(척도), 尺寸(척촌)

尺	尺	尺	尺	尺

부수	女	총획	8

妻

아내 처, 시집보내다

손에 비를 들고 청소하는 여자. 집에서 집일을 돌보는 '아내'라는 뜻

妻家(처가), 妻德(처덕), 妻子(처자)

妻	妻	妻	妻	妻

부수	戈	총획	11

戚

겨레 척, 슬프다, 근심하다

무성하게 콩이 열매 맺듯이 한 문중의 자손이 번져간다 하여 '겨레'의 뜻

戚分(척분), 親戚(친척)

戚	戚	戚	戚	戚

부수 手	총획 8

拓

① 열 척, 넓히다 ② 박을 탁

황량한 땅에서 손으로 돌을 가려내며 '개척한다'는 뜻

開拓(개척), 拓本(탁본)

拓 拓 拓 拓 拓

부수 斤	총획 5

斥

물리칠 척, 넓히다, 망보다

도끼로 찍어 적을 물리친다 하여 '넓히다, 망보다'의 뜻

斥和(척화), 斥候(척후)

斥 斥 斥 斥 斥

부수 十	총획 3

千

일천 천, 많다

사람이 두 손을 올려 10을 두 번 곱함의 뜻. 十에 열을 두 번 곱하면 '천'이란 뜻

千古(천고), 千萬多幸(천만다행), 千秋(천추)

千 千 千 千 千

부수 大	총획 4

天

하늘 천, 자연, 임금

사람의 머리 위에 하늘(一)이 있어 끝없이 넓은 것이라 하여 '하늘'의 뜻

天文(천문), 天性(천성), 天下(천하)

天 天 天 天 天

부수 巛	총획 3

川

내 천

양쪽 언덕 사이로 물이 흘러가는 모양의 글자

川獵(천렵), 川邊(천변), 河川(하천)

川 川 川 川 川

부수 水	총획 9

泉

샘 천, 저승, 폭포수

흙이나 바위틈에서 물이 솟아나오는 모양의 글자. 물이 나오는 근원인 '샘'의 뜻

泉石(천석), 泉布(천포), 源泉(원천)

泉 泉 泉 泉 泉

부수 水	총획 11

淺

얕을 천, 엷다

창을 지팡이 삼아 건널 수 있는 '얕은 물'이라는 뜻

淺薄(천박), 淺才(천재), 淺學(천학)

淺 淺 淺 淺 淺

부수 貝	총획 15

賤

천할 천, 값싸다

상품의 가치가 없고 적은 돈으로 살 수 있는 것은 천하여 '값이 싸다'는 뜻

賤待(천대), 賤視(천시), 賤出(천출)

賤 賤 賤 賤 賤

	부수 足 총획 15
踐	밟을 천, 행하다, 오르다
	수북이 쌓인 낙엽을 밟고 산으로 오른다 하여 '밟다, 오르다'의 뜻

踐勢(천세), 踐言(천언), 實踐(실천)

踐	踐	踐	踐	踐

	부수 手 총획 15
徹	뚫을 철, 통하다
	자녀의 교육은 매로 다스리면 학문이나 사물에 통달하여 '꿰뚫어' 본다는 뜻

徹夜(철야), 徹底(철저)

徹	徹	徹	徹	徹

	부수 艹 총획 17
薦	천거할 천, 드리다, 깔다
	양들이 먹는 신선하고 깨끗한 풀이라 하여 '천거하다'의 뜻

薦擧(천거), 薦主(천주)

薦	薦	薦	薦	薦

	부수 金 총획 21
鐵	쇠 철, 무기
	예리한 무기를 만들 수 있는 금속이라 하여 '쇠'의 뜻

鐵甲(철갑), 鐵拳(철권), 鐵則(철칙)

鐵	鐵	鐵	鐵	鐵

	부수 辶 총획 16
遷	옮길 천, 바꾸다
	보다 높고 나은 곳으로 옮겨 간다 하여 '옮기다, 바꾸다'의 뜻

遷都(천도), 遷職(천직), 遷革(천혁)

遷	遷	遷	遷	遷

	부수 小 총획 6
尖	뾰족할 첨, 날카롭다
	창날과 칼날이 뭉툭한 곳에서 점점 가늘어져 뾰족하게 된다 하여 '날카롭다'의 뜻

尖端(첨단), 尖利(첨리), 尖銳(첨예)

尖	尖	尖	尖	尖

	부수 口 총획 10
哲	밝을 철, 슬기롭다
	사리의 옳고 그릇됨을 결단하여 말한다 하여 '밝다, 슬기롭다'의 뜻

哲理(철리), 哲人(철인)

哲	哲	哲	哲	哲

	부수 水 총획 11
添	더할 첨, 첨가하다
	도리에 벗어난 사람을 욕보이고 벌주기 위해 물을 끼얹는다 하여 '더하다'의 뜻

別添(별첨), 添加(첨가), 添削(첨삭)

添	添	添	添	添

妾	부수 女 총획 8
	첩 첩, 작은 집
	남의 몸종이 된 여자를 말하며 '작은 집, 첩' 의 뜻

妾腹(첩복), 小妾(소첩), 蓄妾(축첩)

妾	妾	妾	妾	妾

晴	부수 日 총획 12
	갤 청, 맑다
	하늘이 푸르고 날이 맑다 하여 '개다, 맑다'의 뜻

晴曇(청담), 晴雨(청우), 晴天(청천)

晴	晴	晴	晴	晴

聽	부수 耳 총획 22
	들을 청, 판결하다
	정직한 사람의 마음에서 우러나는 말을 귀담아 '듣는다'는 뜻

聽覺(청각), 聽衆(청중)

聽	聽	聽	聽	聽

淸	부수 水 총획 11
	맑을 청, 고요하다
	푸르게 보이는 물은 '맑고, 깨끗하다'는 뜻

淸潔(청결), 淸凉(청량), 淸明(청명)

淸	淸	淸	淸	淸

廳	부수 广 총획 25
	관청 청, 대청, 집
	백성의 말을 듣고 일을 처리하는 집이라 하여 '관청'의 뜻

廳舍(청사), 官廳(관청), 大廳(대청)

廳	廳	廳	廳	廳

請	부수 言 총획 15
	청할 청, 묻다
	젊은이가 웃사람에게 부탁의 말씀을 드린다 하여 '청하다'의 뜻

請求(청구), 請託(청탁), 請婚(청혼)

請	請	請	請	請

靑	부수 靑 총획 8
	푸를 청, 젊다
	초목의 싹이 붉은 빛을 띠고 돋아나나 '푸른' 색으로 변한다는 뜻

靑雲(청운), 靑少年(청소년)

靑	靑	靑	靑	靑

替	부수 日 총획 12
	바꿀 체, 쇠퇴하다
	두 시내가 말다툼을 벌일 때 서로 바꾸어가며 말을 한다 하여 '바꾼다'의 뜻

交替(교체), 代替(대체)

替	替	替	替	替

體	부수 骨 / 총획 23
	몸 체, 근본, 격식
	인체에 속한 살과 몸속에 있는 오장육부라 하여 '몸'의 뜻

體格(체격), 體統(체통), 體驗(체험)

體	體	體	體	體

超	부수 走 / 총획 12
	뛰어넘을 초, 초탈하다
	달리다가 높은 곳을 '뛰어넘으니' 남보다 '뛰어나다'는 뜻

超過(초과), 超人(초인), 超脫(초탈)

超	超	超	超	超

初	부수 刀 / 총획 7
	처음 초, 근본, 이전
	천을 잘라 마름질을 하는 것은 옷을 만드는 첫 작업이라 하여 '처음'의 뜻

初更(초경), 初夜(초야), 初志(초지)

初	初	初	初	初

肖	부수 肉 / 총획 7
	같을 초, 닮다, 작다
	아들은 어버이의 몸의 모양을 작게 줄인 것과 같다 하여 '같다, 닮다'의 뜻

肖像(초상), 肖刑(초형)

肖	肖	肖	肖	肖

抄	부수 手 / 총획 7
	베낄 초, 빼앗다
	남의 것을 손으로 슬쩍 '빼앗는다' 하여 '가로채다, 베끼다'의 뜻

抄掠(초략), 抄册(초책), 抄出(초출)

抄	抄	抄	抄	抄

草	부수 艸 / 총획 10
	풀 초, 엉성하다
	봄철이 되면 꽃이 피기 전에 제일 먼저 '풀잎'이 파릇파릇하게 움튼다는 뜻

草芥(초개), 草野(초야)

草	草	草	草	草

招	부수 手 / 총획 8
	부를 초, 불러오다
	상대방에게 손짓을 하며 이름을 '부른다'는 뜻

招待(초대), 招徠(초래)

招	招	招	招	招

促	부수 人 / 총획 9
	재촉할 촉, 촉박하다
	사람이 발을 동동 구르며 일을 '재촉한다'는 뜻

促迫(촉박), 促膝(촉슬), 促進(촉진)

促	促	促	促	促

燭	부수 火 총획 17
	촛불 촉, 밝다, 촉광
	제기(祭器)에 켜 놓은 불이 밝다 하여 '촉, 촛불'의 뜻

燭光(촉광), 燭淚(촉루)

燭	燭	燭	燭	燭

總	부수 糸 총획 17
	거느릴 총, 모으다, 합하다
	실을 모아 한데 묶는다 하여 '합하다'의 뜻. 합한다 하여 '모두, 거느리다'의 뜻

總務(총무), 總員(총원), 總會(총회)

總	總	總	總	總

觸	부수 角 총획 20
	닿을 촉, 범하다
	벌레끼리 싸울 때 촉각으로 서로를 범한다 하여 '닿다'의 뜻

接觸(접촉), 觸感(촉감), 觸網(촉망)

觸	觸	觸	觸	觸

聰	부수 耳 총획 17
	귀밝을 총, 총명하다
	귀로 상대방의 말을 재빨리 알아듣는다 하여 '총명하다'의 뜻

聰記(총기), 聰達(총달), 聰明(총명)

聰	聰	聰	聰	聰

寸	부수 寸 총획 3
	마디 촌, 규칙, 법도
	팔목부터 맥 짚는 곳까지의 거리. 한 치의 길이를 헤아린다 하여 '법도, 규칙'의 뜻

寸刻(촌각), 寸鐵殺人(촌철살인)

寸	寸	寸	寸	寸

銃	부수 金 총획 14
	도끼 구멍 총, 총
	도끼에 자루를 끼우는 구멍. 도끼자루 구멍과 총 구멍이 비슷하다 하여 '총'의 뜻

銃劍(총검), 銃殺(총살)

銃	銃	銃	銃	銃

村	부수 木 총획 7
	마을 촌, 시골, 밭집
	나무 그늘 밑에 집을 짓고 법도있게 사는 '마을'이라는 뜻

村落(촌락), 村婦(촌부), 村夫子(촌부자)

村	村	村	村	村

催	부수 山 총획 11
	재촉할 최, 베풀다, 열다
	사람을 높은 산에 빨리 오르라고 '재촉한다'는 뜻

催淚(최루), 催促(최촉), 開催(개최)

催	催	催	催	催

最	부수 日 총획 12
	가장 최, 제일
	위험을 무릅쓰고 행동을 취하는 것이 '가장' 큰 모험이라는 뜻

最高(최고), 最新(최신)

追	부수 辶 총획 10
	따를 추, 쫓다, 미루다
	물건을 차곡차곡 쌓아 올리듯 앞사람의 뒤를 한 발자국씩 '따라간다'는 뜻

追加(추가), 追擊(추격), 追憶(추억)

抽	부수 手 총획 8
	뽑을 추, 당기다, 빼다
	손으로 잘 익은 과일을 골라 딴다 하여 '뽑다, 빼다'의 뜻

抽象(추상), 抽籤(추첨)

醜	부수 酉 총획 17
	더러울 추, 부끄럽다
	술에 취하여 도깨비처럼 날뛰는 것이 보기에 흉측하다 하여 '더럽다, 추하다'의 뜻

醜聞(추문), 醜雜(추잡), 醜態(추태)

推	부수 手 총획 11
	밀 추, 천거하다, 옮기다
	새가 날개를 치며 적을 밀어 내듯이 손으로 상대를 밀어 '옮긴다'는 뜻

推戴(추대), 推理(추리), 推進(추진)

丑	부수 一 총획 4
	소 축, 둘째 지지, 수갑
	손으로 물건을 든다는 뜻. 12자의 둘째. '소'라는 뜻

丑時(축시)

秋	부수 禾 총획 9
	가을 추, 성
	곡식을 햇볕에 말려 거두는 계절은 '가을'이라는 뜻

秋穀(추곡), 秋期(추기), 秋收(추수)

祝	부수 示 총획 10
	빌 축, 축하하다, 끊다
	소원이 이루어지기를 바라는 사람은 산에게 소원을 말하며 '빌어야한다'는 뜻

祝杯(축배), 祝天(축천), 祝賀(축하)

畜

부수 田 총획 10

가축 축, 기르다, 쌓다

농사에 힘써서 얻은 수확을 말하며, 가산을 늘리기 위하여 기르는 '가축'의 뜻

畜産(축산), 畜牛(축우), 蓄積(축적)

逐

부수 辵 총획 11

쫓을 축, 물리치다

뒤뚱거리며 도망치는 돼지의 뒤를 쫓는다 하여 '쫓다'의 뜻

逐客(축객), 逐條(축조)

蓄

부수 艸 총획 10

쌓을 축, 두다

거둔 곡식을 쌓아놓고 풀로 덮어둔다 하여 '쌓다'의 뜻

蓄怨(축원), 蓄財(축재), 蓄妾(축첩)

春

부수 日 총획 9

봄 춘, 청춘, 세월

풀이 볕을 받아 비로소 싹이 돋으려(屯) 하는 계절이 '봄'이라는 뜻

春歌(춘가), 春風(춘풍)

築

부수 竹 총획 16

쌓을 축, 다지다, 짓다

나무로 만든 공이로 흙을 '다지고' 돌을 주워 '쌓는다'는 뜻

築臺(축대), 築造(축조)

出

부수 凵 총획 5

날 출, 나가다, 낳다

싹이 자라는 모양으로 초목의 싹은 위로 돋아 난다 하여 '출생하다, 성장하다'의 뜻

出家(출가), 出生(출생)

縮

부수 糸 총획 17

오그라들 축, 모자라다

실이나 천을 물에 담궜다 꺼내어 잠재우면 줄어든다 하여 '오그라들다'의 뜻

縮小(축소), 縮刷(축쇄), 縮首(축수)

充

부수 儿 총획 5

가득할 충, 채우다, 막다

사람을 키우는 데는 충실을 기해야 한다 하여 '가득하다'의 뜻

充當(충당), 充滿(충만), 充電(충전)

忠	부수 心 총획 8
	충성 충, 정성껏하다
	마음속에서 우러나온 참된 뜻이라 하여 '충성, 정성'의 뜻

忠誠(충성), 忠臣(충신)

忠	忠	忠	忠	忠

趣	부수 走 총획 15
	재미 취, 풍취, 재촉하다
	목적한 바를 찾아 빨리 달린다 하여 '재촉하다'의 뜻

趣味(취미), 趣旨(취지)

趣	趣	趣	趣	趣

蟲	부수 虫 총획 18
	벌레 충
	'벌레'의 뜻

蟲類(충류), 蟲齒(충치)

蟲	蟲	蟲	蟲	蟲

吹	부수 口 총획 7
	불 취, 숨쉬다, 충동하다
	입으로 하품을 하듯 숨을 불어낸다 하여 '불다'의 뜻

鼓吹(고취), 吹入(취입)

吹	吹	吹	吹	吹

衝	부수 行 총획 15
	찌를 충, 사북, 부딪치다
	무거운 창을 들고 달려가 적을 '찌른다'는 뜻

衝突(충돌), 衝天(충천), 衝火(충화)

衝	衝	衝	衝	衝

就	부수 尤 총획 12
	나아갈 취, 이루다, 곧
	터를 닦고 높이 쌓은 언덕이 더욱 다르다 하여 '나아가다, 이루다'의 뜻

就業(취업), 就任(취임), 就職(취직)

就	就	就	就	就

取	부수 又 총획 8
	가질 취, 거두다, 받다
	옛날 전쟁에서 적을 죽이면 증거물로 적의 귀를 잘라왔다 하여 '가지다'의 뜻

爭取(쟁취), 取扱(취급)

取	取	取	取	取

臭	부수 自 총획 10
	냄새 취, 썩다
	개는 코로 냄새를 잘 맡는다 하여 '냄새'의 뜻. 냄새나는 음식은 '썩은' 것이라는 뜻

臭氣(취기), 臭惡(취악), 臭敗(취패)

臭	臭	臭	臭	臭

醉

| 부수 | 酉 | 총획 | 15 |

술취할 취

술병의 술을 다 마시고 '술에 취했다'는 뜻

醉客(취객), 醉氣(취기), 醉興(취흥)

醉	醉	醉	醉	醉

值

| 부수 | 人 | 총획 | 10 |

값 치, 만나다, 당하다

사람은 올바른 마음을 지녀야 '값어치'가 있다는 뜻

價值(가치), 數值(수치)

值	值	值	值	值

側

| 부수 | 人 | 총획 | 11 |

곁 측, 기울어지다

사람이 일을 처리할 때 원칙을 따르지 않고 어느 한 쪽으로 '기울어진다'는 뜻

側近(측근), 側目(측목), 側聞(측문)

側	側	側	側	側

置

| 부수 | 网 | 총획 | 13 |

둘 치, 베풀다

새 잡는 그물을 곧바로 '쳐둔다'는 뜻. 정직한 사람은 잡아도 용서한다 하여 '베풀다'의 뜻

置重(치중), 置換(치환)

置	置	置	置	置

測

| 부수 | 水 | 총획 | 12 |

측량할 측, 헤아리다

물의 넓이나 깊이를 잴 때에 일정한 법칙에 의하여 '측량한다'는 뜻

測定(측정), 測地(측지), 測候(측후)

測	測	測	測	測

恥

| 부수 | 心 | 총획 | 10 |

부끄러울 치, 욕되다

귀로 들어 마음이 '부끄러워할' 일이라는 뜻

恥事(치사), 恥辱(치욕), 羞恥(수치)

恥	恥	恥	恥	恥

層

| 부수 | 尸 | 총획 | 15 |

층 층, 겹, 거듭

집 위에 집이 거듭 지어진다 하여 '겹'이 되고 겹친다 하여 '층'의 뜻

層階(층계), 層屋(층옥), 層塔(층탑)

層	層	層	層	層

治

| 부수 | 水 | 총획 | 8 |

다스릴 치, 병 고치다

홍수의 피해가 없도록 사람들을 잘 다스려 이롭게 한다 하여 '다스리다'의 뜻

治國(치국), 治安(치안)

治	治	治	治	治

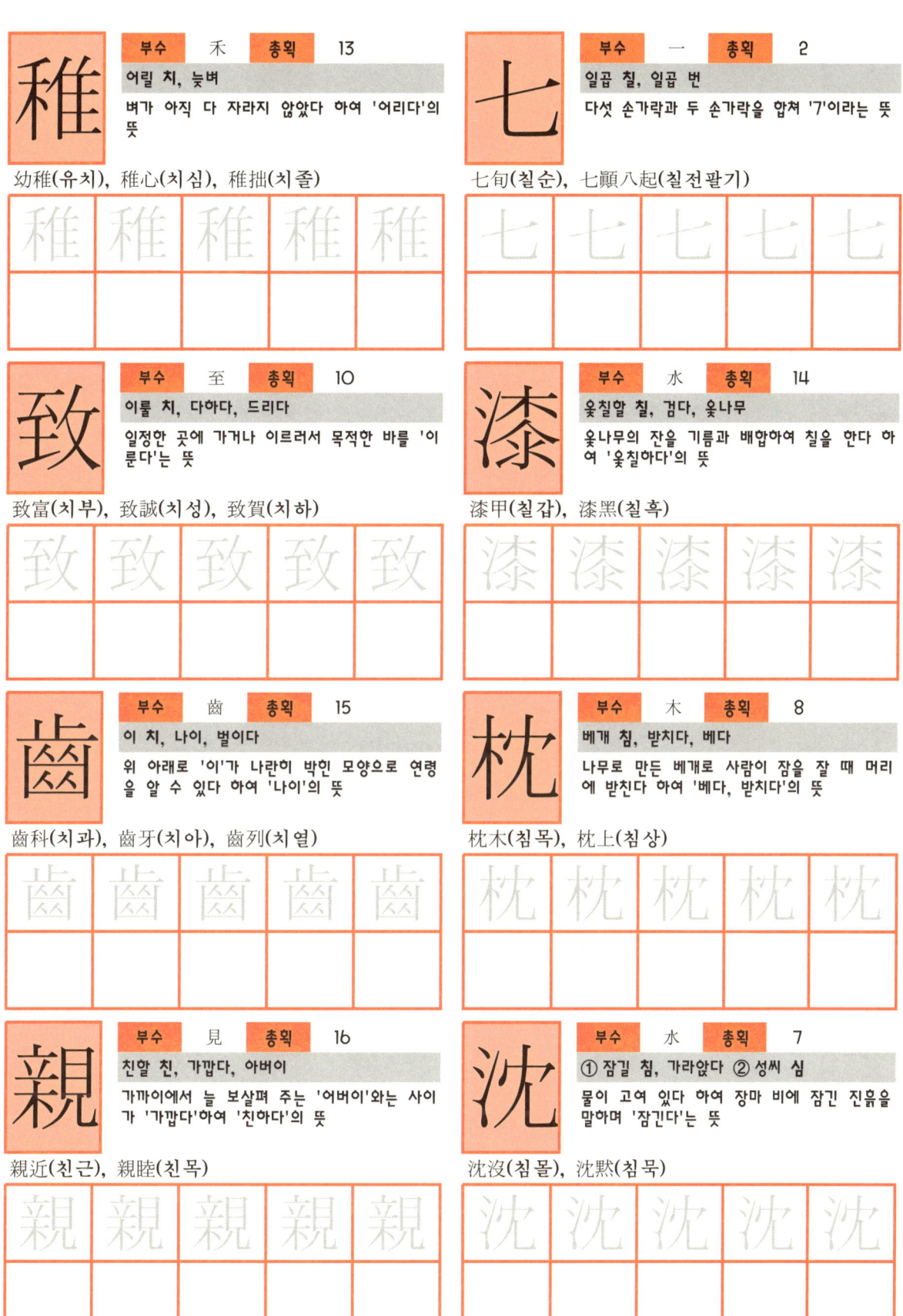

稚 부수 禾 총획 13
어릴 치, 늦벼
벼가 아직 다 자라지 않았다 하여 '어리다'의 뜻

幼稚(유치), 稚心(치심), 稚拙(치졸)

七 부수 一 총획 2
일곱 칠, 일곱 번
다섯 손가락과 두 손가락을 합쳐 '7'이라는 뜻

七旬(칠순), 七顚八起(칠전팔기)

致 부수 至 총획 10
이룰 치, 다하다, 드리다
일정한 곳에 가거나 이르러서 목적한 바를 '이룬다'는 뜻

致富(치부), 致誠(치성), 致賀(치하)

漆 부수 水 총획 14
옷칠할 칠, 검다, 옻나무
옻나무의 잔을 기름과 배합하여 칠을 한다 하여 '옻칠하다'의 뜻

漆甲(칠갑), 漆黑(칠흑)

齒 부수 齒 총획 15
이 치, 나이, 벌이다
위 아래로 '이'가 나란히 박힌 모양으로 연령을 알 수 있다 하여 '나이'의 뜻

齒科(치과), 齒牙(치아), 齒列(치열)

枕 부수 木 총획 8
베개 침, 받치다, 베다
나무로 만든 베개로 사람이 잠을 잘 때 머리에 받친다 하여 '베다, 받치다'의 뜻

枕木(침목), 枕上(침상)

親 부수 見 총획 16
친할 친, 가깝다, 아버이
가까이에서 늘 보살펴 주는 '어버이'와는 사이가 '가깝다'하여 '친하다'의 뜻

親近(친근), 親睦(친목)

沈 부수 水 총획 7
① 잠길 침, 가라앉다 ② 성씨 심
물이 고여 있다 하여 장마 비에 잠긴 진흙을 말하며 '잠긴다'는 뜻

沈沒(침몰), 沈黙(침묵)

	부수	人	총획	9			부수	禾	총획	14

侵
부수 人 총획 9
범할 침, 습격하다
사람이 비를 들고 점차 쓸어나간다 하여 '침범한다'의 뜻

侵掠(침략), 侵占(침점), 侵害(침해)

侵 侵 侵 侵 侵

稱
부수 禾 총획 14
저울대 칭, 일컫다
곡식을 들어 '저울대'에 단 무게를 소리쳐 알린다 하여 '일컫다'의 뜻

稱量(칭량), 稱讚(칭찬), 稱號(칭호)

稱 稱 稱 稱 稱

浸
부수 水 총획 10
적실 침, 잠기다, 빠지다
물이 점점 들어와서 '잠긴다'는 뜻

浸水(침수), 浸透(침투)

浸 浸 浸 浸 浸

快
부수 心 총획 7
즐거울 쾌, 빠르다
마음속에 걸리는 일을 결단하여 처리하니 '즐겁다, 시원하다'는 뜻

快樂(쾌락), 快馬(쾌마), 快調(쾌조)

快 快 快 快 快

寢
부수 宀 총획 14
잠잘 침, 쉬다, 그치다
집에서 침대에 누워서 '잔다'는 뜻. '쉬다, 침실'이라는 뜻

寢具(침구), 寢牀(침상)

寢 寢 寢 寢 寢

他
부수 人 총획 5
다를 타, 누구, 남
也는 뱀 타(它)와 같은 글자로, 뱀은 사람과 다른 동물이라 하여 '다르다'의 뜻

他律(타율), 他意(타의), 他界(타계)

他 他 他 他 他

針
부수 金 총획 10
바늘 침, 침, 바느질하다
쇠로 만들고 열 손가락으로 쓰는 '바늘'이라는 뜻. 바늘의 구실에서 '바느질하다'는 뜻

針線(침선), 針才(침재), 針術(침술)

針 針 針 針 針

墮
부수 土 총획 15
떨어질 타, 빠지다
진흙에 빠져 옷이나 몸을 더럽히게 된다 하여 '떨어지다, 빠지다'의 뜻

墮落(타락)

墮 墮 墮 墮 墮

	부수 女 총획 7
妥	온당할 타, 타협하다
	손을 가지런히 모은 여자의 애잔한 모습에서 '온당하다, 평온하다'는 뜻

妥結(타결), 妥協(타협)

妥	妥	妥	妥	妥

	부수 手 총획 5
打	칠 타
	손에 망치를 들고 못을 쳐서 박는다 하여 '치다'의 뜻

打開(타개), 打破(타파)

打	打	打	打	打

	부수 手 총획 6
托	받칠 탁, 맡기다, 의지하다
	손으로 물건을 맡기고 부탁한다 하여 '맡기다, 의지하다'의 뜻

受托(수탁), 依托(의탁), 托子(탁자)

托	托	托	托	托

	부수 水 총획 16
濁	흐릴 탁, 어지럽다
	물이 흐리고 탁하다 하여 '흐리다'의 뜻

濁流(탁류), 濁世(탁세)

濁	濁	濁	濁	濁

	부수 水 총획 17
濯	빨래할 탁, 빨다, 씻다
	옷을 물로 씻어 '세탁한다'는 뜻

濯漑(탁개), 濯足(탁족), 濯濯(탁탁)

濯	濯	濯	濯	濯

	부수 玉 총획 12
琢	쫄 탁, 옥 다듬다
	구슬을 끌로 새길 때에 나는 소리에서 '옥을 다듬는다'는 뜻

琢刻(탁각), 琢磨(탁마)

琢	琢	琢	琢	琢

	부수 弓 총획 15
彈	튕길 탄, 탄알, 치다
	화살이 활시위를 튕기며 하나씩 날아가듯, 탄알이 '튕겨 나간다'는 뜻

彈琴(탄금), 彈力(탄력)

彈	彈	彈	彈	彈

	부수 欠 총획 15
歎	탄식할 탄, 감탄하다
	어려운 일을 당할 때 하품할 때 처럼 입을 벌리고 숨쉰다 하여 '탄식하다'의 뜻

感歎(감탄), 歎服(탄복), 歎息(탄식)

歎	歎	歎	歎	歎

炭	부수 火 총획 9
	숯 탄, 석탄, 탄소
	산에서 불로 굽거나 파낸 숯이라 하여 '숯, 석탄'의 뜻

石炭(석탄), 炭鑛(탄광), 炭火(탄화)

炭 炭 炭 炭 炭

貪	부수 貝 총획 11
	탐낼 탐, 탐하다
	지금도 많은 돈을 가지고 있으면서 돈을 더 벌려고 '탐낸다'는 뜻

貪官(탐관), 貪慾(탐욕)

貪 貪 貪 貪 貪

奪	부수 大 총획 14
	빼앗을 탈, 잃다, 없애다
	손에 있던 새가 날개를 치며 날아가 버렸다하여 '잃다, 빼앗다'의 뜻

奪氣(탈기), 奪取(탈취), 奪還(탈환)

奪 奪 奪 奪 奪

塔	부수 手 총획 13
	탑 탑, 절, 층집
	땅 위에 한층 한층 쌓아 올린 좁고 높은 '탑'이라는 뜻

佛塔(불탑), 尖塔(첨탑)

塔 塔 塔 塔 塔

脫	부수 肉 총획 11
	벗을 탈, 빠지다
	곤충 따위가 몸의 허물을 벗고 그 형체를 바꾼다 하여 '벗다'의 뜻

脫落(탈락), 脫線(탈선), 脫走(탈주)

脫 脫 脫 脫 脫

湯	부수 水 총획 12
	끓일 탕, 끓인 물
	물이 햇볕에 뜨거워져 끓인 물처럼 된다 하여 '끓이다'의 뜻

湯藥(탕약), 湯飯(탕반), 湯器(탕기)

湯 湯 湯 湯 湯

探	부수 手 총획 11
	찾을 탐, 정탐하다
	손으로 깊은 곳을 더듬어 찾는다 하여 '정탐하다'의 뜻

探求(탐구), 探得(탐득), 探偵(탐정)

探 探 探 探 探

太	부수 大 총획 4
	클 태, 심하다, 처음
	클 대(大)에 점을 찍어 아주 '큼'이라는 뜻

太古(태고), 太陽(태양), 太初(태초)

太 太 太 太 太

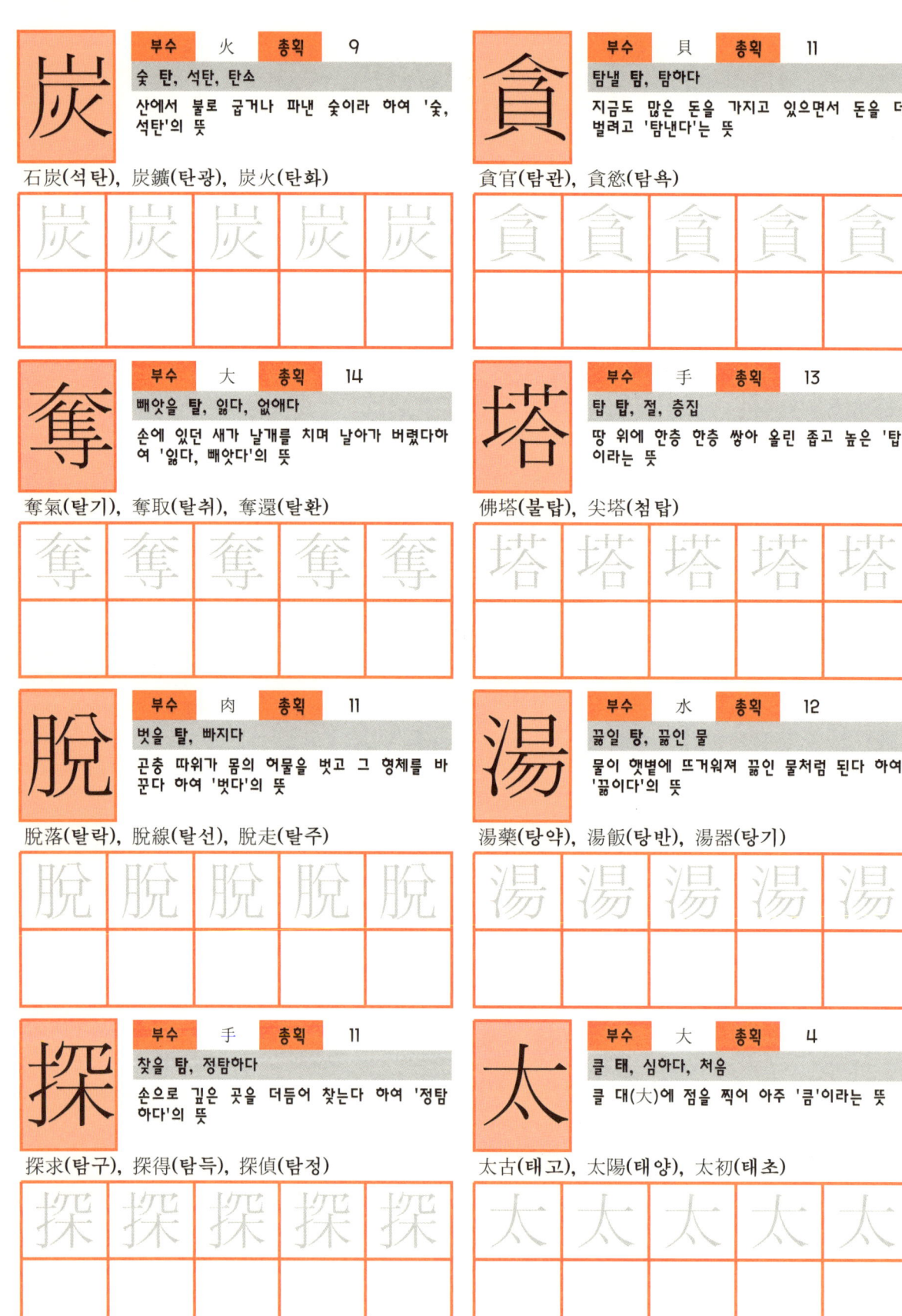

怠	부수 心 총획 9
	게으를 태, 거만하다
	몸이 늙으니 마음이 느슨하여 행동이 '느리고 게으르다'는 뜻

怠慢(태만), 怠業(태업)

怠	怠	怠	怠	怠

宅	부수 宀 총획 6
	집 택, 정하다, 자리
	사람이 의지하고 사는 '집'은 일정한 곳에 위치한다 하여 '정하다, 자리'의 뜻

宅道(택도), 宅地(택지)

宅	宅	宅	宅	宅

態	부수 心 총획 14
	태도 태, 모양, 상태
	마음의 움직임에 의하여 나타나는 '태도'라는 뜻

態度(태도), 世態(세태)

態	態	態	態	態

擇	부수 手 총획 16
	가릴 택, 고르다, 뽑다
	좋은 물건을 보고 손으로 골라 '뽑는다'는 뜻

擇日(택일), 選擇(선택), 採擇(채택)

澤	澤	澤	澤	澤

泰	부수 水 총획 10
	클 태, 편안하다, 산이름
	두 손으로 받아내기에는 너무나 '큰' 물건이라는 뜻

泰斗(태두), 泰然(태연), 泰平(태평)

泰	泰	泰	泰	泰

澤	부수 手 총획 16
	못 택, 윤, 은혜
	물을 한 곳에 잡아 가두면 생활이 편리하고 '윤택해진다'는 뜻

澤梁(택량), 澤色(택색)

澤	澤	澤	澤	澤

殆	부수 歹 총획 9
	위태로울 태, 자못
	몸이 늙으니 앙상한 뼈만 남고 자못 '위태롭다'는 뜻

危殆(위태), 殆半(태반), 殆哉(태재)

殆	殆	殆	殆	殆

兎	부수 儿 총획 8
	토끼 토, 달
	토끼의 두 귀와 두 눈, 몽탕한 꼬리 모양의 글자

龜兎之說(귀토지설), 兎影(토영), 兎皮(토피)

兎	兎	兎	兎	兎

	부수 土	총획 3
土	흙 토, 땅, 뿌리	
	二는 지층, |는 초목의 싹을 말함. 초목의 싹이 땅 위로 떠오르는 모양의 글자	

土砂(토사), 土俗(토속), 土着(토착)

부수 辵	총획 11
通	통할 통, 다니다, 알리다
	골목길이 큰 길로 이어져 나간다 하여 '통한다'의 뜻

通過(통과), 通情(통정), 通知(통지)

부수 口	총획 6
吐	토할 토, 게우다, 말하다
	입에서 땅으로 토해 낸다 하여 '게우다, 말하다'의 뜻

吐露(토로), 吐瀉(토사), 吐心(토심)

부수 糸	총획 12
統	거느릴 통, 계통, 합치다
	실이 이어져 있는 것처럼 사람이 일에도 계통이 있다 하여 '거느림'의 뜻

系統(계통), 統一(통일)

부수 言	총획 10
討	칠 토, 찾다, 궁구하다
	죄인을 법에 따라 잡아서 말로 다스린다는 뜻. 적을 '친다'는 뜻

討論(토론), 討伐(토벌), 討賊(토적)

부수 辵	총획 10
退	물러날 퇴, 물리치다
	해가 천천히 서산으로 넘어가듯, 왔던 길을 되돌아간다 하여 '물러가다'의 뜻

退步(퇴보), 退位(퇴위), 退治(퇴치)

부수 疒	총획 12
痛	아플 통, 상하다, 심하다
	甬은 꽃봉우리가 피려는 모양. 꽃봉오리처럼 부풀어 오른 상처가 '아프다'는 뜻

痛感(통감), 痛嘆(통탄), 痛悔(통회)

부수 手	총획 7
投	던질 투, 버리다, 주다
	손으로 창을 '던져' 준다는 뜻

投稿(투고), 投機(투기)

	부수 辵 총획 11
透	환할 투, 통하다
	무성한 숲을 가로질러 천천히 통과한다 하여 '통하다, 환하다'의 뜻

透明(투명), 透視(투시), 透徹(투철)

	부수 水 총획 8
波	물결 파, 물젖다
	물의 표면의 움직임이 곧 '물결'이라는 뜻

波動(파동), 波紋(파문)

	부수 鬥 총획 20
鬪	싸울 투, 다투다
	상대방을 때려눕히거나 베기 위하여 서로 맞서서 '싸운다'는 뜻

鬪士(투사), 鬪牛(투우)

	부수 石 총획 10
破	깨뜨릴 파, 쪼개다
	돌로 가죽을 두드리면 가죽이 터진다 하여 '깨뜨리다'의 뜻

破格(파격), 破婚(파혼)

	부수 牛 총획 10
特	특별할 특, 홀로, 소
	소는 제사에 많이 쓰이므로 관청에서 특히 소중히 다루었다 하여 '특별'의 뜻

特別(특별), 特技(특기)

	부수 頁 총획 14
頗	자못 파, 치우치다
	머리가 한쪽으로 치우치니 공평하지 않다 하여 '자못'의 뜻

頗多(파다), 頗僻(파벽), 偏頗(편파)

	부수 手 총획 15
播	씨뿌릴 파, 퍼뜨리다
	밭고랑에 손에 쥔 씨를 차례대로 '뿌린다'는 뜻

播多(파다), 播種(파종), 傳播(전파)

	부수 水 총획 9
派	물갈래 파, 파벌, 나누다
	물이 흘러가다가 갈라져 나간다 하여 '물갈래, 나누어지다'의 뜻

派遣(파견), 派別(파별)

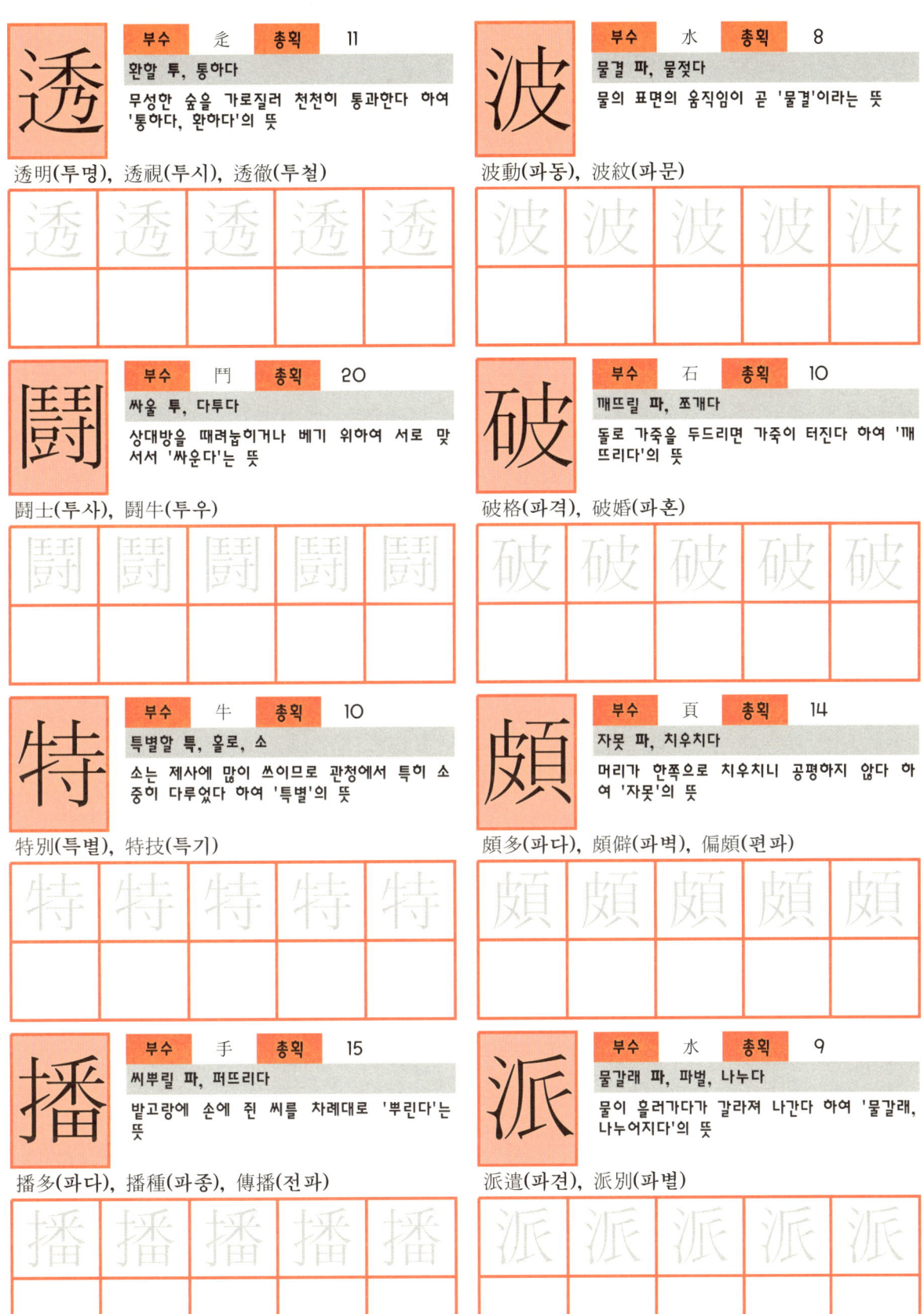

罷	부수 网 총획 15
	파할 파, 고달프다
	아무리 재능이 있는 자라도 법에 걸리면 아무 것도 할 수 없다 하여 '파하다'의 뜻

罷免(파면), 罷業(파업), 罷行(파행)

罷	罷	罷	罷	罷

販	부수 貝 총획 11
	팔 판, 장사
	물건을 사서 되돌려 판다 하여 '장사, 팔다'의 뜻

販路(판로), 販賣(판매)

販	販	販	販	販

判	부수 刀 총획 7
	판단할 판, 쪼개다, 맡다
	물건을 칼로 절반씩 자르듯 모든 일의 시비를 분명히 가려 '판단한다'는 뜻

判斷(판단), 判明(판명), 判示(판시)

判	判	判	判	判

八	부수 八 총획 2
	여덟 팔, 나누다
	두 손을 네 손가락씩 펴서 들어 보이는 모양의 글자로 '여덟'이라는 뜻

八等身(팔등신), 八字(팔자)

八	八	八	八	八

板	부수 木 총획 8
	널조각 판, 홀, 뒤치다
	나무를 깎거나 켜서 이리저리 뒤집을 수 있도록 된 '널빤지'라는 뜻

板木(판목), 板子(판자)

板	板	板	板	板

貝	부수 貝 총획 7
	조개 패, 보화
	조개껍질을 화폐 단위로 사용한다 하여 '돈, 재물'의 뜻

貝錦(패금), 貝物(패물)

貝	貝	貝	貝	貝

版	부수 片 총획 8
	널 판, 인쇄하다, 판자
	뒤치거나 엎을 수 있게 쪼갠 나무 조각이라 하여 '판자'의 뜻

版圖(판도), 版權(판권)

版	版	版	版	版

敗	부수 攴 총획 11
	패할 패, 깨어지다
	물건이 부딪쳐 '깨지거나' 못쓰게 된다는 뜻. 적과 싸워 '패하다, 무너지다'는 뜻

敗家(패가), 敗北(패배)

敗	敗	敗	敗	敗

	부수	人	총획	9

便
① 편할 편, 소식 ② 오줌 변
사람은 불편한 것을 고쳐 '편안하도록' 해왔다는 뜻

便所(변소), 便利(편리), 便車(편차)

	부수	辵	총획	13

遍
두루 편, 두루 미치다
작은 것이나 큰 것 할 것 없이 발걸음이 널리 미친다 하여 '두루'의 뜻

遍歷(편력), 遍散(편산), 遍在(편재)

	부수	片	총획	4

片
조각 편, 쪼개다, 쪽
나무를 둘로 쪼개어 나눈 것 중 한쪽 모양의 글자로 '조각, 쪼개다'는 뜻

片道(편도), 片言(편언)

	부수	干	총획	5

平
평평할 평, 다스리다
물에 뜬 부평초의 모양으로 수면이 고르고 '평평하다'는 뜻

平面(평면), 平安(평안), 平易(평이)

	부수	竹	총획	15

篇
책 편, 펴다, 글
대쪽에 글을 써서 실로 꿰어 엮은 '책'이라는 뜻

篇籍(편적), 篇次(편차), 篇篇(편편)

	부수	言	총획	12

評
평론할 평, 평정하다
치우치지 않고 공평한 말이라 하여 '평론, 평정'의 뜻

評價(평가), 評論(평론)

	부수	糸	총획	15

編
엮을 편, 얽다, 짓다
글을 쓴 작은 대쪽들을 모아 끈으로 얽어맨다 하여 '엮다'의 뜻

編成(편성), 編修(편수), 編綴(편철)

	부수	广	총획	15

廢
폐할 폐, 버리다, 부서지다
오랫동안 방치된 집이 못쓰게 되었다 하여 '폐하다, 버리다'의 뜻

廢棄(폐기), 廢物(폐물), 廢人(폐인)

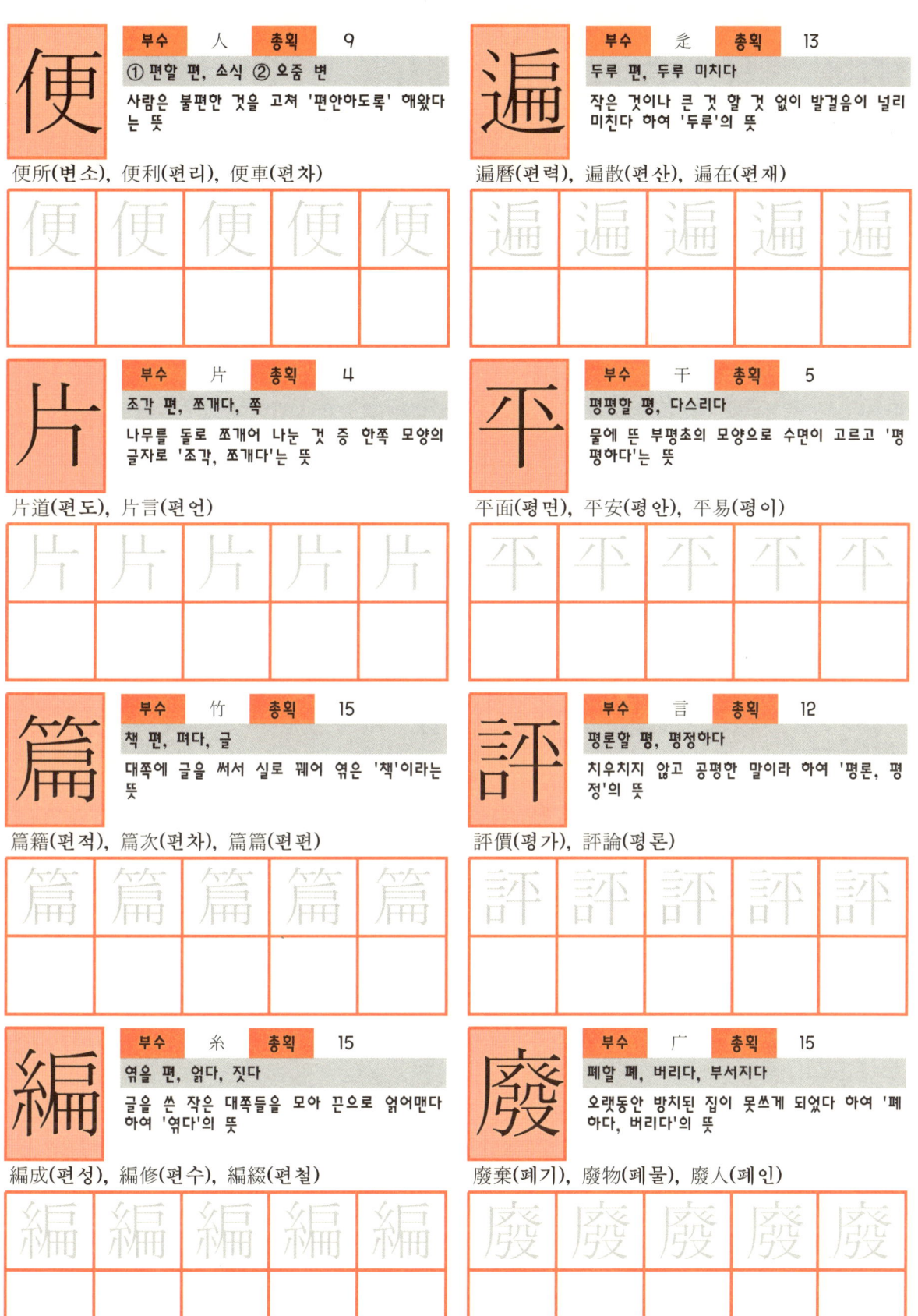

幣

부수 巾 총획 15

폐백 폐, 비단, 재물

비단을 돈 대신 사용해 '화폐'라는 뜻. '비단'
은 예물로 보내는 것이라 하여 '폐백'의 뜻

幣物(폐물), 幣帛(폐백), 貨幣(화폐)

閉

부수 門 총획 11

닫을 폐, 막히다, 마치다

대문에 나무로 만든 빗장을 건 모양으로 '닫
다, 막히다'의 뜻

開閉(개폐), 閉鎖(폐쇄), 閉店(폐점)

弊

부수 廾 총획 15

폐단 폐, 나쁘다, 해치다

옷이 헤져서 두 손으로 맞잡아 가려야 한다하
여 '나쁘다, 폐단'의 뜻

弊端(폐단), 弊習(폐습), 弊害(폐해)

包

부수 勹 총획 5

쌀 포, 꾸리다, 숨기다

어머니의 뱃속에 들어 있는 태아의 모양으로
'애를 배다'는 뜻. '싸다, 숨기다'는 뜻

包攝(포섭), 包裝(포장), 包含(포함)

蔽

부수 艸 총획 16

가릴 폐, 가리우다, 다하다

풀잎으로 해어진 곳을 가린다 하여 '가리다'의
뜻

蔽期(폐기), 蔽明(폐명)

抱

부수 手 총획 8

안을 포, 품다, 가지다

손으로 물건을 끌어 모아 가슴에 '안는다'는
뜻

抱負(포부), 抱擁(포옹)

肺

부수 肉 총획 8

부아 폐, 허파

좌우 두 개로 갈라진 인체내의 '허파'라는 뜻

肺炎(폐렴), 肺腑(폐부)

胞

부수 肉 총획 9

태보 포, 삼, 세포

태아를 싸고 있는 '막'이라는 뜻. 생물체를 이
루는 '세포'라는 뜻

細胞(세포), 胞宮(포궁), 胞者(포자)

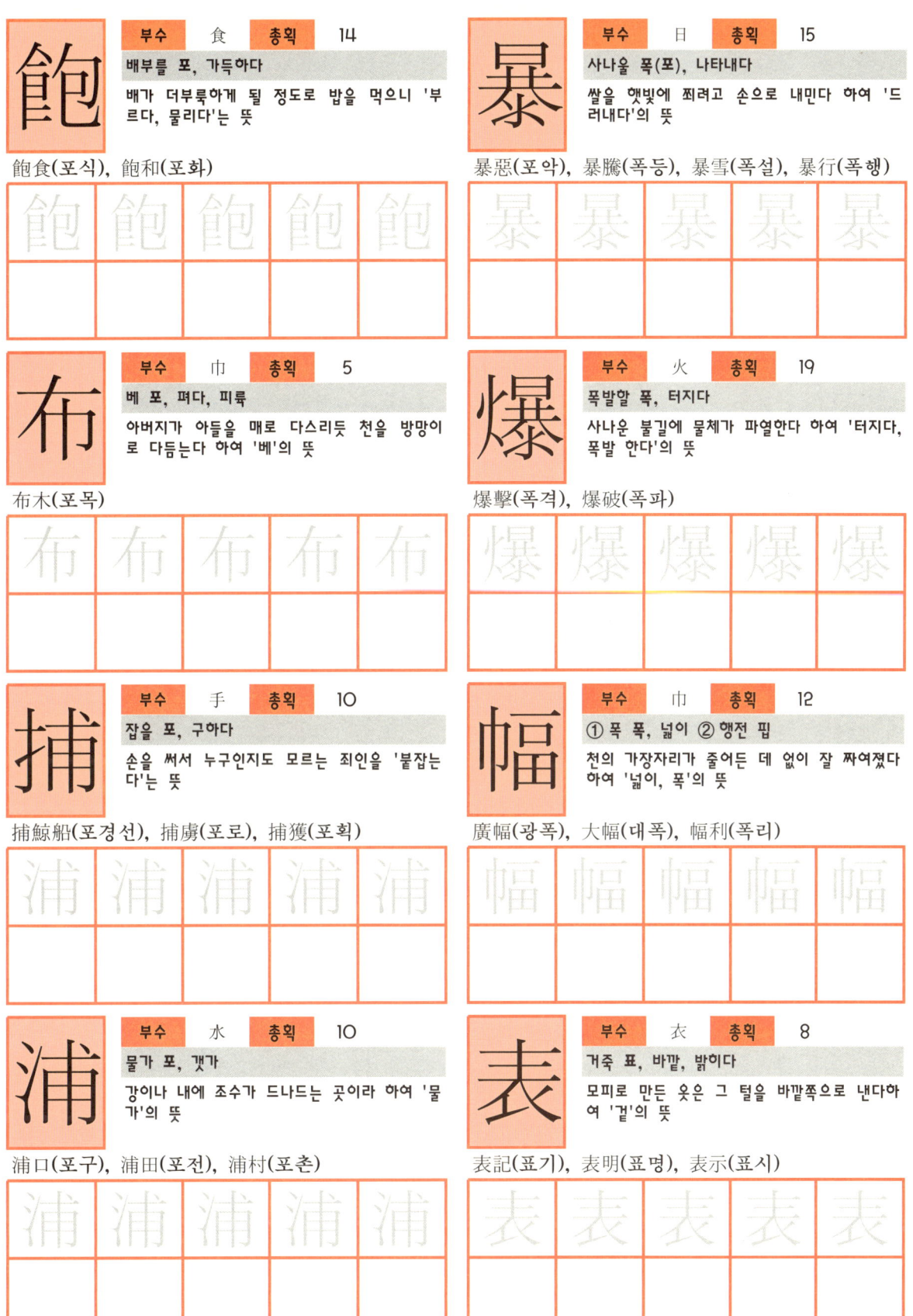

飽	부수 食　총획 14
	배부를 포, 가득하다
	배가 더부룩하게 될 정도로 밥을 먹으니 '부르다, 물리다'는 뜻

飽食(포식), 飽和(포화)

暴	부수 日　총획 15
	사나울 폭(포), 나타내다
	쌀을 햇빛에 쬐려고 손으로 내민다 하여 '드러내다'의 뜻

暴惡(포악), 暴騰(폭등), 暴雪(폭설), 暴行(폭행)

布	부수 巾　총획 5
	베 포, 펴다, 피륙
	아버지가 아들을 매로 다스리듯 천을 방망이로 다듬는다 하여 '베'의 뜻

布木(포목)

爆	부수 火　총획 19
	폭발할 폭, 터지다
	사나운 불길에 물체가 파열한다 하여 '터지다, 폭발 한다'의 뜻

爆擊(폭격), 爆破(폭파)

捕	부수 手　총획 10
	잡을 포, 구하다
	손을 써서 누구인지도 모르는 죄인을 '붙잡는다'는 뜻

捕鯨船(포경선), 捕虜(포로), 捕獲(포획)

幅	부수 巾　총획 12
	① 폭 폭, 넓이 ② 행전 핍
	천의 가장자리가 줄어든 데 없이 잘 짜여졌다 하여 '넓이, 폭'의 뜻

廣幅(광폭), 大幅(대폭), 幅利(폭리)

浦	부수 水　총획 10
	물가 포, 갯가
	강이나 내에 조수가 드나드는 곳이라 하여 '물가'의 뜻

浦口(포구), 浦田(포전), 浦村(포촌)

表	부수 衣　총획 8
	거죽 표, 바깥, 밝히다
	모피로 만든 옷은 그 털을 바깥쪽으로 낸다하여 '겉'의 뜻

表記(표기), 表明(표명), 表示(표시)

票	부수 示	총획 11
	표 표, 쪽지, 문서	
	물건의 중심부에 보기 쉽게 다는 '꼬리표'라 하여 '쪽지'의 뜻	

投票(투표), 票決(표결), 票然(표연)

風	부수 風	총획 9
	바람 풍, 경치, 교화	
	공기가 널리 퍼짐에 따라 모든 생물이 깨어나 움직인다 하여 '바람'의 뜻	

風速(풍속), 風紀(풍기)

標	부수 木	총획 15
	표할 표, 표지, 기	
	나무의 끝을 표하는 것으로 '표시하다'의 뜻	

標準(표준), 標識(표지)

楓	부수 木	총획 13
	단풍 풍, 신나무	
	가을에 바람이 불면 나뭇잎이 붉게 물든다 하여 '단풍'의 뜻	

楓菊(풍국), 楓林(풍림), 楓嶽(풍악)

漂	부수 水	총획 14
	뜰 표, 빨래하다	
	가벼운 것은 물 위에 '뜬다'는 뜻	

標客(표객), 漂流(표류), 漂風(표풍)

豊	부수 豆	총획 13
	풍성할 풍, 두텁다	
	제사 그릇에 많은 음식이 담긴 모양으로 제사 음식이 많다 하여 '풍성하다'의 뜻	

豊年(풍년), 豊富(풍부), 豊盛(풍성)

品	부수 口	총획 9
	품수 품, 물건	
	입이 셋이나 되어 여러 층의 사람이 모였다 하여 '품계'의 뜻	

品格(품격), 品種(품종), 品目(품목)

皮	부수 皮	총획 5
	가죽 피	
	손으로 짐승의 가죽을 벗기는 모양으로 '가죽'이라는 뜻. 어떤 물체의 '껍질'이라는 뜻	

皮骨(피골), 皮膚(피부)

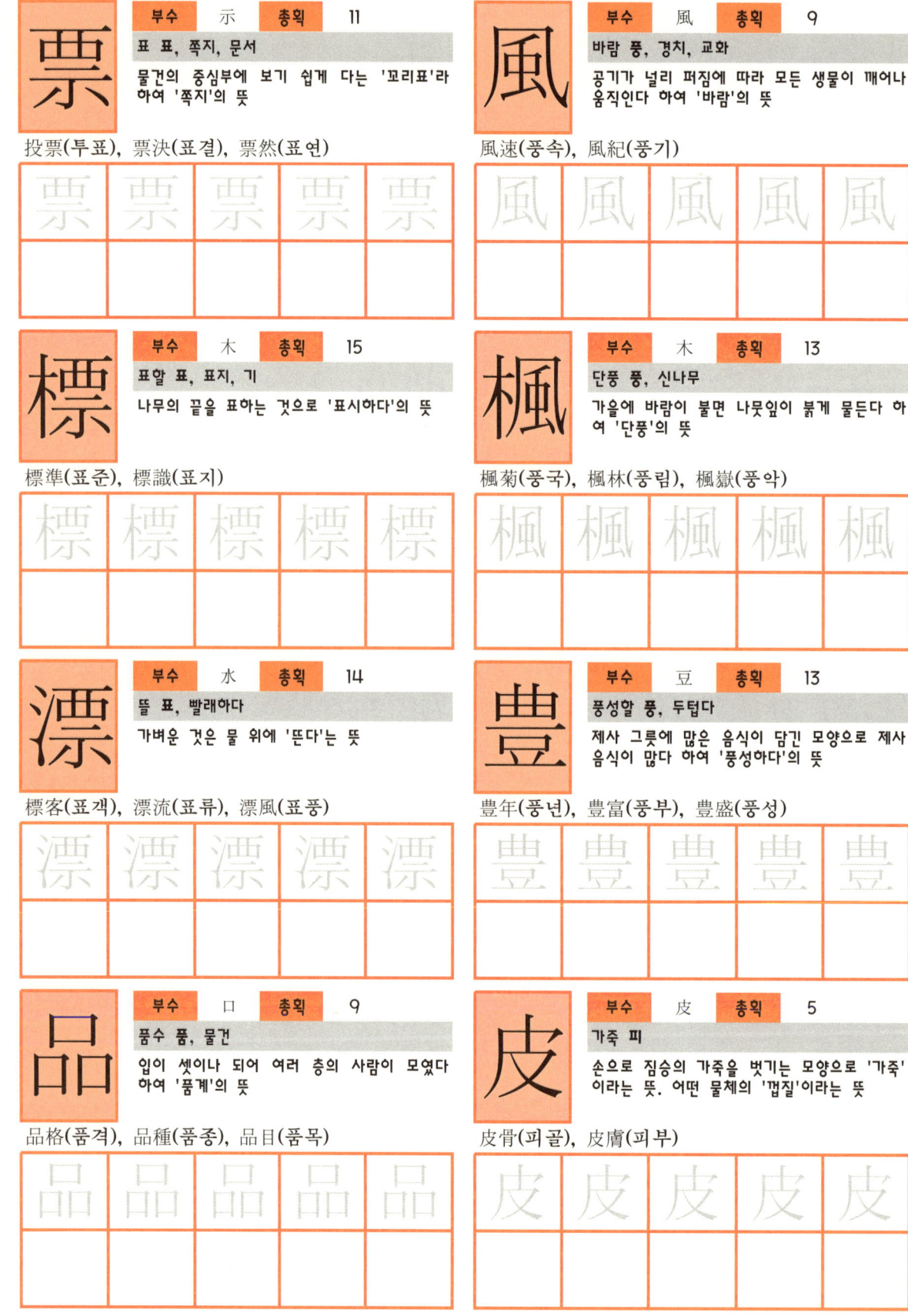

彼
부수 彳 총획 8
저 피, 저이, 저편
皮는 갈라진다는 뜻으로 이쪽과 '저쪽'이라는 뜻. 장소나 사물을 지시하는 대명사

彼己(피기), 彼我間(피아간), 彼此(피차)

匹
부수 匚 총획 7
짝 필, 혼자, 상대
감추어 둔 피륙을 둘로 나누면 각각이 서로 짝이 된다 하여 '짝'의 뜻

匹夫(필부), 匹敵(필적)

疲
부수 疒 총획 10
피곤할 피, 노곤하다
피골이 상접하여 벽에 기대고 있는 것은 지쳤기 때문이라 하여 '피곤하다'의 뜻

疲困(피곤), 疲弊(피폐), 疲乏(피핍)

必
부수 心 총획 5
반드시 필, 그럴, 꼭
땅을 나눌 때 경계를 구별 짓기 위해 표지판을 꼭 박아 세운다 하여 '반드시'의 뜻

必須(필수), 必勝(필승), 必要(필요)

被
부수 衣 총획 10
입을 피, 받다, 옷
사람이 잠을 잘 때 곁에 입는 '잠옷'이라는 뜻. 위를 덮는 '이불'이라는 뜻

被擊(피격), 被告(피고), 被動(피동)

畢
부수 田 총획 11
마칠 필, 다
밭에서 곡식을 해치는 새를 잡기 위해 그물치는 일을 끝냈다 하여 '마치다'의 뜻

畢竟(필경)

避
부수 辵 총획 17
피할 피, 면하다, 어기다
남의 눈을 피해 슬금슬금 도망친다 하여 '피하다, 숨다'의 뜻

避難(피난), 避暑(피서)

筆
부수 竹 총획 12
붓 필, 글, 글씨
聿은 '붓'의 뜻. 竹은 대나무로 붓대를 만듦. 손에 붓을 쥔 모양으로 '글씨'라는 뜻

筆答(필답), 筆力(필력)

下	부수 一 총획 3
	아래 하, 항복하다
	일정한 위치를 나타내는 가로 획(一)보다 아래임을 나타낸 글자

下去(하거), 下級(하급), 下部(하부)

下	下	下	下	下

河	부수 水 총획 8
	물 하, 강물, 내
	중국의 황하를 말하며, 물이 엄청나게 많아 강으로 인정한다 하여 '강, 물'의 뜻

河梁(하량), 河川(하천), 黃河(황하)

河	河	河	河	河

何	부수 人 총획 7
	어찌 하, 무엇, 누구
	두 사람이 짐을 멘 모양으로 그 물건이 무엇일까? 의문하여 '무엇, 누구'의 뜻

何等(하등), 何物(하물)

何	何	何	何	何

荷	부수 艹 총획 11
	연 하, 짐, 메다
	물건을 받칠 만큼 넓고 큰 잎을 가진 초목이라 하여 '연꽃'의 뜻. 짐을 '멘다'는 뜻

荷役(하역), 荷重(하중)

荷	荷	荷	荷	荷

夏	부수 夂 총획 10
	여름 하, 나라, 크다
	더위로 인하여 머리 부분과 발을 드러낸 모양으로 '여름'이라는 뜻

春夏秋冬(춘하추동), 夏穀(하곡), 夏花(하화)

夏	夏	夏	夏	夏

賀	부수 貝 총획 12
	하례할 하, 하례
	경사스러운 일에 돈과 물건을 보내어 '하례한다'는 뜻

祝賀(축하), 賀客(하객), 賀禮(하례), 賀宴(하연)

賀	賀	賀	賀	賀

學	부수 子 총획 16
	배울 학, 학문, 글방
	아이들이 친구들과 손을 맞잡고 한 지붕 아래서 '배운다'는 뜻

學校(학교), 學歷(학력), 學說(학설)

學	學	學	學	學

鶴	부수 鳥 총획 21
	학 학, 두루미
	높이 날 수 있는 새라 하여 '학'의 뜻

鶴首(학수), 鶴翼(학익)

鶴	鶴	鶴	鶴	鶴

寒

부수 宀 총획 12

찰 한, 떨다, 어렵다

얼음이 얼고 찬바람이 들어오는 집에서 생활
한다 하여 '춥다, 떨리다'의 뜻

寒氣(한기), 寒食(한식), 寒民(한민)

汗

부수 水 총획 6

땀 한, 물 질펀하다

몸에서 물이 흘러내리는 것이 바로 '땀'이라는
뜻

汗蒸(한증), 汗眩(한현)

恨

부수 心 총획 9

한할 한, 한탄, 뉘우치다

심장이 멈출 정도로 응어리가 진 원한을 말하
며, '뉘우치다'는 뜻

恨歎(한탄), 悔恨(회한)

漢

부수 水 총획 14

한수 한, 나라, 종족

양자강 상류인 '한수(漢水)'를 뜻하나 이 지
역에 세웠던 '나라'의 이름

破廉恥漢(파렴치한), 漢方(한방), 漢醫(한의)

限

부수 阜 총획 9

한정 한, 한정하다, 막히다

높은 언덕이라도 '한도가 있다'는 뜻. 한정된
곳은 막혀 있다 하여 '막히다'의 뜻

限界(한계), 限度(한도), 限定(한정)

閑

부수 門 총획 12

한가할 한, 고요하다

문에 나무를 가로질러 출입을 못하게 하여 '한
가하다'의 뜻

閑暇(한가), 閑寂(한적)

旱

부수 日 총획 7

가물 한, 물 없다

가뭄이 계속되어 사물을 말린다 하여 '가물다,
물이 없다'의 뜻

旱雷(한뢰), 旱災(한재)

韓

부수 韋 총획 17

나라이름 한, 성, 우물담

군사들이 성의 둘레를 지키는 해돋는 쪽의 '나
라'라는 뜻

韓僑(한교), 韓流(한류), 韓服(한복)

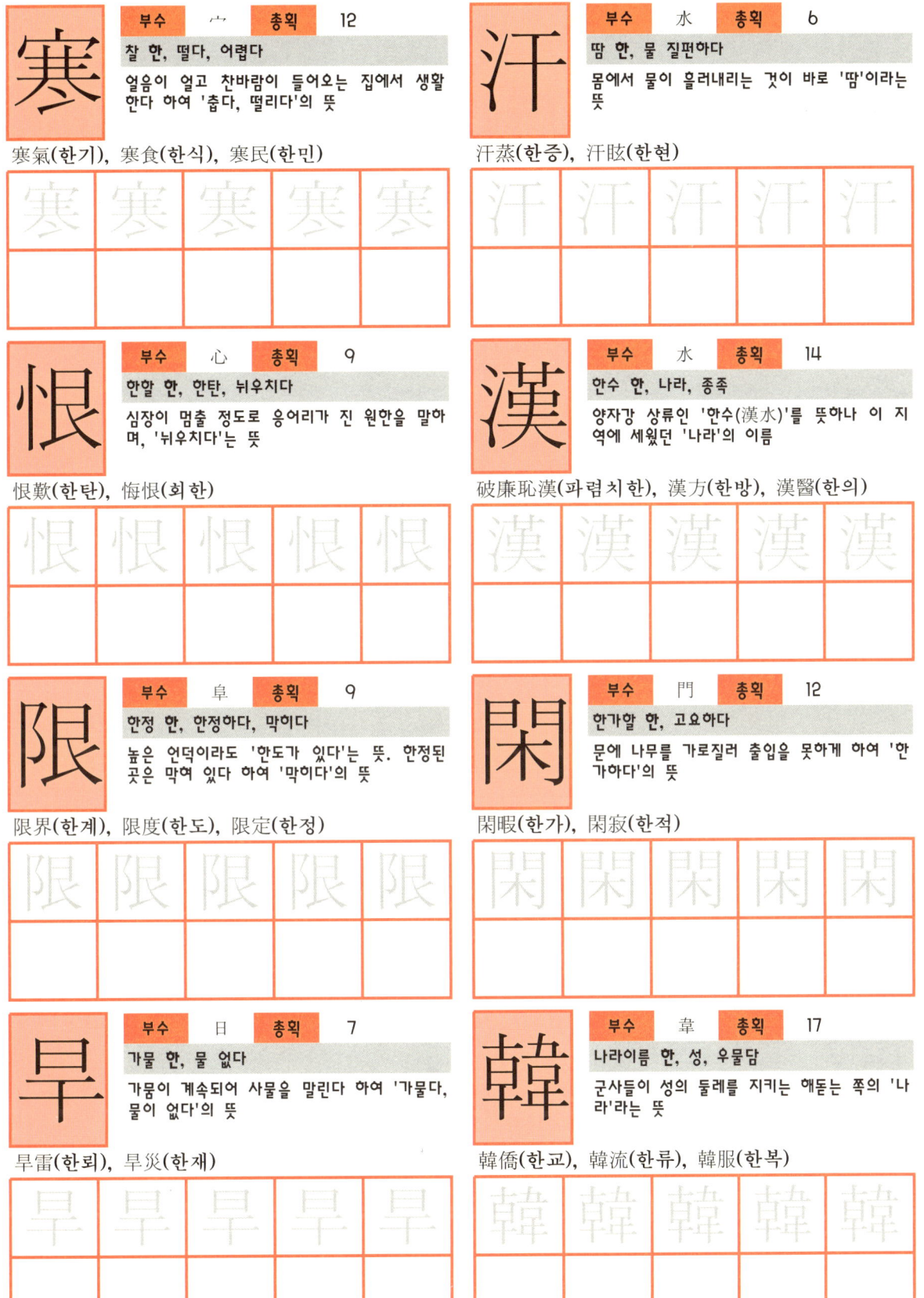

부수 刀	총획 12

割

벨 할, 나누다, 찢다

칼로 베어서 해치고 찢는다 하여 '나누다'의 뜻

割當(할당), 割引(할인)

割	割	割	割	割

부수 口	총획 6

合

합할 합, 같다, 모이다

여러 의견을 지닌 사람들이 여기저기서 많이 모였다 하여 '모이다, 합하다'의 뜻

合當(합당), 合同(합동), 合議(합의)

合	合	合	合	合

부수 口	총획 7

含

머금을 함, 품다

방금 입 안에 무엇을 넣었다 하여 '머금다'의 뜻

含忍(함인), 含蓄(함축)

含	含	含	含	含

부수 己	총획 9

巷

거리 항, 골목, 마을

마을과 마을이 함께 쓰는 것이 '거리'라는 뜻

巷街(항가), 巷間(항간), 巷設(항설)

巷	巷	巷	巷	巷

부수 口	총획 9

咸

다 함, 가득하다

모든 사람이 입을 모아 뜻을 같이 한다 하여 '다'의 뜻

咸告(함고), 咸集(함집)

咸	咸	咸	咸	咸

부수 水	총획 12

港

뱃길 항, 항구

물의 길(巷), 배가 다니는 '뱃길'이라는 뜻. 배가 머무르는 '항구'라는 뜻

港口(항구), 港都(항도), 港灣(항만)

港	港	港	港	港

부수 阜	총획 11

陷

빠질 함, 함정, 무너지다

언덕에서 떨어져 구덩이에 빠진다 하여 '함정'의 뜻

陷落(함락), 陷沒(함몰)

陷	陷	陷	陷	陷

부수 心	총획 9

恒

항상 항, 반달 긍

마음이 변함없이 뻗친다 하여 '항상'의 뜻

恒常(항상), 恒星(항성), 恒心(항심)

恒	恒	恒	恒	恒

抗

| 부수 | 手 | 총획 | 7 |

대항할 항, 막다, 들다

손으로 적과 겨루어 맞선다 하여 '대항하다, 막다'의 뜻

抗拒(항거), 抗手(항수), 抗議(항의)

| 抗 | 抗 | 抗 | 抗 | 抗 |
| | | | | |

該

| 부수 | 言 | 총획 | 13 |

갖출 해, 그, 해당하다

亥에는 모든 것을 덮는다는 뜻으로 모두 통틀어 말한다는 뜻

該當(해당), 該敏(해민), 該博(해박)

| 該 | 該 | 該 | 該 | 該 |
| | | | | |

航

| 부수 | 舟 | 총획 | 10 |

배로 물건널 항, 비행하다

돛을 높이 단 배를 타고 강·바다를 '건넌다'는 뜻. 비행기로 높이 '비행한다'는 뜻

航空(항공), 航路(항로)

| 航 | 航 | 航 | 航 | 航 |
| | | | | |

奚

| 부수 | 大 | 총획 | 10 |

어찌 해, 종, 종족의 이름

머리를 땋는 풍속이 있는 '종족의 이름'을 뜻함. '어찌'라는 뜻

奚奴(해노), 奚兒(해아), 奚特(해특)

| 奚 | 奚 | 奚 | 奚 | 奚 |
| | | | | |

項

| 부수 | 頁 | 총획 | 12 |

목덜미 항, 크다, 항

머리를 이리저리 움직이게 하는 머리의 후방이라 하여 '목'의 뜻

項目(항목), 項鎖(항쇄)

| 項 | 項 | 項 | 項 | 項 |
| | | | | |

害

| 부수 | 宀 | 총획 | 10 |

해칠 해, 방해하다

집에 들어앉아 사람을 헐뜯고 어지럽히는 말을 한다 하여 남을 '해치다'의 뜻

害毒(해독), 害惡(해악), 害蟲(해충)

| 害 | 害 | 害 | 害 | 害 |
| | | | | |

亥

| 부수 | 亠 | 총획 | 6 |

돼지 해, 열두째 지지

돼지 모양의 글자

亥時(해시), 亥初(해초)

| 亥 | 亥 | 亥 | 亥 | 亥 |
| | | | | |

海

| 부수 | 水 | 총획 | 10 |

바다 해, 넓다, 많다

물이 항상 마르지 않고 가득 차 있는 곳이 '바다'라는 뜻

海流(해류), 海戰(해전)

| 海 | 海 | 海 | 海 | 海 |
| | | | | |

解
| 부수 | 角 | 총획 | 13 |

풀 해, 화해하다, 느슨하다

소를 잡아 칼로 소의 뿔을 비롯하여 뼈와 살을 발라낸다 하여 '풀다'의 뜻

解讀(해독), 解産(해산)

解	解	解	解	解

享
| 부수 | 亠 | 총획 | 8 |

누릴 향, 드리다, 제사

익힌 요리를 높이 쌓아올리고 신에게 드린다 하여 '제사, 누리다'의 뜻

享樂(향락), 享宴(향연)

享	享	享	享	享

核
| 부수 | 木 | 총획 | 10 |

씨 핵, 알맹이, 자세하다

나무에 매달린 과일의 씨를 말하며 물건의 중심이 되는 '알맹이'라는 뜻

核武器(핵무기), 核心(핵심)

核	核	核	核	核

向
| 부수 | 口 | 총획 | 6 |

향할 향, 접때, 나아가다

창문 모양의 글자로 북쪽 창이 남쪽 창과 마주 바라본다 하여 '향하다'의 뜻

方向(방향), 向上(향상), 向時(향시)

向	向	向	向	向

幸
| 부수 | 干 | 총획 | 8 |

다행 행, 요행, 바라다

요절에 역행하여 장수한다 하여 '다행, 요행'의 뜻

幸近(행근), 幸福(행복), 幸運(행운)

幸	幸	幸	幸	幸

鄉
| 부수 | 邑 | 총획 | 13 |

시골 향, 고향, 고장

촌락에서 음식을 가운데 두고 여럿이 둘러앉은 모양으로 '시골, 고향'이라는 뜻

故鄉(고향), 鄉官(향관), 鄉里(향리)

鄉	鄉	鄉	鄉	鄉

行
| 부수 | 行 | 총획 | 6 |

① 다닐 행, 행하다 ② 항렬 항

사람이 왼발과 오른발을 번갈아 움직여 '다닌다'는 뜻

行列(항렬), 行路(행로), 行實(행실)

行	行	行	行	行

響
| 부수 | 音 | 총획 | 22 |

울릴 향, 울리는 소리

고요한 시골의 산은 '소리의 울림'이 잘 들린다는 뜻

響應(향응)

響	響	響	響	響

부수	香	총획	9

香

향기 향, 약이름

풍년을 빌기 위해 기장으로 떡과 술을 만드는데, 술은 달콤한 '향기'가 난다는 뜻

香氣(향기), 香臭(향취), 香薰(향훈)

香	香	香	香	香

부수	犬	총획	20

獻

바칠 헌, 어진 사람

개를 잡아 솥에 삶아서 제물로 바친다 하여 '바치다'의 뜻

獻功(헌공), 獻納(헌납), 獻身(헌신)

獻	獻	獻	獻	獻

부수	虍	총획	12

虛

빌 허, 헛되다, 약하다

범을 잡으려고 파놓고 함정에 아무것도 없다 하여 '비다, 헛되다'의 뜻

虛禮(허례), 虛無(허무), 虛弱(허약)

虛	虛	虛	虛	虛

부수	車	총획	10

軒

추녀 헌, 초헌, 난간

비바람을 막기 위해 앞이 굽고 높은 막이가 달린 수레라 하여 집의 '처마'라는 뜻

軒頭(헌두), 軒昂(헌앙)

軒	軒	軒	軒	軒

부수	言	총획	11

許

허락할 허, 곳, 가량

午는 양기와 음기가 엇갈림. 남의 말을 듣고 엇갈린 견해가 풀어져 '허락한다'는 뜻

許可(허가), 許諾(허락)

許	許	許	許	許

부수	阜	총획	16

險

험할 험, 위태롭다

언덕이 모두 '험하다'는 뜻. 여러 사람의 입이 산과 같이 거칠다 하여 '음흉하다'의 뜻

險難(험난), 險談(험담), 險遠(험원)

險	險	險	險	險

부수	心	총획	16

憲

법 헌, 관리, 밝히다

해를 당하지 않도록 눈과 마음을 밝힌다 하여 '법, 관리'의 뜻

憲法(헌법), 憲兵(헌병)

憲	憲	憲	憲	憲

부수	馬	총획	23

驗

시험할 험, 살피다, 증험

말의 좋고 나쁨을 여러 사람이 보고 가려낸다 하여 '시험하다, 살피다'의 뜻

經驗(경험), 試驗(시험), 驗明(험명), 驗問(험문)

驗	驗	驗	驗	驗

革	부수 革	총획 9

가죽 혁, 고치다, 갑주

짐승의 털을 뽑는 모양으로 털을 뽑고 나면 가죽이 드러난다 하여 '가죽'의 뜻

皮革(피혁), 革帶(혁대)

革	革	革	革	革

玄	부수 玄	총획 5

검을 현, 고요하다

멀어서 작게 보이고 그늘에 가려져 '검게' 보인다는 뜻

玄鑑(현감), 玄妙(현묘), 玄孫(현손)

玄	玄	玄	玄	玄

弦	부수 弓	총획 8

활시위 현, 악기줄, 반달

활에 걸어서 켕기는 줄이라 하여 '활시위'의 뜻

弦矢(현시), 弦樂(현악), 弦月(현월)

弦	弦	弦	弦	弦

絃	부수 糸	총획 11

악기줄 현, 현악기, 타다

현묘한 소리를 내는 줄이라 하여 '악기줄'의 뜻

絃琴(현금), 絃樂器(현악기)

絃	絃	絃	絃	絃

縣	부수 糸	총획 16

고을 현, 매달다

목을 베어 나무에 거꾸로 '달아맨다'는 뜻. 군(郡)에 속하는 행정 단위를 말함

縣隔(현격), 縣吏(현리)

縣	縣	縣	縣	縣

懸	부수 心	총획 20

매달 현, 걸다, 멀다

모든 일이 마음먹기에 달렸다 하여 '매달다, 걸다'의 뜻

懸賞(현상), 懸垂(현수), 懸板(현판)

懸	懸	懸	懸	懸

現	부수 玉	총획 11

나타날 현, 이제, 옥빛

옥돌을 갈고 닦으면 아름다운 빛이 나타난다 하여 '나타나다'의 뜻

現代(현대), 現象(현상), 現實(현실)

現	現	現	現	現

賢	부수 貝	총획 15

어질 현, 어진 이

굳고 곧은 마음으로 재산을 모아 모든 사람에게 인정을 베푼다 하여 '어질다'의 뜻

聖賢(성현), 賢明(현명)

賢	賢	賢	賢	賢

顯	부수 頁 총획 23
	나타날 현, 밝다, 귀하다
	머리에 찬란하고 아름답게 장식하고 귀중품이 눈에 보인다 하여 '나타나다'의 뜻

顯著(현저), 顯出(현출)

顯	顯	顯	顯	顯

脅	부수 肉 총획 10
	으를 협, 갈빗대
	힘을 써서 상대방의 몸에 상처를 입힌다고 으름장을 놓는다 하여 '으르다'의 뜻

威脅(위협), 脅迫(협박), 脅奪(협탈)

脅	脅	脅	脅	脅

穴	부수 穴 총획 5
	구멍 혈, 움집
	八은 파헤치는 양손의 모양으로 땅을 파헤쳐서 만든 집이라 하여 '움집'의 뜻

穴居(혈거)

穴	穴	穴	穴	穴

亨	부수 亠 총획 7
	형통할 형
	삶은 요리를 높게 쌓아 신에게 제사지내면 만사가 '형통해진다'는 뜻

亨途(형도), 亨通(형통)

亨	亨	亨	亨	亨

血	부수 血 총획 6
	피 혈, 물들이다
	칼질을 하여 흘러나온 피를 그릇에 담아 신에게 바친다 하여 '피'의 뜻

血管(혈관), 血緣(혈연)

血	血	血	血	血

兄	부수 儿 총획 5
	맏 형, 언니, 어른
	어진 말을 하는 사람은 '어른, 맏이'라는 뜻

兄嫂(형수), 兄丈(형장), 兄弟(형제)

兄	兄	兄	兄	兄

協	부수 十 총획 8
	화할 협, 맞다, 돕다
	많은 사람이 힘을 합한다 하여 '화하다, 돕다'의 뜻

協同(협동), 協力(협력), 協議(협의)

協	協	協	協	協

螢	부수 虫 총획 16
	반딧불 형, 개똥벌레
	꼬리에 환한 불빛을 내며 날아다니는 벌레가 '개똥벌레'라는 뜻

螢光(형광), 螢雪(형설)

螢	螢	螢	螢	螢

刑	**부수** 刀 **총획** 6 형벌 형, 벌주다, 죽이다 죄수를 형틀에 매고 칼로 벤다 하여 '형벌'의 뜻

刑罰(형벌), 刑事(형사)

刑	刑	刑	刑	刑

慧	**부수** 心 **총획** 15 지혜 혜, 밝다, 총명하다 비로 쓸어버리듯 마음에 집념이 없어야만 지혜가 '총명해진다'는 뜻

知慧(지혜), 慧巧(혜교), 慧悟(혜오)

慧	慧	慧	慧	慧

形	**부수** 彡 **총획** 7 형상 형, 얼굴, 나타나다 평평한 종이나 나무판에 그림을 그린다 하여 '형상, 모양'의 뜻

形象(형상), 形體(형체), 形便(형편)

形	形	形	形	形

乎	**부수** 丿 **총획** 5 온 호, 어조사 소리를 길게 끌어 마음속의 생각을 나타냄. 어조사, 감탄사 등으로 씀

乎而(호이), 斷乎(단호)

乎	乎	乎	乎	乎

兮	**부수** 八 **총획** 4 …이여 혜, …로다, 어조사 일단 말소리를 멈추고 다시 높인다는 뜻

兮哬(혜하)

兮	兮	兮	兮	兮

呼	**부수** 口 **총획** 8 부를 호, 숨 내쉬다(탄식) 입으로 부를 때에는 숨을 내쉰다 하여 '부르다, 탄식'의 뜻

指呼之間(지호지간), 呼價(호가), 呼名(호명)

呼	呼	呼	呼	呼

惠	**부수** 心 **총획** 12 은혜 혜, 어질다, 주다 언행을 삼가고 어진 마음을 베푼다 하여 '은혜'의 뜻

恩惠(은혜), 惠育(혜육), 惠澤(혜택)

惠	惠	惠	惠	惠

互	**부수** 二 **총획** 4 서로 호, 번갈아 들다 새끼줄을 번갈아 감은 모양으로 '서로'라는 뜻

互角(호각), 互助(호조), 互稱(호칭)

互	互	互	互	互

好	부수 女 총획 6
	좋을 호, 친하다, 좋아하다
	여자와 남자의 떼놓을 수 없는 좋은 관계. 어머니와 아들의 애정으로 '좋다'라는 뜻

好感(호감), 好事(호사)

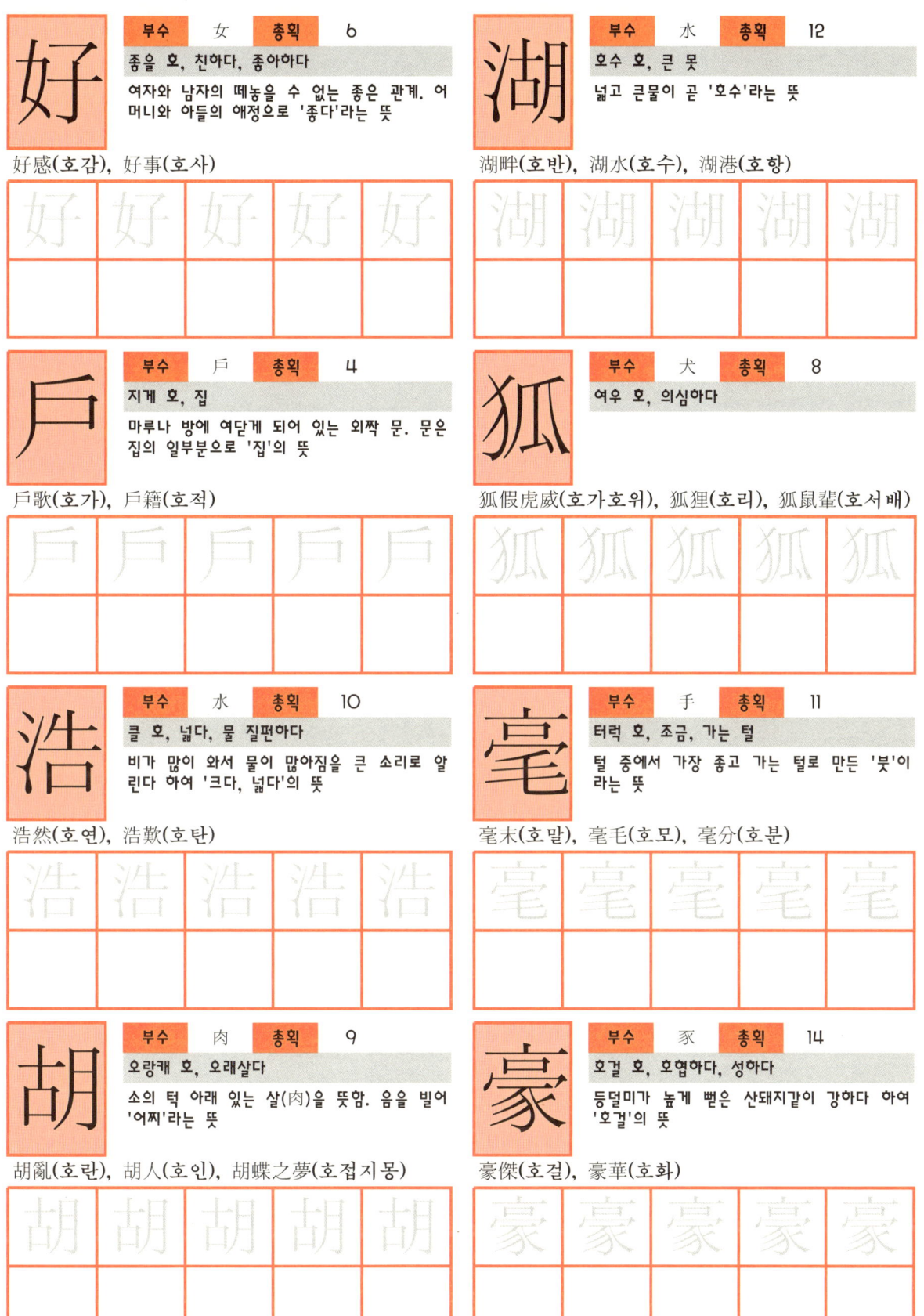

湖	부수 水 총획 12
	호수 호, 큰 못
	넓고 큰물이 곧 '호수'라는 뜻

湖畔(호반), 湖水(호수), 湖港(호항)

戶	부수 戶 총획 4
	지게 호, 집
	마루나 방에 여닫게 되어 있는 외짝 문. 문은 집의 일부분으로 '집'의 뜻

戶歌(호가), 戶籍(호적)

狐	부수 犬 총획 8
	여우 호, 의심하다

狐假虎威(호가호위), 狐狸(호리), 狐鼠輩(호서배)

浩	부수 水 총획 10
	클 호, 넓다, 물 질펀하다
	비가 많이 와서 물이 많아짐을 큰 소리로 알린다 하여 '크다, 넓다'의 뜻

浩然(호연), 浩歎(호탄)

毫	부수 手 총획 11
	터럭 호, 조금, 가는 털
	털 중에서 가장 좋고 가는 털로 만든 '붓'이라는 뜻

毫末(호말), 毫毛(호모), 毫分(호분)

胡	부수 肉 총획 9
	오랑캐 호, 오래살다
	소의 턱 아래 있는 살(肉)을 뜻함. 음을 빌어 '어찌'라는 뜻

胡亂(호란), 胡人(호인), 胡蝶之夢(호접지몽)

豪	부수 豕 총획 14
	호걸 호, 호협하다, 성하다
	등덜미가 높게 뻗은 산돼지같이 강하다 하여 '호걸'의 뜻

豪傑(호걸), 豪華(호화)

부수	虍	총획	8

虎 범 호

커다란 입을 벌리고 날카로운 어금니를 내놓고 있는 '범'의 모양

虎口(호구), 虎患(호환)

虎	虎	虎	虎	虎

부수	心	총획	12

惑 미혹할 혹, 현란하다

괴이하고 이상한 생각이 마음을 '현란하게' 한다는 뜻

迷惑(미혹), 誘惑(유혹), 惑世(혹세)

惑	惑	惑	惑	惑

부수	虍	총획	13

號 부르짖을 호, 울부짖다

이름을 부르는 소리가 범의 포효처럼 우렁차다 하여 '부르짖다, 울부짖다'의 뜻

號令(호령), 號數(호수), 號外(호외)

號	號	號	號	號

부수	日	총획	8

昏 어두울 혼, 혼미하다

해가 서쪽으로 넘어간다 하여 '어둡다, 혼미하다'의 뜻

昏迷(혼미), 昏睡(혼수)

昏	昏	昏	昏	昏

부수	言	총획	21

護 보호할 호, 지키다, 돕다

타이르고 또 정상을 헤아려 돌보아 준다 하여 '보호하다, 호위하다'의 뜻

護國(호국), 護身(호신)

護	護	護	護	護

부수	女	총획	11

婚 혼인할 혼, 장가들다

옛날에는 신부를 해가 질 무렵에 맞이하여 결혼하였다 하여 '혼인'의 뜻

婚談(혼담), 婚姻(혼인)

婚	婚	婚	婚	婚

부수	戈	총획	8

或 혹 혹, 아마

혹시 쳐들어올지도 모르는 적으로부터 창을 들고 영토를 지킨다는 뜻

或是(혹시), 或曰(혹왈), 或者(혹자)

或	或	或	或	或

부수	水	총획	11

混 섞일 혼, 흐리다

여러 갈래의 물이 같은 곳으로 흘러 '뒤섞인다'는 뜻

混亂(혼란), 混食(혼식)

混	混	混	混	混

魂	부수 鬼　총획 14
	넋 혼, 마음, 혼
	구름처럼 떠다니는 죽은 사람의 '넋, 혼'이라는 뜻

靈魂(영혼), 魂氣(혼기)

魂	魂	魂	魂	魂

紅	부수 糸　총획 9
	① 붉을 홍, 연지 ② 상복 공
	실에 붉은 물감을 들여 '붉게' 만든다는 뜻

紅絲(홍사), 紅顔(홍안)

紅	紅	紅	紅	紅

忽	부수 心　총획 8
	문득 홀, 소홀히하다
	잊었던 생각이 갑자기 떠오른다 하여 '문득, 소홀'의 뜻

疏忽(소홀), 忽待(홀대), 忽然(홀연)

忽	忽	忽	忽	忽

鴻	부수 鳥　총획 17
	큰 기러기 홍, 크다
	물가에 내려앉기를 좋아하는 새라 하여 '큰 기러기'의 뜻

鴻毛(홍모), 鴻績(홍적), 鴻志(홍지)

鴻	鴻	鴻	鴻	鴻

弘	부수 弓　총획 5
	넓을 홍, 넓히다, 크다
	활을 팔꿈치가 안으로 잔뜩 구부러지도록 시위를 팽팽히 당기므로 '넓다'라는 뜻

弘文(홍문), 弘報(홍보), 弘益(홍익)

弘	弘	弘	弘	弘

禾	부수 禾　총획 5
	벼 화, 곡식
	벼이삭이 드리워진 모양의 글자

禾苗(화묘), 禾束(화속), 禾粟(화속)

禾	禾	禾	禾	禾

洪	부수 水　총획 9
	큰물 홍, 넓다, 크다
	물이 사방으로 다 찼으니 홍수를 뜻하며 '넓다'라는 뜻

洪量(홍량), 洪水(홍수), 洪原(홍원)

洪	洪	洪	洪	洪

和	부수 口　총획 8
	화할 화, 순하다, 화목하다
	곡식을 함께 경작하여 같이 먹으니 '화목하다'는 뜻

和合(화합), 和解(화해)

和	和	和	和	和

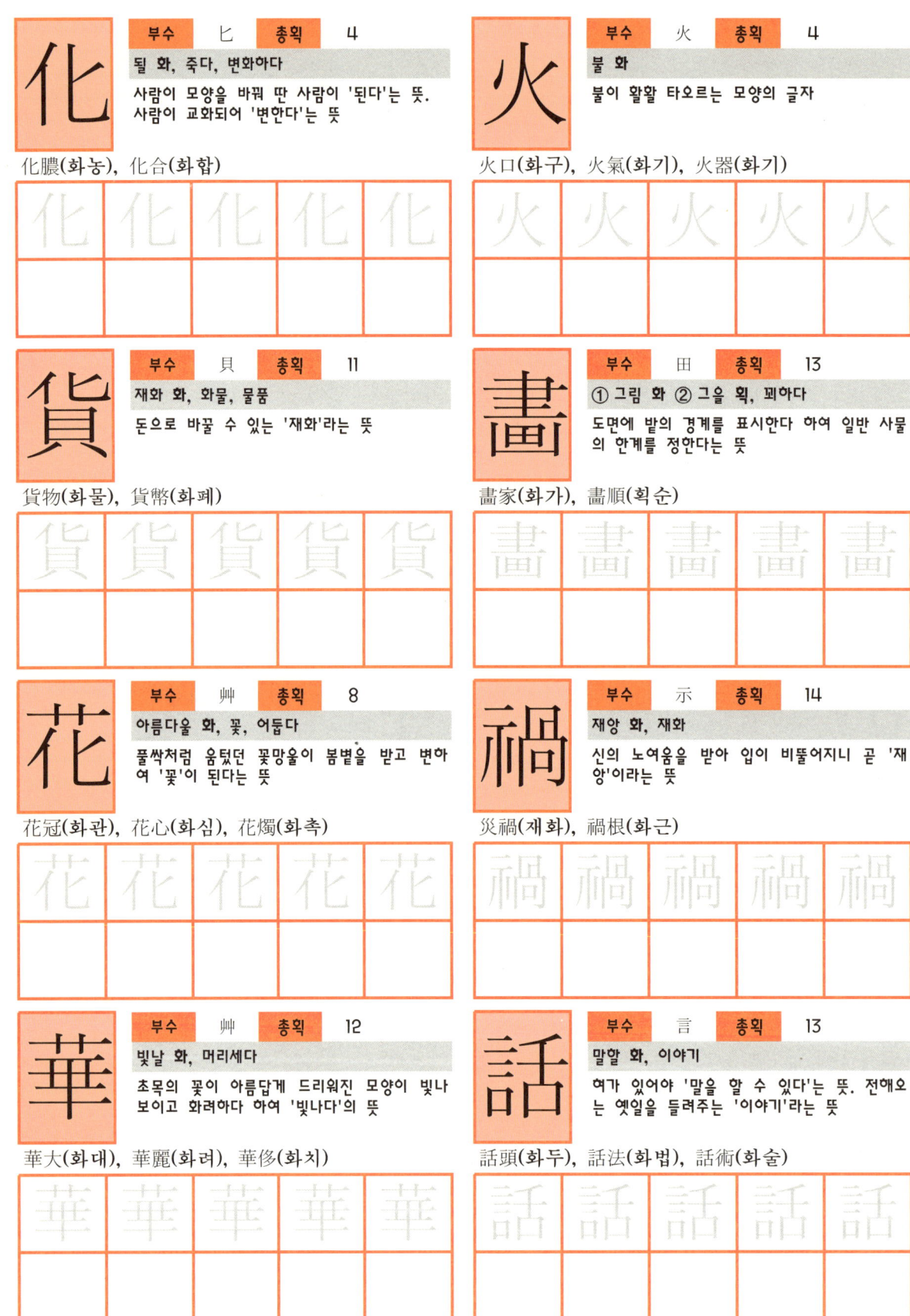

化 | 부수 匕 | 총획 4
될 화, 죽다, 변화하다
사람이 모양을 바꿔 딴 사람이 '된다'는 뜻.
사람이 교화되어 '변한다'는 뜻
化膿(화농), 化合(화합)

火 | 부수 火 | 총획 4
불화
불이 활활 타오르는 모양의 글자
火口(화구), 火氣(화기), 火器(화기)

貨 | 부수 貝 | 총획 11
재화 화, 화물, 물품
돈으로 바꿀 수 있는 '재화'라는 뜻
貨物(화물), 貨幣(화폐)

畫 | 부수 田 | 총획 13
① 그림 화 ② 그을 획, 꾀하다
도면에 밭의 경계를 표시한다 하여 일반 사물
의 한계를 정한다는 뜻
畫家(화가), 畫順(획순)

花 | 부수 艸 | 총획 8
아름다울 화, 꽃, 어둡다
풀싹처럼 움텄던 꽃망울이 봄볕을 받고 변하
여 '꽃'이 된다는 뜻
花冠(화관), 花心(화심), 花燭(화촉)

禍 | 부수 示 | 총획 14
재앙 화, 재화
신의 노여움을 받아 입이 비뚤어지니 곧 '재
앙'이라는 뜻
災禍(재화), 禍根(화근)

華 | 부수 艸 | 총획 12
빛날 화, 머리세다
초목의 꽃이 아름답게 드리워진 모양이 빛나
보이고 화려하다 하여 '빛나다'의 뜻
華大(화대), 華麗(화려), 華侈(화치)

話 | 부수 言 | 총획 13
말할 화, 이야기
혀가 있어야 '말을 할 수 있다'는 뜻. 전해오
는 옛일을 들려주는 '이야기'라는 뜻
話頭(화두), 話法(화법), 話術(화술)

擴	부수 手 총획 18
	늘일 확, 넓히다
	손을 써 크게 넓혀 나간다 하여 '늘이다, 넓히다'의 뜻

擴大(확대), 擴聲器(확성기), 擴充(확충)

擴 擴 擴 擴 擴

確	부수 石 총획 15
	확실할 확, 굳다, 단단하다
	지조가 높고 의지가 돌같이 굳어서 모든 일이 '확실하다'는 뜻

確固(확고), 確立(확립), 確信(확신)

確 確 確 確 確

穫	부수 禾 총획 19
	벨 확, 거두어 들이다
	풍성하게 자란 많은 양의 곡식을 '거두어 들인다'는 뜻

收穫(수확), 穫稻(확도), 穫斂(확렴)

穫 穫 穫 穫 穫

丸	부수 丶 총획 3
	알 환, 둥글다, 자루
	丸은 仄을 반대로 뒤집은 모양으로 사람이 굴러서 몸이 '둥글게, 된다는 뜻'

彈丸(탄환), 丸藥(환약)

丸 丸 丸 丸 丸

患	부수 心 총획 11
	근심 환, 재화, 병
	꼬챙이로 심장을 쑤시는 듯 고통스럽다 하여 '근심, 병'의 뜻

患難(환난), 患者(환자), 憂患(우환)

患 患 患 患 患

換	부수 手 총획 12
	바꿀 환, 교역하다
	손에 든 작은 것과 큰 것을 '바꾼다'는 뜻

換氣(환기), 換言(환언), 換錢(환전)

換 換 換 換 換

環	부수 玉 총획 17
	고리 환, 두르다, 돌다
	눈망울과 눈동자가 둥근 것처럼 바깥 둘레와 안의 구멍이 둥근 구슬이라 하여 '옥고리'의 뜻

環境(환경), 環刀(환도), 環形(환형)

環 環 環 環 環

還	부수 辵 총획 17
	돌아올 환, 돌아가다
	놀라 눈알이 휘둥그래져서 돌아간다 하여 '돌아오다'의 뜻

還甲(환갑), 還元(환원)

還 還 還 還 還

	부수 欠	총획 22
歡	기뻐할 환, 좋아하다	
	황새가 먹이를 찾으면 소리 내어 기뻐하듯 사람이 입을 벌려 '기뻐한다'는 뜻	

歡待(환대), 歡樂(환락), 歡迎(환영)

부수 艸	총획 10
荒	거칠 황, 흉년들다, 빠지다
	풀이 죽은 거친 땅에 물마저 없으니 황폐해져 '흉년'이 든다는 뜻

荒凉(황량), 荒野(황야), 荒廢(황폐)

부수 水	총획 9
活	① 살 활 ② 물소리 괄
	막혔던 물이 터져 힘차게 흐르듯이 활기가 있다 하여 '생기, 살다'의 뜻

生活(생활), 活動(활동)

부수 黃	총획 12
黃	누를 황
	밭의 빛은 황토색이므로 '누르다'의 뜻

黃沙(황사), 黃土(황토), 黃昏(황혼)

부수 水	총획 8
況	하물며 황, 상황, 비유하다
	물이 불어나고 줄어드는 상황을 알아본다 하여 '상황'의 뜻

狀況(상황), 況味(황미), 況且(황차)

부수 口	총획 6
回	돌아올 회, 횟수, 피하다
	물이 일정한 곳을 중심으로 빙빙 도는 모양의 글자

回甲(회갑), 回覽(회람), 回數(회수)

부수 白	총획 9
皇	임금 황, 바르다, 크다
	처음의 왕. 중국 최고의 임금으로 삼황(三皇)을 가리키며 천자, 상제를 말함

皇宮(황궁), 皇恩(황은), 皇帝(황제)

부수 心	총획 10
悔	뉘우칠 회, 실패하다
	너무 욕심을 내다가 아무것도 얻지 못하니 마음이 아프다 하여 '뉘우치다'의 뜻

懺悔(참회), 悔改(회개), 悔恨(회한)

	부수	心	총획	19

懷

품을 회, 달래다, 생각하다

마음속에 품은 뜻을 깊이 간직한다 하여 '품다, 생각하다'의 뜻

述懷(술회), 懷柔(회유), 懷疑(회의)

	부수	犬	총획	17

獲

얻을 획, 계집종

개가 새를 상처가 나지 않게 입으로 물어다주어 '얻게' 되었다는 뜻

獲得(획득), 獲利(획리), 獲者(획자)

	부수	日	총획	13

會

모을 회, 맞다, 깨닫다

더 많은 사람들을 불러 '모은다'는 뜻

會見(회견), 會計(회계), 會心(회심)

	부수	木	총획	16

橫

가로 횡, 비끼다, 빗장

누런 빛깔의 나무로 만든 대문의 빗장을 가로 끼운다 하여 '가로, 빗장'의 뜻

橫斷(횡단), 橫隊(횡대)

	부수	火	총획	6

灰

재 회, 석회

불타고 남은 것으로 손에 쥘 수 있는 것이 '재'라는 뜻

石灰(석회), 灰死(회사), 灰心(회심)

	부수	子	총획	7

孝

효도 효, 상복입다

아들이 나이 많은 부친이나 모친을 잘 섬겨 '효도한다'는 뜻

孝經(효경), 孝道(효도), 孝子(효자)

	부수	刀	총획	14

劃

새길 획, 긋다, 계획하다

논과 밭의 경계를 그어 나눈다 하여 '긋는다'의 뜻. 미리 정한다 하여 '계획하다'의 뜻

區劃(구획), 計劃(계획), 劃一(획일)

	부수	攴	총획	10

效

본받을 효, 힘쓰다, 효험

학식있고 어진 사람과 사귀어 좋은 점을 본받으면 인격 형성에 '효험'이 있다는 뜻

特效(특효), 效果(효과), 效則(효칙)

曉 부수 日 총획 16 새벽 효, 밝다, 깨닫다 해가 먼 곳에서 높이 떠오르는 시각을 나타내어 '새벽, 밝다'의 뜻	**厚** 부수 厂 총획 9 두꺼울 후, 두텁다, 짙다 바위가 두텁게 겹쳐져 있는 상태를 나타내어 '두텁다'는 뜻

曉得(효득), 曉諭(효유), 曉鐘(효종)

厚待(후대), 厚意(후의)

侯 부수 人 총획 9 제후 후, 과녁, 임금 사람이 막을 향해 화살을 쏜다 하여 '과녁'의 뜻	**後** 부수 彳 총획 9 뒤 후, 뒤지다, 늦다 길을 갈 때 어린이가 뒤쳐진다 하여 '뒤, 뒤진다, 늦다'의 뜻

王侯(왕후), 諸侯(제후), 侯公(후공), 侯門(후문)

後繼(후계), 後援(후원), 後進(후진)

候 부수 人 총획 10 기후 후, 조짐, 염탐하다 사람이 활을 쏠 때 과녁을 잘 살펴 겨냥한다 하여 '살피다, 염탐하다'의 뜻	**訓** 부수 言 총획 10 가르칠 훈, 훈계하다, 뜻 물이 높은 데서 낮은 곳으로 흐르듯 부모나 스승이 행할 바를 말로 '가르친다'는 뜻

候補(후보), 候伺(후사)

訓戒(훈계), 訓示(훈시)

喉 부수 口 총획 12 목구멍 후, 목 입을 통해 음식이 들어가는 길이 '목구멍'이라는 뜻	**毀** 부수 殳 총획 13 헐 훼, 야위다, 비방하다 쌀을 찧듯이 흙을 부수어 헐다 하여 '헐다, 무너지다'의 뜻

咽喉(인후), 厚頭(후두), 喉舌(후설),

毀謗(훼방), 毀損(훼손), 毀瘠(훼척)

揮

| 부수 | 手 | 총획 | 12 |

휘두를 휘, 뿌리다, 흩다

손을 휘둘러 군사들을 지휘한다 하여 '휘두르다'의 뜻

指揮(지휘), 揮發(휘발)

凶

| 부수 | 凵 | 총획 | 4 |

흉할 흉, 해치다, 흉년

사람이 함정에 빠진다는 것은 최악의 결과를 초래하게 된다 하여 '흉하다'의 뜻

凶年(흉년), 凶惡(흉악)

輝

| 부수 | 車 | 총획 | 15 |

빛날 휘, 빛

전장에서 전공(戰功)을 세운 군인은 '빛나' 보인다는 뜻

輝光(휘광), 輝燭(휘촉), 輝煌(휘황)

胸

| 부수 | 肉 | 총획 | 10 |

가슴 흉, 마음

몸속에 심장이나 폐장을 감싼 곳이라 하여 '가슴, 마음'의 뜻

胸廓(흉곽), 胸中(흉중)

休

| 부수 | 人 | 총획 | 6 |

쉴 휴, 그치다, 평안하다

사람이 나무그늘 아래서 쉬니 '편안하다'는 뜻

休暇(휴가), 休養(휴양)

黑

| 부수 | 黑 | 총획 | 12 |

검을 흑, 어둡다

불을 지피면 거기서 나는 연기에 굴뚝이 그슬려 '검게' 되었다는 뜻

黑幕(흑막), 黑心(흑심)

携

| 부수 | 手 | 총획 | 13 |

가질 휴, 이끌다

맛이 좋고 살이 찐 새를 손으로 들고 다닌다 하여 '가지다'의 뜻

携帶(휴대), 携手(휴수), 携行(휴행)

吸

| 부수 | 口 | 총획 | 7 |

숨 들이쉴 흡, 마시다

입으로 들이쉬는 숨이 폐에까지 미친다 하여 '숨쉬다'의 뜻

呼吸(호흡), 吸氣(흡기), 吸收(흡수)

興	부수 臼 총획 16
	일어날 흥, 흥겨웁다
	힘을 합하여 일으켜 성하게 한다 하여 '일다, 일으키다'의 뜻

興隆(흥륭), 興亡(흥망), 興奮(흥분)

興	興	興	興	興

稀	부수 禾 총획 12
	드물 희, 성기다, 적다
	곡식이 바라는 만큼 수확하는 일은 '드물다'는 뜻

稀貴(희귀), 稀少(희소)

稀	稀	稀	稀	稀

喜	부수 口 총획 12
	기쁠 희, 경사, 즐겁다
	북을 치고 입으로 노래를 부르니 '즐겁다'는 뜻

喜劇(희극), 喜色(희색), 喜喜樂樂(희희낙락)

喜	喜	喜	喜	喜

戲	부수 戈 총획 16
	놀 희, 의롱하다
	戲는 형태를 가다듬는 뜻으로 출진 전의 무위(武威)를 나타냄. '놀다'라는 뜻

戲曲(희곡), 戲弄(희롱)

戲	戲	戲	戲	戲

噫	부수 口 총획 16
	① 탄식할 희 ② 트림할 애
	마음의 뜻이 입으로 새어나오니 '탄식'이라는 뜻

噫欠(애흠), 噫嗚(희오)

噫	噫	噫	噫	噫

熙	부수 火 총획 13
	빛날 희, 기뻐하다
	즐거운 일에 불을 환히 밝히고 기뻐한다 하여 '빛나다'의 뜻

熙隆(희륭), 熙朝(희조)

熙	熙	熙	熙	熙

希	부수 巾 총획 7
	바랄 희, 드물다, 적다
	무늬가 있는 천은 누구나 갖고 싶어 한다 하여 '바라다'의 뜻

希求(희구), 希望(희망)

希	希	希	希	希

略字(약자)·俗子(속자) 1

(가)

假 = 仮 … 거짓 **가**
價 = 価 … 값 **가**
覺 = 覚 … 깨달을 **각**
擧 = 挙 … 들 **거**
據 = 拠 … 의지할 **거**
輕 = 軽 … 가벼울 **경**
徑 = 径 … 지름길 **경**
經 = 経 … 경서 **경**
鷄 = 鶏 … 닭 **계**
繼 = 継 … 이을 **계**
館 = 舘 … 집 **관**
關 = 関 … 빗장 **관**
廣 = 広 … 넓을 **광**
敎 = 教 … 가르칠 **교**
區 = 区 … 구역 **구**
舊 = 旧 … 옛 **구**
驅 = 駆 … 몰 **구**
國 = 国 … 나라 **국**
權 = 権 … 권세 **권**
勸 = 劝 … 권할 **권**
龜 = 亀 … 거북 **귀**
氣 = 気 … 기운 **기**
旣 = 既 … 이미 **기**

(나)

內 = 内 … 안 **내**

(다)

單 = 単 … 홑 **단**
團 = 団 … 둥글 **단**
斷 = 断 … 끊을 **단**
擔 = 担 … 멜 **담**

當 = 当 … 당할 **당**
黨 = 党 … 무리 **당**
對 = 対 … 대할 **대**
德 = 徳 … 큰 **덕**
圖 = 図 … 그림 **도**
讀 = 読 … 읽을 **독**
獨 = 独 … 홀로 **독**

(라)

樂 = 楽 … 즐길 **락**
亂 = 乱 … 어지러울 **란**
覽 = 覧 … 볼 **람**
來 = 来 … 올 **래**
兩 = 両 … 두 **량**
勵 = 励 … 힘쓸 **려**
歷 = 歴 … 지날 **력**
練 = 練 … 익힐 **련**
戀 = 恋 … 사모할 **련**
靈 = 灵 … 신령 **령**
禮 = 礼 … 예도 **레**
勞 = 労 … 수고로울 **로**
爐 = 炉 … 화로 **로**
綠 = 緑 … 푸를 **록**
賴 = 頼 … 의지할 **뢰**
龍 = 竜 … 용 **룡**
樓 = 楼 … 다락 **루**

(마)

萬 = 万 … 일만 **만**
滿 = 満 … 찰 **만**
蠻 = 蛮 … 오랑캐 **만**
賣 = 売 … 팔 **매**

麥 = 麦 … 보리 **맥**

(바)

半 = 半 … 반 **반**
發 = 発 … 필 **발**
拜 = 拝 … 절 **배**
變 = 変 … 변할 **변**
辯 = 弁 … 말잘할 **변**
邊 = 辺 … 가 **변**
竝 = 並 … 아우를 **병**
寶 = 宝 … 보배 **보**
拂 = 払 … 떨칠 **불**
佛 = 仏 … 부처 **불**
冰 = 氷 … 어름 **빙**

(사)

絲 = 糸 … 실 **사**
寫 = 写 … 베낄 **사**
辭 = 辞 … 말씀 **사**
産 = 産 … 낳을 **산**
參 = 参 … 석 **삼**
雙 = 双 … 짝 **상**
敍 = 叙 … 펼 **서**
釋 = 釈 … 풀 **석**
聲 = 声 … 소리 **성**
續 = 続 … 이을 **속**
屬 = 属 … 붙을 **속**
收 = 収 … 거둘 **수**
數 = 数 … 수 **수**
輸 = 輸 … 보낼 **수**
肅 = 粛 … 삼갈 **숙**
濕 = 湿 … 젖을 **습**

-273-

乘 = 乘	… 탈	승
實 = 実	… 열매	실

(아)

兒 = 児	… 아이	아
亞 = 亜	… 버금	아
惡 = 悪	… 악할	악
巖 = 岩	… 바위	암
壓 = 圧	… 누를	압
藥 = 薬	… 약	약
讓 = 讓	… 사양할	양
嚴 = 厳	… 엄할	엄
餘 = 余	… 남을	여
與 = 与	… 줄	여
驛 = 駅	… 정거장	역
譯 = 訳	… 통변할	역
鹽 = 塩	… 소금	염
榮 = 栄	… 영화	영
豫 = 予	… 미리	예
藝 = 芸	… 재주	예
溫 = 温	… 따뜻할	온
圓 = 円	… 둥글	원
圍 = 囲	… 할	위
爲 = 為	… 하	위
陰 = 陰	… 그늘	음
應 = 応	… 응할	응
醫 = 医	… 의원	의
貳 = 弍	… 두	이
壹 = 壱	… 하나	일

(자)

姉 = 姉	… 누이	자
殘 = 残	… 남을	잔

雜 = 雑	… 섞일	잡
壯 = 壮	… 씩씩할	장
莊 = 庄	… 별장	장
爭 = 争	… 다툴	쟁
戰 = 戦	… 싸움	전
錢 = 銭	… 돈	전
傳 = 伝	… 전할	전
轉 = 転	… 구를	전
點 = 点	… 점	점
靜 = 静	… 고요	정
淨 = 浄	… 깨끗할	정
濟 = 済	… 건널	제
齊 = 斉	… 다스릴	제
條 = 条	… 가지	조
弔 = 吊	… 조상할	조
從 = 従	… 좇을	종
晝 = 昼	… 낮	주
卽 = 即	… 곧	즉
增 = 増	… 더할	증
證 = 証	… 증거	증
眞 = 真	… 참	진
盡 = 尽	… 다할	진

(차)

贊 = 賛	… 찬성할	찬
讚 = 讃	… 기릴	찬
冊 = 册	… 책	책
處 = 処	… 곳	처
淺 = 浅	… 얕을	천
鐵 = 鉄	… 쇠	철
廳 = 庁	… 관청	청
體 = 体	… 몸	체
觸 = 触	… 닿을	촉

總 = 総	… 다	총
蟲 = 虫	… 벌레	충
齒 = 歯	… 이	치
恥 = 耻	… 부끄러울	치
稱 = 称	… 일컬을	칭

(타)

彈 = 弾	… 탄알	탄
澤 = 沢	… 못	택
擇 = 択	… 가릴	택

(파)

廢 = 廃	… 폐할	폐
豐 = 豊	… 풍성할	풍

(하)

學 = 学	… 배울	학
解 = 解	… 풀	해
鄕 = 郷	… 고을	향
虛 = 虚	… 빌	허
獻 = 献	… 드릴	헌
驗 = 験	… 증험할	험
顯 = 顕	… 나타날	현
螢 = 蛍	… 반딧불	형
號 = 号	… 부르짖을	호
畫 = 画	… 그림	화
擴 = 拡	… 늘릴	확
歡 = 歓	… 기쁠	환
黃 = 黄	… 누를	황
會 = 会	… 모을	회
回 = 囬	… 돌아올	회
黑 = 黒	… 검을	흑

부수 명칭

一劃
- 一 한 일
- 丨 뚫을 곤
- 丶 점 주
- 丿 삐침 별
- 乙 새 을
- 亅 갈고리 궐

二劃
- 二 두 이
- 亠 돼지 해
- 人 사람 인
- 儿 어진사람 인
- 入 들 입
- 八 여덟 팔
- 冂 먼데 경
- 冖 민갓머리 멱
- 冫 이수 변
- 几 안석 궤
- 凵 입벌릴 감
- 刀 칼 도
- 力 힘 력
- 勹 쌀 포
- 匕 비수 비
- 匚 감출 혜
- 匸 모진그릇 방
- 十 열 십
- 卜 점 복
- 卩 병부 절
- 厂 언덕 한
- 厶 마을 모
- 又 또 우

三劃
- 口 입 구
- 囗 에울 위
- 土 흙 토
- 士 선비 사
- 夂 뒤져올 치
- 夊 천천히걸을 쇠
- 夕 저녁 석
- 大 큰 대
- 女 여자 녀
- 子 아들 자
- 宀 갓머리 면
- 寸 마디 촌
- 小 작을 소
- 尢 절름발이 왕
- 尸 주검 시
- 山 메 산
- 川 내 천
- 工 장인 공
- 己 몸 기
- 巾 수건 건
- 干 방패 간
- 幺 작을 요
- 广 돌집 엄
- 廴 길게걸을 인
- 廾 팔짱낄 공
- 弋 주살 익
- 弓 활 궁
- 彐 돼지머리 계
- 彡 터럭자랄 삼
- 彳 조금걸을 척

四劃
- 心 마음 심
- 戈 창 과
- 戶 지게 호
- 手 손 수
- 支 지탱할 지
- 攴 두드릴 복
- 文 글월 문
- 斗 말 두
- 斤 근 근
- 方 방위 방
- 无 이미기 무
- 日 날 일
- 月 달 월
- 木 나무 목
- 欠 하품 흠
- 止 그칠 지
- 歹 죽을 알
- 殳 칠 수
- 毋 말 무
- 比 견줄 비
- 毛 털 모
- 氏 각시 씨
- 气 기운 기
- 水 물 수
- 火 불 화
- 夫 아비 부
- 爻 점괘 효
- 爿 조각널 장
- 片 조각 편
- 牙 어금니 아
- 牛 소 우
- 犬 개 견

五劃
- 玄 검을 현
- 玉 구슬 옥
- 瓜 외 과
- 瓦 기와 와
- 甘 달 감
- 生 날 생
- 用 쓸 용
- 田 밭 전
- 疋 필 필
- 疒 병들어기댈 녁
- 癶 갈 발
- 白 흰 백
- 皮 가죽 피
- 皿 그릇 명
- 目 눈 목
- 矛 창 모
- 矢 살 시
- 石 돌 석
- 示 보일 시
- 内 자귀 유

六劃
- 竹 대나무 죽
- 米 쌀 미
- 糸 실 사
- 缶 장군 부
- 网 그물 망
- 羊 양 양
- 羽 깃 우
- 而 말이을 이
- 耒 쟁기 뢰
- 耳 귀 이
- 聿 붓 율
- 肉 고기 육
- 臣 신하 신
- 自 스스로 자
- 至 이를 지
- 臼 절구 구
- 舌 혀 설
- 舛 어길 천
- 舟 배 주
- 艮 머무를 간
- 色 빛 색
- 艸 풀 초
- 虍 범 호
- 虫 벌레 충
- 血 피 혈
- 行 갈 행
- 衣 옷 의
- 襾 덮을 아

七劃
- 見 볼 견
- 角 뿔 각
- 言 말씀 언
- 谷 골짜기 곡
- 豆 콩 두
- 豕 돼지 시
- 豸 같은돼지 치
- 貝 조개 패
- 赤 붉을 적
- 走 달아날 주
- 足 발 족
- 身 몸 신
- 車 수레 거
- 辛 매울 신
- 辰 별 신
- 辶 뛸 착
- 邑 고을 읍
- 酉 닭 유
- 釆 분별할 채
- 里 마을 리

八劃
- 金 쇠 금
- 長 긴 장
- 門 문 문
- 阜 언덕 부
- 隶 미칠 이
- 隹 새 추
- 雨 비 우
- 靑 푸를 청
- 非 아닐 비

九劃
- 面 얼굴 면
- 革 가죽 혁
- 韋 가죽 위
- 韭 부추 구
- 音 소리 음
- 頁 머리 혈
- 風 바람 풍
- 飛 날 비
- 食 밥 식
- 首 머리 수
- 香 향기 향

十劃
- 馬 말 마
- 骨 뼈 골
- 高 높을 고
- 髟 머리털 표
- 鬥 싸울 투
- 鬲 막다 격
- 鬼 귀신 귀

十一劃
- 魚 고기 어
- 鳥 새 조
- 鹵 소금밭 로
- 鹿 사슴 록
- 麥 보리 맥
- 麻 삼 마

十二劃
- 黃 누를 황
- 黍 기장 서
- 黑 검을 흑
- 黹 바느질할 치

十三劃
- 黽 맹꽁이 맹
- 鼎 솥 정
- 鼓 북 고
- 鼠 쥐 서

十四劃
- 鼻 코 비
- 齊 가지런할 제

十五劃
- 齒 이 치

十六劃
- 龍 용 룡

十七劃
- 龠 피리 약

· 국어 생활과 한자 연구회

· 박기석 – 서울여자대학교 국어국문학과 교수
· 하은하 – 건국대학교 서사와문학치료연구소 전임연구원
· 이소라 – 서울여자대학교 국어국문학과 초빙강의 교수
· 김혜진 – 서울여자대학교 국어국문학과 강사
· 서은아 – 서울여자대학교 인문과학연구소 전임연구원

국어 생활과 한자 (개정판)

개정1판 인쇄   2009년 8월 22일
개정1판 발행   2009년 8월 31일

저   자 국어 생활과 한자 연구회
발 행 처   제이앤씨

서울시 도봉구 창동 624-1 현대홈시티 102-1206
등록번호 ·제7-220 / 전화 (02) 992-3253(代) 팩스 (02) 991-1285
e-mail, jncbook@hanmail.net / URL http://www.jncbook.co.kr

ISBN 978-89-5668-739-1 03700 / 정가 15,000원

＊이 책의 내용을 사전 허가없이 전재하거나 복제할 경우 법적인 제재를 받게 됨을 알려 드립니다.
＊잘못된 책은 구입하신 서점이나 본사에서 교환해 드립니다.